DILEMAS DA EDUCAÇÃO SUPERIOR NO MUNDO GLOBALIZADO

Sociedade do conhecimento ou economia do conhecimento?

JOSÉ DIAS SOBRINHO

DILEMAS DA EDUCAÇÃO SUPERIOR NO MUNDO GLOBALIZADO

Sociedade do conhecimento ou economia do conhecimento?

© 2005, 2010 Casapsi Livraria, Editora e Gráfica Ltda.
É proibida a reprodução total ou parcial desta publicação, para qualquer finalidade, sem autorização por escrito dos editores.

1ª Edição
2005

1ª Reimpressão
2010

Editores
Ingo Bernd Güntert e Myriam Chinalli

Editora Assistente
Christiane Gradvohl Colas

Produção Gráfica & Capa
Renata Vieira Nunes

Editoração Eletrônica
Valquíria Kloss

Revisão
Fátima Alcântara

Dados Internacionais de Catalogação na Publicação (CIP)
(Câmara Brasileira do Livro, SP, Brasil)

Dias Sobrinho, José
  Dilemas da educação superior no mundo globalizado : sociedade do conhecimento ou economia do conhecimento? / José Dias Sobrinho. — São Paulo : Casa do Psicólogo®, 2010.

1ª reimpr. da 1. ed. de 2005.
Bibliografia.
ISBN 978-85-7396-453-0

1. Ensino superior - Avaliação 2. Globalização 3. Política e educação 4. Psicologia educacional 5. Reforma do ensino I. Título.

10-02446   CDD-378.001

Índices para catálogo sistemático:
1. Educação superior e globalização : Avaliação 378.001

Impresso no Brasil
Printed in Brazil

Reservados todos os direitos de publicação em língua portuguesa à

Casapsi® Livraria, Editora e Gráfica Ltda.
Rua Santo Antônio, 1010
Jardim México • CEP 13253-400
Itatiba/SP - Brasil
Tel. Fax: (11) 4524-6997
www.casadopsicologo.com.br

AGRADECIMENTOS E DEDICATÓRIA

Devo a muita gente. Se nomeasse alguns, cometeria imperdoável injustiça a tantos outros. Mas, não posso deixar de dizer que minha família para mim é a principal base e referência. Reconheço e agradeço o grande significado que os meus amigos têm em minha vida pessoal e profissional. Especialmente, destaco aqueles que acreditam na possibilidade de fazer da educação superior um instrumento de construção de bases mais sólidas para a elevação da humanidade. Agradeço à UNICAMP, pelos longos anos de formação e trabalho, e, agora, à UNISO, particularmente aos meus colegas do Programa de Pós-Graduação, pelas condições que me foram dadas para realizar este trabalho.

SUMÁRIO

PREFÁCIO, *Pedro Goergen* 11
APRESENTAÇÃO 21
DILEMAS DA EDUCAÇÃO SUPERIOR NO MUNDO GLOBALIZADO —
SOCIEDADE DO CONHECIMENTO OU ECONOMIA DO
CONHECIMENTO? 29

CAPÍTULO I
EDUCAÇÃO SUPERIOR, GLOBALIZAÇÃO E DESAFIOS
ÉTICO-POLÍTICOS 45
    Introdução 45
    Revolução das tecnologias de informação 46
    Contradições da globalização: fantásticas conquistas,
    retumbantes fracassos 50
    Viver na incerteza: crise de valores 56
    Novas realidades, novas demandas, desafios no
    mundo globalizado 61
    Da Europa para o mundo: o modelo de universidade
    se transforma e se universaliza 64

Elites e massas, utopias e descrenças: dificuldades
de ajustes de focos 67
Privatização, diversificação, liberalização: mercado
educacional 71
Sociedade do conhecimento e educação superior:
conflitos e sinergias 75
Globalização e produção de conhecimentos: impactos
sobre a relação universidade-sociedade 83
Responsabilidade social e desafios ético-políticos da
educação superior 90
Formação universitária como estratégia de
consolidação da democracia 95

CAPÍTULO II

A EDUCAÇÃO SUPERIOR NO EPICENTRO DAS
TRANSFORMAÇÕES 101

Humanismo e mercado: antinomias e crise de
sentidos 101

Mais eqüidade e alargamento de funções 109

Formação, cidadania e responsabilidade social em
tempos de globalização 112

Conhecimento como produto, explosão
epistemológica 118

Economia do conhecimento:
capitalismo acadêmico 122

Economia do conhecimento, educação
para o desenvolvimento 125

Difíceis tensões, relações e sinergias
entre contrários e plurais 129

CAPÍTULO III

EDUCAÇÃO SUPERIOR SEM FRONTEIRAS 135

Globalização e cenários moventes da educação
superior: bem público ou negócio? 136

Da internacionalização da educação superior ao
comércio dos serviços educacionais 139

Transnacionalização: educação superior
transfronteira 144

Qualidade sem pátria e regulação global 146

Educação sem fronteiras no marco
regulatório do AGCS/OMC 148

Agências multilaterais: acordos e ajustes 155

Desafios e agendas: entre o global liquefeito e as
realidades concretas 162

CAPÍTULO IV

REFORMAS DA EDUCAÇÃO SUPERIOR NA EUROPA E NA AMÉRICA
LATINA 167

Reformas educativas: motivações e riscos 168

Europa: transformações na educação superior
na União Européia 169

"Declaração de Bolonha" e a construção do
"Espaço Europeu da Educação Superior" 169

Construção de convergências curriculares 177

Internacionalização e europeização no
Processo de Bolonha 180

Resistências, desafios e tensões na implementação
do Processo de Bolonha 184

América Latina: mudanças e reformas
em movimento 196
Alguns problemas estruturais da América Latina e
dificuldades de inserção no mundo globalizado 196
Modernização e ensaios de reformas da educação
superior latino-americana 204
Internacionalização, cooperação e transnacionalização
da educação superior na América Latina 211
Tratado de Livre Comércio da América do Norte –
Projeto 6 x 4: um ensaio mexicano 219
Setor Educativo do Mercosul: tentativas de acordos
a respeito de acreditação de cursos 221

CAPÍTULO V

PARA CONTINUAR OS DEBATES 225

Os cenários das contradições:
a dupla face de Janus 225

Ainda a ética e a responsabilidade social 232

Educação superior para uma globalização
da justiça e da dignidade 235

REFERÊNCIAS BIBLIOGRÁFICAS 249

PREFÁCIO

Este livro surge num momento de crise da universidade. Esta crise acontece numa tripla dimensão: a crise conceitual, a crise contextual e a crise textual. O aspecto conceitual da crise refere-se ao próprio conceito de universidade. Particularmente num país como o nosso em que não há muita clareza sobre o que é ou como deve ser uma universidade, tendo em vista a variedade e os desníveis entre as instituições acadêmicas de nível superior, fica difícil usar genericamente o termo universidade. Há tanto instituições de excelência que fazem jus ao nome "universidade", isto é, que têm cursos, instalações e corpo docente adequados, até aquelas que, embora também se digam universidades, não dispõem de nenhuma dessas condições. Em razão dessas disparidades, muitos autores preferem não falar de universidades, mas de instituições de educação superior.

PREFÁCIO

A crise contextual, por sua vez, diz respeito à relação entre universidade e sociedade e às profundas transformações que atualmente se encontram em curso. Basta lembrar a grande relevância que assume hoje a ciência e a tecnologia no mundo contemporâneo. Falamos de "sociedade do conhecimento" e sabemos que ciência e tecnologia se tornaram o principal fator produtivo. Além desse aspecto central, outros há como a mobilidade social, a instabilidade no meio profissional, a agilidade da disseminação de informações e conhecimentos pela mídia e a globalização econômica e cultural que têm enorme repercussão sobre a universidade desestabilizando seus procedimentos e estruturas tradicionais.

Por fim, a terceira face da crise, a textual, abrange os textos internos da universidade, seus conteúdos, suas formas de ensino, sua relação com a ciência e tecnologia, com os sentidos éticos e sociais daquilo que faz ou deixa de fazer. A barbárie das guerras, da violência, da agressão à natureza, respaldada pela ciência e tecnologia e levada a termo por pessoas que se formaram em cursos superiores, desafiam a universidade a refletir sobre sua responsabilidade ante as conseqüências de seu agir no campo da pesquisa, do ensino e da formação dos futuros profissionais.

Essas várias facetas da crise universitária podem ser resumidas num só termo: a universidade passa por uma crise de identidade. Ela está insegura quanto ao seu papel e suas tarefas na sociedade contemporânea. Ciência e tecnologia, por exemplo, por serem a alma do progresso moderno, são centrais para a universidade. Mas, sabemos, elas não são neutras como um dia se imaginou senão que têm sentidos e conseqüências ambíguas que tanto podem incrementar o progresso, quanto ampliar a barbárie. Se, de um lado, elas são indispensáveis para o desenvolvimento social no interior de uma sociedade dita do conhecimento, de outro, elas podem ter efeitos negativos, barbarizantes, como a redução do trabalho, a objetificação do ser humano e a exploração indiscriminada da natureza. Isto tira a universidade de sua tranqüilidade e a coloca ante a necessidade de refletir sobre o sentido humano e social das pesquisas que realiza.

O mesmo pode-se dizer da formação profissional, que é outro dos mais importantes encargos da universidade. Claro que a formação profissional é tarefa inarredável da universidade, seja porque a sociedade necessita profissionais qualificados, seja porque as pessoas precisam ganhar a vida na sociedade em que vivem. Acontece que este pragmatismo, em particular no caso da universidade púbica, não é mais argumento suficiente, para formar profissionais de qualquer natureza sem questionar o papel que estes profissionais irão desempenhar na sociedade. Serão profissionais interessados exclusivamente em vantagens pessoais ou terão eles algum tipo de sensibilidade, responsabilidade e compromisso com ideais mais amplos como justiça e bem-estar sociais? Será suficiente qualificar pessoas para um sistema político-econômico estruturalmente injusto e excludente ou será preciso despertar neles uma visão crítica que possa, além de bons profissionais, torná-los agentes de transformação?

Nem mesmo as atividades de extensão, pensadas como o mecanismo que conecta mais diretamente universidade e sociedade, fogem às ambivalências como, por exemplo, a de privilegiar programas assistencialistas que não passam de um arremedo de sentido social da universidade.

Todos estes aspectos da crise, aqui apenas nomeados, me levam a acreditar que, se tivermos sorte, nos encontramos no limiar de uma nova consciência acadêmica. Uma consciência que, de um lado, se dá conta de que todas as ações acadêmicas no âmbito da pesquisa, da docência e da extensão têm dois sentidos básicos: um pragmático que reconhece a necessidade de produzir conhecimentos, de desenvolver tecnologias de ponta, de formar profissionais competentes para atuar na sociedade e de agilizar a transferência das conquistas acadêmicas para a sociedade e outro ético-político que exige responsabilidade ante o sentido social de todas essas ações. São duas vertentes que devem informar, desde a raiz, todas as ações e projetos acadêmicos em qualquer uma de suas três áreas de atuação.

PREFÁCIO

Não resta dúvida de que a universidade é determinada ou, se esta expressão for considerada demasiado severa, que a universidade é condicionada pelos contextos e deve responder às exigências e urgências do real. De outra parte, é igualmente necessário que ela se mantenha livre e aberta para intencionalizar suas ações de acordo com sua pertinência ética e social. Embora se reconheça a natureza movediça do chão da ética em tempos que já não contam com as estabilidades metafísicas, teológicas ou mesmo racionais de outras épocas, parece ainda possível propor a dignidade humana como um ponto de referência axiológico que merece respeito e convergência prática também para as atividades acadêmicas.

Ao pensar em globalização, por exemplo, não podemos restringir-nos apenas à sua dimensão econômica ou midiática referente à internacionalização da economia e da informação e levar em conta suas implicações para o campo da educação superior. Igual importância deve ser atribuída às dimensões cultural, educativa, política e ética desse movimento, uma vez que a globalização, sob manto da urgência econômica, pode esconder interesses que incidem forte e negativamente sobre justos interesses e expectativas da sociedade como um todo. Os mecanismos da globalização e da internacionalização, diretamente atrelados ao sistema capitalista neoliberal, podem trazer e certamente trazem embutidos valores e visões de mundo, modos de ver e de interpretar as relações culturais e de convivência humana que, ao invés de incorporadas, devem ser rejeitadas pela universidade. Assim, neste como noutros campos de sua atividade, a universidade encontra-se envolvida em notáveis e difíceis dilemas entre, por exemplo, os interesses locais e os globais que ora se confundem ora se confrontam entre si. Como dar conta de sua pertinência local, da promoção dos interesses, necessidades, carências e especificidades da comunidade à qual pertence e, ao mesmo tempo, responder às dimensões e exigências mais amplas do mundo globalizado é uma dentre tantas outras questões que precisam ser enfrentadas aberta e criticamente.

Se a universidade não quiser ser simplesmente operacional, ou seja, ser instrumentalizada a serviço dos interesses hegemônicos da sociedade capitalista neoliberal, ela precisa repensar suas escolhas e opções passando por outras coerências. Se assim não proceder não terá escolha: permanecerá presa à lógica do sistema com o qual, aliás, se encontra fortemente comprometida hoje. A ciência que produz e os profissionais que forma enquadram-se na mesma lógica sistêmica e não são os projetos de extensão que, com seu *make up* social, conseguirão esconder a verdadeira cara da universidade. Tendo a pensar que a universidade é ambígua por natureza porque ambígua é a própria sociedade a que serve. Há interesses profundamente divergentes que requerem os serviços da universidade. Tais divergências tornam-se tanto mais acentuadas quanto mais acentuadas forem as contradições da própria sociedade.

A universidade precisa, por assim dizer, sair de suas 'dobras', desprender-se dos seus trilhos aos quais está presa. Precisa buscar apoio numa exterioridade, ou seja, num pensamento capaz de pensar o diferente, o dissidente, para que não continue sendo o permanente desdobramento do sempre mesmo. Continuar presa ao sempre mesmo significa continuar envolvida na mesma lógica da razão que se configurou na modernidade, se independentizou e tomou rumos que nem sempre correspondem ao verdadeiramente humano. A universidade deve escavar cuidadosamente em seu próprio interior, nos seus gestos e cursos irrefletidos para avaliar o que é legítimo e o que eventualmente deve ser pensado de forma diferente e nova desde a perspectiva da humanização do homem e da sociedade. A boa universidade não é aquela que contribui para melhorar a performance do sistema (sem perguntar o que isso significa), mas aquela que coloca suas competências a serviço da sociedade e de sua humanização.

Porém, não convém alimentar falsas ilusões: a universidade continuará ambígua enquanto ambígua for a sociedade, mas o mínimo que deveria fazer, uma vez que dificilmente conseguirá escapar de sua rotina de fazer ciência e tecnologia e formar profissionais no e

PREFÁCIO

para o sistema capitalista burguês, é estimular nos seus pesquisadores e alunos uma visão crítica tanto da realidade social quanto, em seu interior, de sua própria prática enquanto universidade. Tal postura de reflexividade crítica poderá evitar que ela se submeta cegamente às exigências e urgências que lhe são impostas. Tais urgências vêm carregadas da ideologia sistêmica que, se bem nunca totalmente evitável, não pode ser aceita submissamente por uma instituição que se orgulha de ser o lugar do pensamento. Há o grave risco de que tais urgências e privilégios se inscrevam na própria vida acadêmica fazendo com que se naturalizem particularmente no ideário dos alunos que, submetidos à rotina das aulas e dos exames totalmente focados no seu recorte epistêmico, deixam de ter a oportunidade de pensar o diferente.

A própria morfologia da língua acadêmica que é transmitida cotidianamente aos estudantes vem carregada de conceitos e normas que afirmam o real. As colorações ideológicas imbricadas na própria linguagem acadêmica que, ademais, também envolvem as posturas de docentes e gestores, enturvam as águas universitárias, não permitindo mais que se veja o leito pelo qual deslizam. Não permitem ver que tudo desliza no leito das grandes categorias da racionalidade moderna européia que muitos frutos, mas também muitas desgraças trouxe à humanidade. A universidade não pode abrir os olhos para os frutos e tampá-los para as desgraças.

Pela educação o homem pode tornar-se bom ou mau, melhor ou pior. Não é, portanto, qualquer educação que torna o homem melhor. Não se pode dizer que os piores males da atualidade tenham origem na falta de educação. Importantes pensadores como Nietzsche, Foucault, Horkheimer, Adorno, Marcuse e tantos outros atribuem à razão ou ao tipo de racionalidade desenvolvida no ocidente grande parcela de culpa pelas barbáries culturais, morais, políticas e ecológicas das quais todos nos queixamos. As origens desses males não são propriamente inerentes à razão, mas antes decorrem da alienação da razão de si mesma. O homem falhou porque não soube fazer de sua capacidade racional uma verdadeira racionalidade. No seu mais alto esplendor, a razão, desacompanhada de uma autocrítica que submeta seu agir ao critério do sentido humano, se transforma numa esplendorosa barbárie. A manipulação do ser que é o imperativo categórico da razão moderna deve encontrar seu equilíbrio no dever. Em outros termos, o uso da razão não pode ser definido independentemente do objetivo primeiro e indelével da humanização. A universidade não pode apropriar-se de um modelo de racionalidade desapropriado de substância mais profunda que é o sentido humano. A razão deve agir de tal forma que as conseqüências de seu agir sejam compatíveis com a dignidade humana. A dignidade humana não se negocia, não se barganha, não tem preço. A sociedade contemporânea e em seu interior também a universidade sofrem da perturbação entre o ser e o dever ser. Na medida em que o homem abre mão do dever ser, conquistado a duras penas ao longo de milênios, cujo centro é o respeito pela dignidade humana, ele se reintegra à natureza e perde sua humanidade.

Tome-se como exemplo a questão central do trabalho. Foi pelo trabalho, isto é, pela relação com a natureza e com os outros homens que o ser humano se humanizou. O trabalho é, neste sentido, o promotor da identidade do homem. Se privarmos o homem do trabalho, se o marginalizarmos, também o condenamos à desumanização. Por isso, o sistema capitalista é um sistema desumano: a alienação lhe é inerente, estrutural. Apaziguar-se com um sistema estruturalmente desumanizante é ideológico no sentido mais negativo e forte do termo. A luta darwinista pela sobrevivência inclui necessariamente a intolerância e a violência que ferem a dignidade humana. E porque estou dizendo isso? Porque a guerra entre os homens se inicia pela sua forma de pensar e, no sentido inverso, a luta pela paz, pela dignidade e pela humanização também se inicia pela reforma do pensamento.

Há sinais que animam para a esperança. Talvez porque as barbáries decorrentes do falso uso da razão se tornam tão ameaçadoras que

17

PREFÁCIO

não resta alternativa: ou mudamos os rumos ou a humanidade corre o risco de sucumbir. Torna-se urgente uma conscientização contra a transferência das relações naturais para o humano e para a sociedade. Torna-se urgente pensar novos equilíbrios para a relação entre o ser e o dever ser. Torna-se urgente que a universidade assuma seu compromisso com o pensamento.

A academia e os que nela trabalham precisam envolver-se com o debate radical das idéias e dos grandes temas nacionais e internacionais que preocupam e envolvem o futuro da sociedade sem ceder espaço às idéias fixas e aos dogmatismos. O que deve nortear o debate acadêmico é o discurso aberto e veraz onde a única coisa que conta é a força do argumento sempre comprometido com a dignidade humana e a justiça social. Isto significa pensar criticamente cenários que tenham por critério não apenas a celebração do real, os modismos ou o gosto público, mas a elaboração de um diagnóstico crítico, amparado em critérios de eqüidade e justiça social.

É sugestivo e compensador, a curto prazo, aderir à ideologia moderna que liga desenvolvimento científico-técnico indiscriminadamente ao progresso. No entanto a história nos mostra que o orgulho da razão que desprezou sua autocrítica engendrou injustiças, violências e intolerâncias. Adorno e Horkheimer nos ensinam que a razão não está isenta de barbárie como imaginavam Kant e os idealistas do início da modernidade. A *Dialética do Esclarecimento,* fazendo a crítica das barbáries da razão ocidental, revela que, apesar dos notáveis avanços, a razão precisa estar vigilante para que não caia na barbárie. Ora, não vejo na sociedade contemporânea outra instância mais indicada para exercer tal vigilância que a universidade.

Não dispomos, porém, de nenhum critério objetivo de verdade a partir do qual tal vigilância possa ser exercida. Só é possível exercê-la a partir da aproximação à verdade mediante o exercício do debate e da argumentação, posto radicalmente a serviço do esclarecimento. A universidade deve conceber-se como o espaço público onde se cultiva a consciência crítica que não dá tréguas à violência, às agressões contra a dignidade humana, contra a justiça social e a democracia; deve conceber-se também como o espaço onde se pode refletir publicamente sobre ela mesma. Seu compromisso é com a *res-publica,* com a pátria *communis,* com a superação da ruptura entre civilização e barbárie. Sempre que a razão se isola, se fecha em sua interioridade subjetiva, institucional ou sistêmica, ela se distancia da alteridade, se torna absoluta e imperial, dogmática e bárbara.

A universidade não pode ser o abrigo da razão bárbara que destrói e arruína tudo o que não condiz com os seus cânones, que condena a arte, a literatura, a sensibilidade, o incomensurável, o incerto, o humano, que provoca e fascina, mas carece de abrangência humana. A universidade deve conscientizar-se dos riscos do academicismo do insignificante e consagrar boa parte de seu espaço intelectual à luta pela conquista dos sentidos: do sentido humano do ser e do pensar, do produzir e disseminar conhecimentos, do ensinar e formar pessoas. A universidade pode e deve ser a garantia para que o pensamento não se acabe, para que não se desfigure o rosto humano pela imposição das visões parcelares e operacionais da ciência e do ensino onde impera a razão absoluta, triunfal e imperialista.

Os leitores interessados nesses temas encontrarão neste livro matéria para importantes reflexões e uma excelente oportunidade para trocar idéias com um dos grandes estudiosos dessa área.

Pedro Goergen
Uniso e Unicamp, setembro de 2005

APRESENTAÇÃO

Este livro explora alguns sentidos da crise da educação superior nestes tempos de grandes realizações, aceleradas mudanças e graves incertezas. A crise que toma conta dos campi universitários e dos organismos responsáveis pela educação superior é uma manifestação particular de uma crise estrutural que se manifesta, sobretudo, nos níveis do estado, do trabalho e do sujeito. O estado não consegue prover de modo satisfatório as instituições encarregadas de produzir a eqüidade, a justiça social, os processos e as instituições de democratização, dentre as quais, privilegiadamente, as educativas. A nova economia rompeu os tradicionais modelos de trabalho, criou riquezas para uns e espalhou desemprego, insegurança e precariedade para muitos. O estreitamento das relações entre a educação superior e a economia faz emergir novos sentidos e problemas socioprofissionais de difícil solução. A sociedade perdeu em grande parte suas referências valorativas e se enfraqueceram os processos de construção das subjetividades, pelos quais os indivíduos se integram construtivamente na produção da vida social. À educação superior se impõe a obediência ao mercado, mais que o compromisso com a formação de cidadãos autônomos e com o aprofundamento da democracia. Estes aspectos desta crise estrutural que nos cabe viver têm fortes conexões com a educação superior. Ela está no centro da crise estrutural: a educação superior é, ao mesmo tempo, um dos mais importantes motores de aprofundamento da crise e da superação da crise. Este livro o tempo todo chama à cena essa relação de crítica e esperança, que faz parte da essência de toda crise.

No fundo, nas reflexões que vão se seguir, as vistas sempre se dirigem às questões centrais da formação e do conhecimento. Se o que compete à educação, fundamentalmente, é formar os membros de uma sociedade, que tipo de formação é hoje requerida, se há tantas incertezas a respeito de quais são os valores primordiais, se não existe nenhuma segurança sobre os destinos da sociedade humana, num mundo tão avançado na capacidade de construir e de destruir. O conhecimento e a informação, que são as grandes marcas dos tempos atuais, estão determinando novos padrões de organização social e econômica. Produzem riquezas, libertam o homem de muitos trabalhos duros e repetitivos, mas também trazem desemprego e aprofundam as desigualdades sociais e os desequilíbrios entre os povos. A atividade de formação, a que em última instância a educação superior está instada a desenvolver e de um ou de outro modo sempre está realizando, é um intenso processo social de comunicação cujo mediador principal é o conhecimento, em suas múltiplas dimensões, dentre as quais as valorativas, as técnico-científicas, as políticas e sociais.

O carro-chefe destes nossos tempos é a globalização econômica. Dentre suas principais características estão uma nova divisão internacional do trabalho e a interdependência dos mercados, o uso intensivo e extensivo das tecnologias de informação, liberalização e flexibilização nas organizações empresariais, novas relações entre capital e trabalho, desemprego estrutural, aumento das desigualdades sociais, desequilíbrios entre países, diminuição da presença do estado na promoção da educação pública e da justiça social, com a conseqüente expansão da privatização e do mercado educacional.

É nesse cenário um tanto escorregadio que se movimenta este livro. Este não é um texto de certezas e seguranças. A certeza é apenas uma faceta do conhecimento, talvez a mais perceptível e a mais visível. Se o conhecimento conforta ao avançar explicações e concluir raciocínios, ele também incomoda quando deixa escancarado um mundo de implicações e significações abertas e até mesmo insolúveis. Que funções deve desempenhar a educação superior nesse contexto de incertezas e de transformações, em ritmos cada vez mais acelerados? Em questão, o futuro que não sabemos projetar, mas oxalá seja melhor que o presente que não soubemos ou não conseguimos construir.

A *Introdução* tem o propósito de esboçar as primeiras características das novas realidades, demandas e contradições, isto é, o grande campo em que se desenrolam os jogos ou lutas de força da sociedade contemporânea e em que, a seu modo, a educação superior trava suas batalhas. Diante da crescente demanda por mais estudos, em razão do estreitamento dos vínculos entre educação, economia e trabalho, em decorrência da forte economização da vida social, dentre outros fatores, a educação superior é instada a dar respostas a muitas expectativas novas e cumprir funções cada vez mais amplas e, muitas delas, contraditórias. Muitas das respostas oferecidas vão na direção da privatização, diversificação institucional, expansão quantitativa e fragmentação das atividades acadêmico-científicas. Mas, se até certo ponto as respostas satisfazem, também criam novos problemas. Uma das críticas mais agudas toca a questão dos fins: em boa parte, a educação superior estaria deixando de ter como referência o desenvolvimento da sociedade e a formação da consciência crítica de cidadãos e estaria elegendo como finalidades principais a autonomização técnica, a competitividade individual, a instrumentalização econômica, a operacionalidade profissional.

No capítulo I, denominado *Educação Superior, Globalização e Desafios Ético-Políticos,* são discutidos aspectos da globalização ligados às transformações da educação superior. De modo particular, é tratada a questão das tecnologias de informação, que vêm alterando as noções de tempo e espaço, mudando os modos de organização econômica, promovendo a passagem da supremacia do valor material para o imaterial, transformando as tradicionais percepções sobre o mundo e o agir humano. Nada escapa à presença da globalização; desde as microdimensões da vida privada, até os grandes fenômenos mundiais tudo está interconectado e interdependente. Mas essa interconectividade nos níveis micro e macro, em grande parte dimensionada pelo que se pode chamar de capitalismo informacional, também trouxe consigo um grande sentimento de incerteza e de perda de referências da vida social. O indivíduo concreto se dilui em uma "massa flutuante" e tem enorme dificuldade de dominar os destinos de sua própria vida. Isso interfere pesadamente nas funções sociais e de produção de conhecimentos da educação superior

Não poderiam ficar de fora os temas da competitividade, da funcionalização econômica, da invasão da ideologia do mercado, do conhecimento útil, da apropriação mercantil dos conhecimentos, da privatização e do quase-mercado educacional, tudo isso alterando em aspectos importantes o tradicional *ethos* acadêmico. O grande tema que aí se instala é o da sociedade do conhecimento, que carrega consigo a questão da divisão internacional entre pobres e ricos. Agora, essa assimetria se expressa também pelos neologismos *inforrico, infopobre, analfabetismo digital, brecha digital* etc.. A sociedade do conhecimento é determinada pela "economia do conhecimento", que define as prioridades temáticas, as opções epistemológicas, os sentidos de utilidade, as formas de apropriação, os financiamentos, as relações entre os pesquisadores e a ciência.

Essa problemática traz à tona uma outra discussão, aliás, bastante atual. Trata-se da questão da responsabilidade social, cuja semântica também vem sendo apropriada pelo mundo dos negócios. A significação e a prática da responsabilidade social da educação superior precisam recuperar a dimensão ético-política de produção de ciência com rigor e pertinência, de formação da cidadania e de consolidação da democracia.

No capítulo II, *A educação superior no epicentro das transformações*, o dilema se instaura em termos da séria questão que está na raiz das formações e transformações da educação superior. Duas visões de mundo contraditórias, duas maneiras de pensar e fazer a educação superior: como direito social e bem público, a ser apropriado de modo público e social, ou como negócio e mercadoria a serviço dos interesses privados. Aí se instalam contradições e crises de sentido que podem ser apresentadas como uma antinomia entre humanismo e mercado. Uma das idéias mais fortes deste capítulo é a seguinte: um dos maiores desafios do mundo de hoje é dar um sentido mais humano ao progresso, isto é, fazer com que os benefícios do desenvolvimento tecnológico e global cheguem ao maior número possível de pessoas em todos os cantos do planeta. Fazer com que a explosão epistemológica, para além da operatividade analítica e da razão prática, tenha também um forte sentido civilizacional. Isto leva a pensar em que o critério da eficácia imanente da tecnologia e da economia deve ser submetido ao critério da eficácia social. Só se constituem alavancas do desenvolvimento civilizatório a economia e a tecnologia que estejam fundadas na ética, que dá sentido e orientação às ações políticas. Isto significa que os valores comuns e públicos de uma sociedade democrática devem prevalecer sobre interesses individuais e das esferas privadas.

Um livro que trata das novas faces da educação superior no contexto da globalização, seus mútuos impactos e suas interatuações, não poderia deixar de tratar também desse novo fenômeno da *educação superior sem fronteiras* (Capítulo III). A globalização econômica engendrou cenários moventes em que intervêm novas categorias ou em que antigas categorias adquirem sentidos novos. É o caso, por exemplo, da internacionalização, antiga prática de cooperação entre pesquisadores, estudantes e instituições. A transnacionalização é um fenômeno novo, que emerge da economia transnacional e que tem como motivações a competitividade e o lucro. A educação aí é vista como bem negociável e serviço vendável. O mercado transfronteiriço da educação requer um marco regulatório supranacional. Aí entram em cena as tratativas para inserir a educação no capítulo do Acordo Geral sobre o Comércio dos Serviços, da Organização Mundial do Comércio. O capítulo se encerra com uma reflexão sobre desafios e agendas que se instaura na contradição entre o global liquefeito e as realidades concretas.

O capítulo IV, após fazer considerações a respeito de reformas educativas, aborda alguns aspectos das *reformas da educação superior na Europa e na América Latina*. O chamado Processo de Bolonha, que consiste no grande projeto de criação do Espaço Comum Europeu de Educação Superior, vem adquirindo grande força, aumentando os âmbitos e ações nas esferas oficiais de gestão da União Européia. Essa resposta dos meios universitários às demandas da globalização não está isenta de contradições. Para além do apoio e da adesão das esferas oficiais, nos campi pululam ainda muitas críticas e incertezas a respeito dessa pretendida nova face da educação superior. No mundo interconectado, tem importância tudo o que ocorre em qualquer parte, sobretudo, nos países mais desenvolvidos; de modo especial, para nós, o que se passa na Europa latina, com quem temos estreitos e históricos laços. Por aqui persistem velhos e graves problemas ainda não resolvidos, que se juntam aos novos, comuns ao mundo todo. Dentre os antigos problemas, sofremos por aqui da miséria, da baixa escolaridade, da perversa desigualdade social, da frágil democracia. A educação superior latino-americana enfrenta enormes dificuldades que vão desde as precariedades físicas e institucionais, dificuldades na regulação dos sistemas educacionais, graves deficiências pedagógicas e profissionais de parte dos professores e pesquisadores, carências agudas nos processos de formação dos estudantes desde os níveis anteriores, até os estruturais défices econômicos, sociais e políticos, que agora se somam às crises econômicas e aos problemas acarretados pela competitividade internacional. Também por aqui não faltam tentativas de reformas e ajustes. Dois exemplos são rapidamente apresentados. No norte, o projeto 6 x 4; no sul, alguns ensaios de compatibilização de currículos promovidos no âmbito do enfraquecido Mercosul. Tema também recorrente é o da educação transnacional. Este capítulo apresentou uma breve reflexão sobre os possíveis impactos da educação transnacional, física ou virtual, sobre os projetos e prioridades dos países latino-americanos.

O capítulo V, não conclui, não fecha nenhuma discussão. Ao contrário, *para continuar os debates,* deixa abertos os cenários das contradições. Um dos aspectos mais importantes desse debate a ser continuado consiste no fato de que se a sociedade do conhecimento e da informação beneficia os que nela estão incluídos, ela também exclui todos os que não possuem os meios de acessá-la. Por isso, é irrecusável que o debate tenha uma dimensão política e ética, especialmente para a sociedade brasileira, vice-campeã panamericana da desigualdade social. Um sistema de educação que realmente queira a melhoria da vida de todos os cidadãos precisa ser, por princípio, democrático em seu funcionamento e público em sua função e modos de apropriação. Para a educação superior, trata-se de produzir conhecimentos e promover a formação com forte teor de pertinência e de atenção ao horizonte ético, que dá a direção e os sentidos do futuro a construir. A educação superior não pode deixar de prover as condições cognitivas e éticas para o fortalecimento da cidadania ante as imposições da economia globalizada. Para seguir provocando, e não para encerrar a discussão, uma das idéias que este livro deixa suspensa no ar é a seguinte: o principal dos desafios que hoje se apresentam à educação superior é a construção da globalização da justiça e da dignidade.

DILEMAS DA EDUCAÇÃO SUPERIOR NO MUNDO GLOBALIZADO

SOCIEDADE DO CONHECIMENTO OU ECONOMIA DO CONHECIMENTO?

José Dias Sobrinho

Introdução

De todas as instituições sociais e laicas no mundo ocidental, a universidade é a mais duradoura e contínua. Se em seus nove séculos de existência tem sobrevivido como instituição[1] macrossocial imprescindível, é graças, sobretudo, à sua grande capacidade de preservar sua solidez estrutural e de se renovar continuamente, sem, entretanto, se desnaturar ou afastar-se de seus princípios essenciais. É interessante observar que essa solidez que atravessa os tempos se deve a duas características contraditórias. De um lado, a universidade guarda uma forte tendência a resistir às mudanças e de assegurar a unidade,

---

[1] "As instituições são a materialização do significado e do propósito humano", diz Polanyi (POLANYI, 2000: 294).

por outro lado ela apresenta grande flexibilidade, capacidade de adaptação às demandas que vão surgindo e abertura à diversidade. A universidade tem sobrevivido a todas as mudanças sociais porque, ainda que erre e falhe, também tem a enorme capacidade de se superar, de se adaptar, de se transformar e de pensar o futuro.

A universidade tem sido, através dos tempos, o mais importante espaço produtor do domínio técnico do homem sobre a natureza e, o que é ainda mais valioso, da consciência que o homem tem dessas transformações. Se o mundo moderno, em grande parte, resultou das revoluções educativa, industrial e democrática, então, com certeza, deveu muito às operações de construção e transmissão dos conhecimentos de alto nível, à docência e à investigação a que a universidade se dedica de forma ampliada e sistemática. De acordo com Clark, o que há de comum no trabalho acadêmico dos professores é "a manipulação do conhecimento, entendida como uma combinação muito variada de esforços tendentes ao descobrimento, à conservação, à depuração, à transmissão e à aplicação do mesmo" (CLARK, 1991: 34).

Ao longo de nove séculos de sua história[2], a universidade tem formado inteligências e personalidades, produzido conhecimentos e técnicas, desenvolvido os instrumentos e artefatos que impulsionam as fábricas e tem sido a instância crítica e criativa da cidadania e da vida democrática. Em outras palavras, a universidade tem sido a instituição da sociedade dedicada a desenvolver, em seus espaços e em seus processos, a formação dos sujeitos sociais em suas mais completas dimensões. Ela é um espaço social em que os sujeitos

---

[2] A universidade que se institucionalizou em todos os continentes, nos mais longínquos territórios e nas mais distintas culturas, é basicamente a universidade ocidental, aquela que teve suas origens em Bolonha, atingiu um grande auge em Paris (1215), Parma, Colônia, Montpellier, Salamanca, Oxford e Cambridge, se tornou modelo importante em Berlim, no século XIX, e, mais recentemente, nos Estados Unidos. Embora em diversos momentos e nos distintos países essa universidade tenha se organizado diferentemente e tenha proposto diferentes ênfases e prioridades de funções, é possível perceber um *ethos universitário* que caracteriza universalmente essa instituição secular voltada à formação, à construção do conhecimento (desinteressado ou interessado, conforme o caso), ao desenvolvimento da civilização.

sociais se formam e se constituem por intermédio de suas ações e experiências com o saber e com os outros.

A definição e as reformas da universidade, ao longo de sua existência, têm sido objeto de políticos, administradores e intelectuais de diversas áreas. Entretanto, ainda que a isso tivessem se dedicado grandes filósofos, teólogos, sociólogos, historiadores, educadores, enfim, o pensamento reflexivo de distintas épocas, não há consenso a respeito de suas noções. Consenso não há nem mesmo no interior de uma instituição. A comunidade acadêmica é familiarizada com o *ethos* do dissenso, do descontentamento, da possibilidade de expressão pública das críticas. Seus consensos possíveis, quando os há, jamais são absolutos. Longe de isto ser um problema, é, antes, sua força e sua fonte de motivação.

A universidade é muito mais do que aquilo que dizem a seu respeito. Essa complexidade de sentido tem a ver com o fato de que ela é uma instituição que se realiza por meio de práticas humanas, sociais, portanto, ações constitutivas do ético e do político. Não se trata da formação apenas prática, ainda que isso hoje ganhe grande valor, em uma hora em que valor é entendido como preço. Não obstante essa tendência, é sempre importante não esquecer que a ética exige que a universidade seja um espaço institucional de formação de seres sociais pensantes, críticos, reflexivos. Essa convicção será constantemente reafirmada ao longo deste livro.

Classicamente a universidade tem sido pensada invocando-se a idéia de universalidade, de soma de todos os conhecimentos e atividades intelectuais. Essa é a idéia da universidade construída na tradição européia, desde seus primórdios em Bolonha, depois em Paris, no final do século XII, e que adquiriu sua força exemplar na universidade humboldtiana de Berlim, no começo do século XIX. Esse conceito de universidade, cujo centro é a construção do conhecimento não necessariamente vinculado aos interesses pragmáticos, como firmemente proposto pelos irmãos Humboldt, tornou-se um modelo amplamente reconhecido no mundo, consolidando a idéia da busca desinteressada da verdade por uma comunidade aberta de acadêmicos isentos de preocupações particularistas. Essa comunidade epistêmica seria institucionalmente constituída como autônoma, comprometida com o universal, porém, também, datada e plantada em uma realidade específica.

Uma tal idéia clássica de universidade, fundada na noção de universalidade, de comunidade acadêmica produzindo conhecimentos desinteressados e livremente, está hoje esmaecida ante a penetração de diferentes interesses e ideologias, nestes tempos de fragmentação e fugacidade. É verdade que essa idéia de universidade ainda tem adeptos e defensores. Estes defendem que a universidade não pode perder sua relação com o conhecimento, e, desta forma, o respeito à liberdade e aos valores que tendem à universalidade, que são os valores que edificam a humanidade.

Mas, a universidade não pode ficar presa nas teias do passado. Por isso, é preciso alertar que podem ser anacrônicas aquelas defesas das idéias de uma universidade fundada na universalidade e no saber desinteressado que venham a impedir qualquer movimento no sentido dos novos tempos. Além de essa instituição não mais corresponder a muitas das necessidades dos tempos atuais, tendo em conta a complexidade dos conhecimentos e as grandes alterações na vida dos indivíduos e das sociedades, é também preciso ter em mente que ela ao menos em parte também correspondia, em cada tempo, aos ideais de preservação dos privilégios das elites sociais dos respectivos períodos históricos.

De um jeito ou de outro, quaisquer que tenham sido e sejam as suas marcas dominantes e suas contradições, a universidade sempre se fortaleceu e se transformou, em acordo ou desacordo, respondendo às demandas majoritárias de seu tempo. A grande questão que se lhe coloca é a de que não lhe basta ser coetânea de seu tempo; mais que isso, ela precisa estar adiante de seu tempo. Transforma-se por efeito das mudanças que ocorrem em todas as esferas, mas também produz as transformações do mundo. Não deve, entretanto, perder a capacidade de se autodeterminar. Esta questão, hoje, é particularmente delicada e tem produzido sentimentos de incertezas e ambigüidades.

As mudanças nos sistemas educativos e em suas instituições estão estreitamente relacionadas com processos de transformações políticas, econômicas e sociais mais amplos, cujos efeitos nem sempre podem ser imediatamente compreendidos com clareza. Como tudo o que é social, a educação superior vive e produz grandes contradições. A cada tempo e em cada lugar vive as tensões da sociedade e responde a muitas de suas demandas, ora com mais, ora com menos autonomia, porém, jamais imune a contradições.

A clássica função de conhecimento geral, preservação da cultura e da erudição, de formação do pensamento reflexivo, de transcendência civilizacional da universidade se depara agora com as tendências da fragmentação, da rapidez, da utilidade ou do valor econômico, da aplicabilidade, do instrumental e organizacional. Como manter a idéia de universalidade perante as demandas de curto prazo da formação técnica e profissional, das necessidades de especialização e das divisões de trabalho, do pragmatismo das pesquisas microorientadas, do utilitarismo e do particularismo da produção e do consumo de conhecimentos?

Novas realidades, novas demandas, novas contradições

Até mesmo a capacitação profissional apresenta importantes antinomias, que vão das mais altas especializações, das novas atividades laborais, do uso das tecnologias avançadas, que requerem um forte investimento em pesquisas, até as profissões mais simples e que atendem às demandas rotineiras do comércio, da indústria, dos serviços. Dizendo de outro modo: a função essencial de formação que é atribuída às instituições educativas enfrenta as tensões que vão das mais altas e universais categorias da pesquisa e da construção de sínteses compreensivas, até as mais corriqueiras capacitações para preenchimento de postos de trabalho pouco exigentes. Como atender satisfatoriamente e ao mesmo tempo a essas contradições? Os que defendem a linha pragmática e operativa fazem uma pesada crítica a uma suposta ineficiência da educação superior para atender às necessidades dos avanços da industrialização e da complexidade da vida em geral. Por outro lado, os que têm em perspectiva primordialmente a construção de sociedades democráticas defendem a idéia de que a formação precisa estar voltada para o exercício da cidadania crítica e criativa. Estes criticam o fato de que a formação desenvolvida nas instituições educativas tenha se afastado dessa perspectiva e lamentam as perdas de referências valorativas e o empobrecimento do espírito de nacionalidade.

De todo modo e por diferentes razões, é fato que a importância da educação superior vem aumentando no atual contexto de mudanças. Seu campo de abrangência e suas funções se ampliam constantemente. Dado o valor fundamental do conhecimento para o setor produtivo, na atual economia crescentemente desmaterializada, a demanda de educação superior vem aumentando e sempre acima das possibilidades de atendimento do poder público. Este é um dos fatores que tem favorecido o aparecimento de novos tipos de provedores e de modalidades novas de instituições. A competitividade faz parte das relações entre instituições e sistemas educativos. As instituições agora precisam dar conta não apenas das antigas funções que lhes competiam cumprir, mas também são instadas a responder com eficiência aos novos desafios e exigências.

Cada vez mais o conhecimento vem se associando à utilidade, à aplicação, à finalização. Da mesma forma, é crescente a vinculação dos pesquisadores a nódulos das redes de poder constituídas pelo grande capital. Crescentes exigências e urgências são colocadas à universidade à medida que as sociedades se tornam mais desenvolvidas e mais complexas, que as esferas do poder se tornam mais competitivas, que o conhecimento e as profissões se multiplicam e que as microdimensões da vida vão se modificando, sobretudo em razão da incorporação das novas tecnologias.

A universidade agora é instada a associar-se às outras redes de gestão e aplicação do conhecimento avançado, que agora apresenta um novo matiz: o conhecimento gestor, conhecimento mais capacidade de aplicá-lo administrando-o desde o momento de sua localização, avaliação, acondicionamento e utilização em situações que, por sua vez, reclamam diagnósticos e estratégias de abordagem" (PEÓN, in: BARSKY, SIGAL, DÁVILA (orgs.): 2004: 167).

Não se podem compreender os movimentos de transformação que estão em curso sem que se tenha uma perspectiva geral da educação inserida em um horizonte global da vida humana. As novas realidades, especialmente aquelas intensificadas pela globalização, abrem tantas perspectivas de diferenciação e diversificação que já não se pode mais falar só de universidade. É bastante conhecida a expressão "multidiversidade". Ela põe em foco as modificações organizacionais e a fragmentação de funções. Mesmo assim, não contempla o universo de instituições de estudos superiores. Mais abrangente, ainda que

---

[3] Muitas vezes a expressão educação superior incorpora atividades que não seriam propriamente de nível superior; daí que se faz necessária também a expressão ainda mais imprecisa e abrangente de "educação pós-secundária". Neste texto, uso "universidade" quando pretendo insistir nas funções mais amplas de ensino, pesquisa e extensão em diversas áreas do conhecimento. Importante é destacar aqui que o grande diferencial da universidade é a produção de conhecimentos, especialmente quando isso significa formação humana e desenvolvimento econômico-social. Por isso, é imprescindível que haja nessa instituição também cursos de pós-graduação e, obviamente, estruturas de pesquisa. Já "educação superior" é uma expressão que, incluindo, embora não necessariamente a "universidade" e, até mesmo, atividades "pós-secundárias" ou "pós-médias", compreende também as instituições dedicadas, principalmente, e, muitas vezes, exclusivamente, ao ensino. Hoje, o ensino praticado nas instituições de nível superior, especialmente as mais recentemente criadas e de menor porte, está bastante direcionado à capacitação técnico-profissional, isto é, à preparação de mão-de-obra. De qualquer modo, a não ser quando isso se justifique por razões específicas, evito sempre a designação "ensino superior", por considerá-la redutora. Ensino é uma das dimensões, uma atividade meio, sem dúvida imprescindível, de um fenômeno muito mais amplo que é a educação. É um grave equívoco considerá-lo um fim em si mesmo. O uso freqüente dessa expressão parece indicar o que muita gente está esperando da educação superior em países pobres: que se limite a capacitar profissionais para o mercado de trabalho, haja ou não emprego para todos.

mais vaga, é a expressão "educação superior". Comporta os diversos tipos de universidade e instituições não-universitárias, de nível superior.[3] Não se pode tratar as questões da educação, sem levar em conta a globalização.[4] A atual globalização está produzindo nas sociedades fenômenos cada vez mais complexos. As mudanças efetuadas na educação superior têm a ver com as contradições que constituem essa complexidade. Por isso, freqüentemente são exigidos compromissos de posições antagônicas e de difícil compatibilização. Isso acarreta ao campo social da educação algumas percepções contraditórias, ora valorizando, ora depreciando o papel da educação, mas quase sempre deixando no ar um sentimento de crise e de incertezas. Ainda que se reconheça amplamente a importância da educação, sempre resta a sensação, também largamente veiculada, de que as práticas educativas não satisfazem as funções e demandas que lhe são atribuídas, mesmo que se devesse reconhecer que as origens dessas deficiências estão em outros lugares. Alguns desses elementos são construídos no interior das instituições, mas muitos outros vêm de fora, alterando os tipos de deveres a que as instituições precisam responder.

A universidade hoje é levada a dar respostas a expectativas, tarefas e funções crescentemente alargadas, contraditórias e complexas. Três são os principais fatores que podem explicar esse fenômeno: forte demanda por mais escolarização de nível superior, que acabou acarretando uma grande expansão das matrículas, muitos países passando da categoria de elite para a de massa e até mesmo para a universalização; conexão da educação com a expansão social da

---

[4] A palavra "globalização" é de origem anglo-saxônica; "mundialização" é mais do tipo francês. Chesnais usa a expressão "mundialização do capital", para ele mais apropriada que globalização, e também "mundialização da economia". Diz Chesnais: "O termo 'mundialização do capital' designa o quadro político e institucional no qual um modo específico de funcionamento do capitalismo foi se constituindo desde o início dos anos 80, em decorrência das políticas de liberalização e de desregulamentação das trocas, do trabalho e das finanças, adotadas pelos governos dos países industriais, encabeçados pelos Estados Unidos e pela Grã-Bretanha." (CHESNAIS, 1999: 77).

divisão do trabalho; valor econômico do trabalho, sobretudo da pesquisa especializada para o impulso de nichos mercantis, ocasionando uma grande fragmentação das atividades acadêmicas. Cabe observar que o sistema de educação superior no Brasil, se bem que esteja experimentando um grande crescimento de instituições e de matrículas, ainda permanece na categoria de elite, conforme a classificação de Trow, pois só atende a cerca de 9% dos jovens entre 18 e 24 anos. Mesmo considerando que o Brasil ainda está muito longe de atingir as taxas líquidas de matrículas dos países mais avançados, e até de alguns latino-americanos, pode-se dizer com firmeza que a explosão de matrículas e de instituições é o aspecto mais visível de um grande processo de privatização da educação superior brasileira, nos últimos dez anos.

A complexidade das novas tarefas não pode ser atendida por um único tipo de instituição, como a universidade clássica. É muito complicado a uma única instituição formar, em toda extensão e com elevada qualidade, tanto os pesquisadores e profissionais de ponta, como fornecer a simples capacitação de mão-de-obra para postos de trabalho menos exigentes. É muito difícil responder a tantas e tão contraditórias demandas, que lhe chegam em estado bruto: desenvolver a mais avançada e inovadora pesquisa e, ao mesmo tempo, o conhecimento de pronta aplicação, conciliar os valores gerais e permanentes da sociedade democrática com os interesses imediatos e pragmáticos das empresas. As respostas a essas demandas conflitantes e multifacetadas têm sido dadas à base de fragmentações e diversificações. Cada instituição escolhe a sua saída. Assim, se opera uma divisão de trabalho, explícita ou tacitamente, em que instituições estruturalmente diferenciadas criam seus nichos específicos e se ocupam de funções diversificadas.

Ao lado das poucas universidades que ainda mantêm suas funções tradicionais de formação, produção e socialização de conhecimentos em todas ou quase todas as áreas de atividades humanas, prolifera um grande número de instituições de educação superior, porém não-universitárias, com estruturas diferenciadas, tarefas setorizadas, presenciais ou virtuais, com tempos e titulações muito variados: *colleges,* institutos tecnológicos, faculdades isoladas. Em sua grande maioria, essas novas instituições, quase todas privadas, operam na linha da absorção de demandas específicas do mercado.

Uma forte contradição está instalada entre o reconhecimento da enorme importância da educação superior para alimentar os processos tecnológicos e as capacitações para o trabalho, para a produção da ciência que se transforma em riqueza, de um lado, e, por outro, a sensação de descrédito de grandes contingentes de formados que se sentem alijados da possibilidade de desenvolver pesquisas e mesmo de obter empregos e desempenhar funções de alto nível para os quais foram qualificados.

A educação superior é, ao mesmo tempo, central para o desenvolvimento social e econômico, mas, paradoxalmente, é vítima de descrédito. Ainda que seja a instituição central da produção do conhecimento e da capacitação para a aprendizagem continuada, a universidade tem hoje ameaçada até mesmo sua natureza essencial, ou seja, está em crise o sentido mesmo de sua existência. Para lá das questões técnicas e utilitárias, a questão é ontológica. Não se trata apenas de apresentar respostas de um ponto de vista operacional e técnico. Mesmo quando essas respostas sejam técnica e operacionalmente satisfatórias, resta à educação superior dar conta de uma questão de fundo: justificar a sua razão de existir, definindo o seu próprio ser em relação ao que pode acrescentar na construção da vida humana. Porém, isso é cada vez mais problemático, na medida em que os conhecimentos, que fazem parte de sua razão de ser, perdem seu sentido civilizacional e se reduzem a valor econômico, e que a técnica se desvincula da ética e das normas sociais. Um exemplo gritante da decadência ética: grandes empresas, que são em pequeno número, apresentam crescimento que supera em muitas vezes as riquezas que os países conseguem acumular ao longo de um ano.

O cenário mundial é de grandes, profundas e rápidas transformações. Isso inevitavelmente introduz na vida humana uma crise generalizada, portadora ao mesmo tempo de novos problemas e novas soluções, grandes dificuldades e grandes oportunidades, considerável aumento de misérias e também de riquezas. Sempre houve transformações e crises na história social, de diferentes intensidades e com distintas respostas. Entretanto, há de se levar em conta certas especificidades do cenário atual, que acabam atingindo diretamente o cerne dos problemas e das transformações da educação superior em todo o mundo

As transformações sociais são hoje de grande velocidade, não respeitam nem reconhecem fronteiras, e produzem importantes impactos no cotidiano de todas as pessoas. Claros exemplos dessas transformações são os fantásticos avanços nas tecnologias de comunicação, nas ciências, especialmente a bio-genética, nas políticas macro-econômicas, com repercussões na desregulação dos mercados de trabalho e na abertura do intercâmbio comercial.

As percepções dos avanços também estão acompanhadas de sentimentos de grandes inseguranças. A globalização tem significados ambivalentes. Embora sempre relacionada às dimensões da economia e da tecnologia, que são sem dúvida sua face mais evidente, a globalização é multidimensional. Além da economia, ela tem a ver com as dinâmicas interdependentes da cultura, da política, da ética, da ecologia, do local e do universal. Está ligada às idéias de desenvolvimento e progresso, sobretudo quando associada à ciência, à tecnologia e à indústria, que são os principais motores da acumulação capitalista, mas também é responsabilizada pela tendência à anonimização da sociedade, pela individualização que corrói a solidariedade e a comunidade, pelo terrorismo e pelos conflitos em escala mundial, pelos fanatismos e fundamentalismos, pelo crescente aumento das desigualdades, pelas inseguranças psicossociológicas. Problemas de insegurança que antes pertenciam à esfera privada do indivíduo e agora são compartilhados nas esferas públicas das sociedades.

Nunca antes as tecnologias ligadas à segurança estiveram tão desenvolvidas. Porém, nunca houve tamanha insegurança como neste nascente século XXI: insegurança em nível global, em razão de fanatismos e fundamentalismos econômicos, culturais e religiosos a produzir guerras genocidas e barbáries físicas e espirituais; insegurança em níveis locais, porque os Estados não conseguem oferecer as bases de educação, saúde, emprego e paz social; insegurança ante a instabilidade dos mercados e das políticas econômicas etc.

Cada vez mais vai ficando claro que o crescimento econômico, em grande parte baseado nas conquistas da tecnologia e do conhecimento, por si mesmo não é capaz de garantir eqüidade social, tampouco de erradicar os terríveis bolsões de miséria, de evitar o aumento dos monstruosos processos de degradação ambiental, de violência e de qualidade de vida, especialmente nas periferias das grandes cidades.

No desenvolvimento dos países industrializados e no progresso dos setores desenvolvidos técnica e economicamente, fundados na excessiva especialização e na primazia do lucro a todo custo, também pode haver uma involução, ou melhor, um subdesenvolvimento ético, pela perda das referências mais amplas da humanidade.

Nunca antes haviam se acirrado, com tal magnitude, as desproporções, os desequilíbrios e, com isso, as tensões e as demandas contraditórias. Um bilhão e duzentos milhões de indivíduos ganham menos de US$ 1 por dia. Mesmo que houvesse sério empenho dos mais ricos para reduzir a miséria, essa tarefa parece que tende a se tornar cada dia mais difícil. As eventuais estratégias propostas por organismos multilaterais estão fracassando, por falta de empenho dos países ricos em erradicar a fome e a pobreza do mundo. Enquanto isso, dois bilhões de pessoas nascerão nos próximos 25 anos nos países pobres e nos em desenvolvimento.

Enquanto cresce a miséria, também aumenta a insensibilidade. A obsessão dos mais ricos é a defesa de suas posições, ainda que isso ponha a humanidade em risco. Nunca antes se gastou tanto em guerras ou, para usar uma palavra menos chocante, em defesa.

No ano fiscal de 2003, cerca da metade das despesas desvinculadas do governo dos Estados Unidos (despesas sem destinação obrigatória, como as da Seguridade Social ou dos juros da dívida pública) foi usada para fins militares – para a defesa, como se costuma dizer, de forma mais conveniente. Uma grande parte vai para a compra ou para a inovação e o desenvolvimento de armas. (GALBRAITH, 2004: 52).

Essa questão se torna ainda mais preocupante se pensarmos em quem domina esse setor: "Ao contrário do que comumente se pensa, as despesas com armamentos não ocorrem depois de exame detalhado do setor público. Muitas delas dependem da iniciativa e das ordens da indústria de armamentos e de seu porta-voz político: o setor privado." (id, ib: 53). E em uma fórmula lapidar, diz Galbraith: "Na guerra ou na paz, o setor privado se transformou no setor público." (id, ib: 56).

Mas, também, nunca antes houve tantos impulsos e recursos que podem e devem ser mais bem direcionados. A questão é que não tem havido adequadamente vontade e decisão para pôr em ação essa capacidade material e formal, o que justifica o temor de uma possível terrível ameaça: a produção de um mundo cada vez mais inumano. Este é um tempo de grande possibilidade e de grande ônus. E as dificuldades advêm, em grande parte, da rapidez das transformações. Se não há tempo para entender o que velozmente ocorre hoje, o futuro se coloca como uma grande incerteza.

Em que pese um conjunto de disfunções importantes e de extrema gravidade, tanto do ponto de vista técnico, mas, sobretudo, como ético, quando ferem os princípios da eqüidade e da justiça social, a sociedade atual possui uma inigualável capacidade técnica de integração e de reprodução, assegurada especialmente pelos novos instrumentos de comunicação e informação, e um potencial muito grande para resolver os problemas práticos que a humanidade vai apresentando.

Diz Agnes Heller:

> Entre os poderes morais, alguns são integradores, enquanto outros desintegram e geram divergências. Alguns são abertos para promover cooperação, outros levariam seus países ou o mundo a uma série de conflitos imprevisíveis, com guerras locais, escaramuças étnicas e raciais, terrorismo e coisas semelhantes. Uns se posicionam a partir da solidariedade e reforçam os vínculos sociais, outros trazem a delinqüência, o caos social e a dissolução. (HELLER, 1999: 30).

Como se vê e se vive, não só de bons carizes se constitui a cara destes tempos. O mundo está atravessando um período de grande e rápido desenvolvimento, com importantes avanços na ciência e na tecnologia que trazem enormes possibilidades para as pessoas, porém de um modo perversamente desigual e difuso. Fantásticas conquistas, especialmente aquelas que resultam da inteligência e da capacidade de conhecer e de produzir, estão trazendo incalculáveis benefícios à vida humana. Não há por que recusá-las, a pretexto de recuperar uma suposta melhor qualidade de vida que teria havido no passado. Mas, é preciso recusar todo suposto avanço que não esteja inscrito no horizonte da elevação da vida humana, o qual inclui, dentre outros valores, a justiça social, a eqüidade, o pluralismo, o respeito à alteridade.

Muito dessas conquistas se deve à educação superior. Entretanto, junto com todos esses avanços da vida atual, também há um grande aumento de problemas. Cabe à educação superior ajudar a sociedade a compreendê-los, assim como é de sua responsabilidade produzir conhecimentos e promover valores que contribuam para a superação desses problemas, incrementando a técnica e a ética.

Todo esse enorme cabedal técnico e científico pode exercer papéis contrários aos processos civilizatórios, de elevação dos padrões de vida da humanidade, se não estiver atendendo o bem comum e se a ética se deteriora. Os principais desafios e tarefas da humanidade hoje são menos de caráter técnico, do que ético, menos devem dizer respeito à eficácia, que à justiça. Isso pode ser uma boa indicação para a educação superior.

Considerada um importante motor do desenvolvimento econômico, em virtude de seu potencial de produção de conhecimentos e de capacitação profissional, a educação superior está inexoravelmente afetada por essas profundas transformações e pelas crises que elas carregam. A principal questão posta pelos críticos das transformações que a educação superior vem experimentando apresenta uma justificativa ética e política: ao menos em boa parte, as instituições educativas[5] teriam desviado o sentido e o foco de seus fins. Não há dúvida de que as finalidades hoje dominantes são distintas daquelas de décadas atrás. De um modo geral, a educação superior está se orientando nem tanto para o desenvolvimento refletido da sociedade, nem para a formação da consciência crítica, mas, sobretudo, para a autonomização técnica e a competitividade individual.

Os críticos da instrumentalização econômica reivindicam que a educação superior, como em parte acontecia antes em muitas instituições públicas, esteja mais comprometida com o desenvolvimento da população, com os valores e os princípios da democracia, e que seja capaz de lançar olhares reflexivos sobre as ações humanas em geral e o modo de existência das sociedades. Argumentam que as instituições educativas cumpriam um papel central no projeto educativo ligado a um projeto de sociedade e de nação. Hoje, esta referência em grande parte estaria perdida, visto que a educação superior se difunde principalmente em múltiplos programas técnico-profissionais de caráter operacional.

As reflexões que se seguem tratam de algumas das encruzilhadas em que hoje se encontra a educação superior. Impossível dizer quais são suas respostas mais adequadas aos problemas que lhe são postos

---

[5] Estou sempre tratando de instituições educativas formais: espaços sociais com processos institucionais formais de educação de nível superior, universitários ou não.

e qual a forma que prevalecerá no futuro. O fato indiscutível é que a educação superior, com todos os seus problemas, ocupa um lugar central no desenvolvimento cultural e econômico da vida contemporânea. Pode-se dizer que o tipo de futuro que teremos em boa parte vai depender das respostas que hoje dermos aos dilemas da educação superior. Por tudo isso, é importante refletir sobre as funções que exerce na construção da sociedade, não simplesmente do ponto de vista de sua participação na capacitação profissional e técnica, mas, também e sobretudo em relação aos significados éticos e políticos, que constituem parte essencial daquilo que é a sua responsabilidade pública.

CAPÍTULO I

Educação superior, globalização e desafios ético-políticos

Introdução

Por difícil que seja, será necessário enfrentar aqui alguma reflexão sobre a globalização, ainda que reconhecidamente elementar, não para acrescentar algo que ainda não tenha sido dito sobre esse assunto, mas para uma aproximação do tema da educação superior e de sua inserção na sociedade contemporânea. Os temas aqui envolvidos são de natureza muito complexa. Dificilmente se podem construir consensos amplamente aceitáveis sobre aspectos tão importantes para a vida social e, por isso mesmo, tão contraditórios. Muito mais difícil ainda seria fazer uma síntese que razoavelmente pudesse dar conta do assunto. Porém, este não é o problema deste livro. Não tenho a menor presunção de sequer esboçar aqui as diversas teorias sobre a globalização. Este capítulo, bem como os demais, não é um ensaio sobre a globalização, tema de tamanha complexidade sobre o qual não ouso apresentar outra coisa que não uma visão superficial e rápida, sempre limitado a alguns aspectos mais pertinentes, apenas para estabelecer algumas relações de mútuas implicações entre a globalização e a educação superior. Como é óbvio, aqui interessam mais os temas da globalização relacionados com a produção dos bens imateriais e os valores, como aspectos de contorno da questão das transformações da educação superior.

Revolução das tecnologias de informação

Globalização não é um fenômeno novo. Entretanto, nunca antes se manifestara tão intensa e extensamente como hoje, graças sobretudo à evolução extraordinária das tecnologias de informação e comunicação. Desde que dotada dos meios apropriados, uma pessoa hoje pode participar quase ao mesmo tempo de acontecimentos locais, nacionais e mundiais, não apenas como receptor, mas também como emissor de informações. As novas tecnologias de alguma forma alteraram os limites espaciais, mudaram os modos de organização econômica, estenderam e potencializaram as formas de relações humanas, enfim, transformaram as tradicionais percepções do mundo e as maneiras de agir sobre ele. Ao mesmo tempo, há no mundo uma crescente insegurança e um grande aumento da miséria. Desemprego, instabilidade dos mercados, fanatismos religiosos, culturais e econômicos, violência urbana, fome, guerra, droga são aspectos da barbárie que assusta grande parte da humanidade, neste que também é o período do mais avançado desenvolvimento tecnológico.

Além de uma simples contraposição entre efeitos positivos e negativos da globalização, é preciso levar em conta as limitações conceituais e instrumentais para se compreender hoje a complexidade desses fenômenos.

Por exemplo, os conceitos que descreviam dicotomias rígidas como público e privado, gratuito e não gratuito, bem público e mercado, entre outras, perdem valor analítico na medida em que atualmente as fronteiras tendem a borrar-se em contextos de alta complexidade onde os elementos se combinam de maneiras inéditas. (GARCÍA-GUADILLA, 2004: 124).

Essas cautelas metodológicas e conceituais muito raramente são respeitadas. Com efeito, as velhas polarizações continuam a predominar nas análises e posicionamentos. Os debates sobre a globalização e seus impactos na educação superior freqüentemente escorregam para os extremos. Muitos vêem a globalização como o pior dos mundos, culpada de todos os problemas da vida atual. Para outros, a globalização trouxe o mais espetacular desenvolvimento tecnológico, um avanço sem precedentes nas pesquisas biológicas, o mais elevado grau de modernidade e possibilidades antes imaginadas somente em obras de ficção. Quer se adote uma ou outra linha de reflexão ante a globalização, o fato é que ela afeta direta ou indiretamente a todas as instituições e mais ou menos a todas as pessoas do planeta.

A atual globalização é o campo contraditório dos diversos fenômenos interdependentes que interferem na vida de quase todas as pessoas em praticamente todos os quadrantes da terra. É a revolução das tecnologias da informação[6] o principal fator que impulsiona a reestruturação do capitalismo global. A nova configuração econômica, em grande parte assegurada e impulsionada pelos organismos multilaterais e meganacionais, caracteriza-se sobretudo pela desregulação e a abertura dos mercados, possibilitando uma intensa rede de intercâmbios e interdependências comerciais em todo o mundo.

---

[6] A revolução tecnológica que marca o início da reestruturação capitalista global é disparada na década de 1970, no Vale do Silício, Califórnia.

A revolução tecnológica tem impulsionado não somente a economia propriamente dita, mas aquilo que hoje é o elemento mais importante para o desenvolvimento: o conhecimento, a ciência, a técnica. A revolução tecnológica está no centro das grandes transformações que ocorrem em todos os aspectos da vida humana. Dado o enorme e crescente potencial da informação de atingir instantaneamente todas as partes do planeta, as mudanças que constituem o atual estágio da globalização atingem velozmente e com grandes impactos as diferentes dimensões da vida humana.

Dentre essas mudanças, certamente se incluem novas relações de trabalho, novas concepções de espaço e tempo, novas concepções de mundo, novos estilos de vida, novas identidades. Um dos aspectos mais relevantes que a globalização apresenta para quem está ocupado com questões de educação superior é a grande mudança ocorrida na economia, que consiste na passagem do valor econômico do material para o imaterial. O objeto físico perde valor ante o capital intelectual, dada a capacidade de este produzir riquezas. "Os ativos tangíveis vão começar a perder seu antigo valor como portadores de garantia, ao passo que o capital humano, intangível, vai se transformar em um ativo financeiro com valor de mercado." (DAVIS & MEYER, 2000: 75). Boa parte da economia tem por base o capital intelectual – e este é um dos motivos pelos quais a educação superior tem centralidade no capitalismo reestruturado da era global.

Sem a revolução da informação, a reestruturação capitalista não teria passado de medidas de curto alcance. Com efeito, foi mediante as novas tecnologias de informação que se tornou possível mudar a economia, pelo cumprimento de quatro metas: intensificação da busca de lucros e de produtividade, globalização da produção, aproveitamento das melhores condições de produção onde quer que elas se encontrem e obtenção de apoios e políticas estatais para o incremento da competitividade, ainda que isso possa estar em contradição com o interesse público. Em sua monumental obra sobre o que chama de *La Era de la Información*, Manuel Castells defende assim o ponto de vista de que a informação teve um papel fundamental nas transformações do capitalismo: "A inovação tecnológica e a mudança organizativa, centradas na flexibilidade e na adaptabilidade, foram absolutamente cruciais para determinar a velocidade e a eficácia da reestruturação." (CASTELLS, 1997, vol. I: 45). Em outra parte dessa obra, agora no volume II, Castells diz:

> A revolução das tecnologias da informação e a reestruturação do capitalismo induziram uma nova forma de sociedade, a sociedade rede, que se caracteriza pela globalização das atividades econômicas decisivas do ponto de vista estratégico, por sua forma de organização em redes, pela flexibilidade e instabilidade do trabalho e sua individualização, por uma cultura da virtualidade real construída mediante um sistema de meios de comunicação omnipresentes, interconectados e diversificados, e pela transformação dos cimentos materiais da vida, o espaço e o tempo, mediante a constituição de um espaço de fluxos e do tempo atemporal, como expressões das atividades dominantes e das elites governantes. (CASTELLS, 1998, vol. II: 23)

O presente e o futuro da humanidade estão indelevelmente marcados pela tecnologia da informação. A diferença econômica entre um país subdesenvolvido e um desenvolvido se explica em grande parte pelo respectivo estágio tecnológico. Por razões como essas é que Castells considera que o desenvolvimento dos países dependerá cada vez mais dos estágios informacionais em que cada um deles se encontra e o quanto investe em tecnologias de informação.

> Com efeito, a capacidade ou a falta de capacidade das sociedades para dominar a tecnologia, e em particular as que são estrategicamente decisivas em cada período histórico, define em boa medida seu destino, até o ponto de podermos dizer que ainda que por si mesma não determina a evolução histórica e a mudança social, a tecnologia (ou sua carência) plasma a capacidade das

sociedades para transformar-se, assim como os usos aos que essas sociedades, sempre em um processo conflituoso, decidem dedicar seu potencial tecnológico. (CASTELLS,1997, vol. II: 33)

Sem dúvida, esta pode ser uma séria advertência para países que pouco investem na tecnologia.

Contradições da globalização: fantásticas conquistas, retumbantes fracassos

O que hoje se denomina globalização não é um fenômeno propriamente recente, nem é um simples desdobramento da internacionalização, tampouco pode ser confundido com a transnacionalização.

Situar a globalização na segunda metade do século XX é o resultado da diferença que esta tem com a internacionalização e a transnacionalização. A internacionalização da economia e da cultura se inicia com as navegações transoceânicas, a abertura comercial das sociedades européias para o Extremo Oriente e a América Latina, e a conseqüente colonização

diz Canclini. Por sua vez, ainda segundo ele

A transnacionalização é um processo que se vai formando através da internacionalização da economia e da cultura, porém dá mais alguns passos desde a primeira metade do século XX ao engendrar mecanismos, empresas e movimentos cuja sede não está exclusiva nem principalmente em uma nação. A globalização se foi preparando nestes dois processos prévios através de uma intensificação de dependências recíprocas (Beck, 1998), do crescimento e aceleração de redes econômicas e culturais que operam em uma escala mundial e sobre uma base mundial. (CANCLINI, 1999: 45)

A globalização é um processo multidimensional em que estão em contínuas e complexas interatuações e mútuas dependências a economia, as finanças, o mercado, a política, as relações pessoais, os sistemas de informação e comunicação, a ciência e a tecnologia, a cultura, a educação, a mentalidade vagamente chamada de pós-modernidade. Desde as microdimensões da vida privada, até os grandes fenômenos sem-fronteira, transnacionais ou mesmo metanacionais, tudo se associa para produzir as novas configurações das sociedades. Já não valem mais as antigas noções de tempo e espaço, multiplicam-se os meios e os impactos da informação global e instantânea, modificam-se as características do trabalho e do lazer, alteram-se os modos e os conteúdos das relações entre as pessoas, transformam-se os conceitos de território e pertinência, potencializam-se os meios e possibilidades de deslocamento físico das pessoas e de contato com as diferentes culturas.

Tudo isso expande consideravelmente as condições de aquisição de novas aprendizagens e impulsiona o acúmulo vertiginoso de novos conhecimentos e técnicas. Os notáveis avanços nos domínios técnicos e científicos trazem ganhos importantes para uma grande parcela da humanidade: maior longevidade, ampliação da capacidade de produção de alimentos, democratização das comunicações e tantas outras conquistas não descartáveis.

A globalização vem trazendo transformações de grande impacto sobre a vida de todas as pessoas. De modo particular, as conquistas nas áreas do saber e os avanços fantásticos nos diversos setores tecnológicos, de modo incisivo na tecnologia de informação, estão promovendo uma importante revolução na história da humanidade. Em termos técnicos e científicos, a humanidade atingiu estágios de desenvolvimento jamais antes alcançados.

A globalização afeta a todos e provoca reações muito diversas. A grande questão é fazer com que essas transformações diminuam as desigualdades; deixem de produzir mais incertezas e violências; façam com que o aumento exponencial do saber também signifique acréscimo de sabedoria e ganho de humanidade. Com efeito, ao lado de tantas e tão importantes melhorias, a globalização também tem produzido efeitos perversos, especialmente do ponto de vista ético; de modo particularmente agudo, em relação à justiça social, à eqüidade, ao respeito à diversidade, aos direitos cidadãos.

Para mais da metade da população mundial, a globalização está significando mais miséria, mais fome, mais violência, mais exclusão, mais desemprego, mais concentração de rendas, mais insegurança... A sobrevalorização do econômico e de tudo que faz parte da lógica mercantil produz um enfraquecimento dos valores públicos e, em contrapartida, o fortalecimento da ideologia do individualismo e de tudo que possa gerar mais sucesso individual, em detrimento do sentido social da vida.

Ao mesmo tempo em que louvada pelos benefícios que apresenta, a globalização também é objeto de duras críticas. São muitos os que a responsabilizam pelo aumento dos desequilíbrios sociais, pela produção de desempregos em massa, pelo crescimento em intensidade e extensão da violência e da insegurança. A competitividade acirrada entre as grandes corporações transnacionais[7], que concentram importante parcela do capital transnacional e do poder de determinação dos destinos do mundo, torna mais profundas as assimetrias entre países, enfraquece os estados nacionais e esvazia as estruturas e sentidos do público em favor do privado.

Poucos países detêm uma fortíssima concentração de poder nas áreas que realmente contam para a hegemonia internacional: tecnológica, política, financeira, militar. Hoje conta como enorme

---

[7] É muito ilustrativa esta observação de Dowbor: "As empresas transnacionais, também chamadas de multinacionais, constituem um universo relativamente recente. As grandes, que constituem o *Big Business,* são cerca de 500 a 600, controlam cerca de 25% da produção mundial, ocupando menos de 5% da mão-de-obra. Dominam hoje os eixos estratégicos, como as finanças, a mídia, as comunicações, a informática e avançam rapidamente na área farmacêutica e de biotecnologias. Mantêm diversos tipos de reuniões internacionais de articulação, como os encontros de Davos, de Bildeberg e outros. Constituem seguramente o principal poder mundial em termos políticos, financeiros e midiáticos." (DOWBOR, 2001: 13).

vantagem competitiva, pairando sobre os limites territoriais, a maximização da capacidade, concentrada em alguns países e empresas, de acessar as múltiplas e dispersas fontes de conhecimento. A conseqüência dessa centralização de poder é o grande e constante crescimento da exclusão e da pobreza. O poder econômico e o poder político da globalização são alimentados por uma ardilosa ideologia, que se materializa em uma retórica enganosa e uma eficiente ocultação de fatos. Por exemplo, enquanto são propaladas as virtudes da livre circulação das mercadorias, dos intercâmbios comerciais sem amarras, não é dada a informação de que apenas 20% da produção mundial se destinam à exportação, enquanto que 90% dos trabalhadores produzem para seus respectivos países e que 95% do capital mundial está financiado por recursos de economias internas dos países (JACOVELA, 2003-2004: 159). O total de vendas das 500 maiores empresas globais, no período de 1998 a 2001, elevou-se em 22%, enquanto o PIB global dos países cresceu 6% (DUPAS, 2005: 33).

Os dados vistosos da riqueza do mundo, propalados pelos meios de informação, escondem que mais de 3 bilhões de indivíduos apenas sobrevivem com menos de US$ 2 ao dia, que quase a metade da humanidade não tem mais que 0,0000004% da riqueza global e que esses 47% do total de habitantes da terra, ou seja, cerca de 2.800.000, possuem menos dinheiro do que 325 supermagnatas. A competitividade é acirrada e já tem as cartas marcadas: os países industrializados intercambiam mais de 80% do comércio global (ROJAS MIX, 2003: 120-121). Os países da OCDE concentram 60% da produção mundial, 80% do total de recursos econômicos e 95% da produção tecnológica e científica. "Dos 150 milhões de pessoas que no mundo participam de atividades científicas e tecnológicas, 90% se concentram nos países das sete nações mais industrializadas." (LEMA, 2003: 185).

Em 1980, a despesa pública por habitante dos países ricos era de US$ 171 e chegou em 1990 a US$ 355. Por outro lado, essa mesma despesa nos países subdesenvolvidos correspondia a US$ 4 em 1980 e em 1990 chegou somente a US$ 4,50. O caso da América Latina é particularmente muito preocupante. Em termos econômicos, ela se encontra cada vez mais marginalizada. Se nos anos 1980 participava somente com 6% do comércio mundial, essa cifra caiu para 3,3% em 1990. Sua dívida externa, que era de US$ 420,9 bilhões em 1980, atingiu US$ 487 bilhões em 1993. Levando-se em conta as condições de pagamento e as fugas de capital, é possível calcular que a América Latina tenha sofrido uma sangria de cerca de US$ 500 bilhões só na década de 1980 (SEGRERA, 1999: 256).

É alto o preço que pagam os países pobres e emergentes para não se excluírem totalmente do jogo do poder. Duros sacrifícios sangram suas economias.

> Gestão monetária de acordo com as regras do Fundo Monetário Internacional (FMI), reformas políticas ditadas por objetivos econômicos, metas rígidas de inflação, orçamento superavitário, liberalização do comércio, liberdade de capitais, Estado social reduzido ao mínimo, são condições indispensáveis para uma boa pontuação. (DUPAS, 2005: 28)

Subdesenvolvimento, pobreza, miséria, fome, insegurança, violência são fenômenos que guardam estreitas relações com a concentração de rendas e a falta de justiça. Esses fenômenos a que está condenada mais da metade da população mundial alimentam sórdidos jogos de poder que consomem enormes quantidades de investimentos sem qualquer sentido de bem comum e elevação da vida humana. Por exemplo, quase um trilhão de dólares anuais são gastos em armamentos e na indústria de guerra, ou, EM uma linguagem mais conveniente, em defesa.[8] Grandes somas são vertidas em drogas.

Enquanto isso, os países ricos quase nada têm feito para cumprir os compromissos, solenemente designados de "metas do milênio",

---

[8] Recorde-se: 47% dos gastos em defesa são efetuados pelos Estados Unidos, o que corresponde a 4% do seu PIB.

de erradicar os principais focos de pobreza, acabar com a fome e o analfabetismo, evitar os distúrbios ecológicos. Ao contrário, as instabilidades políticas e econômicas, os fundamentalismos religiosos, econômicos e culturais, a supervalorização do individualismo e da competitividade continuam trazendo graves inseguranças e prejuízos à qualidade de vida dos povos.

A globalização econômica tem demonstrado não só importantes realizações, mas também retumbantes fracassos. O mundo vive transformações muito rápidas, algumas delas violentas, outras vertiginosas. Perdeu suas referências valorativas e seu centro de estabilidade. Isto traz a muitos uma sensação de estranheza e insegurança. Pode-se, então, tratar-se verdadeiramente de globalização, se há tantas contradições e competição entre pólos que se opõem? "Uma característica de um mundo verdadeiramente globalizado seria a inexistência de periferias, ao menos no sentido tradicional. Portanto, se as há, se há periferias políticas, econômicas ou sociais, é que alguém nos está enganando." (RODRÍGUEZ IBARRA, 2003:15)

É bem verdade que a globalização não se reduz à economia e ao neoliberalismo, mas não resta dúvida de que há clara hegemonia do projeto neoliberal na organização dos espaços globais (BRETON, 2003: 31). Nos últimos vinte e poucos anos, vêm aumentando de modo alarmante os desníveis sociais, econômicos, culturais, enfim, humanos. Deste ponto de vista, é inegável que a globalização, se bem que tantos avanços tenha trazido por conta do saber, também pela divisão do saber vem aprofundando as assimetrias sociais. Incluídos e excluídos hoje são identificados, em boa parte, sobretudo em razão de seu capital ou de sua carência de conhecimentos, especialmente os de caráter tecnológico, que lhes abre ou fecha as portas do mercado de trabalho.

É verdade que muitas das críticas contrárias à globalização carregam uma certa nostalgia de um passado em que a competitividade não era tão exacerbada e em que o mundo dava a impressão de maior segurança e tranqüilidade. É igualmente verdade que essas críticas podem ter um certo ou mesmo um forte sentido antimodernista.

Entretanto, seja devido a uma nostalgia de um mundo supostamente mais solidário e a um sentimento que às vezes se configura como passadista, seja devido às conseqüências de certo enfraquecimento do sentido de nacionalidade e, mais ainda, da perda das referências valorativas, seja também em função de conhecimentos bem fundamentados, de ideais de maior solidariedade humana e justiça social, o fato é que muitas são as contestações que em toda parte se fazem à globalização. As críticas mais acerbas chegam a denunciar que a economia de mercado, que é o centro da atual globalização, toma a maior parte dos seres humanos como descartáveis ou supérfluos, em todo caso inúteis e prejudiciais aos interesses das estruturas de poder e de privilégios (CHOMSKY, 1999: 98-99).

Viver na incerteza: crise de valores

Por aí já se vê que os temas aqui envolvidos são de natureza muito complexa. Dificilmente se podem construir consensos amplamente aceitáveis sobre aspectos tão importantes para a vida social e, por isso, tão contraditórios. Não sabemos bem o que é a atual globalização, não conseguimos compreender bem as transformações enquanto as vivemos, tão rapidamente os arranjos sociais se movem, e muito menos temos a menor certeza das possibilidades futuras. Esta não é uma questão simplesmente acadêmica; é um "trauma" de graves conseqüências, tanto no nível individual, como no social e planetário. Eis o que afirma Agnes Heller:

> Viver na incerteza é traumático. Viver na incerteza de significados e de valores é ainda mais. Um trauma tem conseqüências psicológicas – e através de mediações, sociopolíticas – perigosas. O trauma moderno não é um acontecimento, mas um estado de coisas, pois é contínuo. Pode-se esperar que seus sintomas emergirão e re-emergirão constantemente. (HELLER, 1999: 21).

Em tempos de globalização, uma das primeiras vítimas é a solidariedade. Ou a comunidade. A esse respeito, diz o jurista italiano Pietro Barcellona que as funções de produção e reprodução da vida humana se realizam sem a mediação das relações sociais; por isso não produzem e reproduzem a "comunidade das formas de vida em cujo seio as práticas produtivas pareciam adquirir sentido. (...) hoje parece possível reproduzir o indivíduo sem produzir forma alguma de comunidade, de cooperação consciente e ativa" (BARCELLONA, 1992: 64). As grandes referências da vida social estão em crise. A tendência é a de a comunidade se converter em uma "massa flutuante" e diluir-se o indivíduo concreto. "Individualismo, competitividade, darwinismo social, êxito dinheiro, consumismo, diferenciação: tais são os valores dominantes do neoliberalismo, cumprindo todos eles um papel na modelação das consciências e na subordinação aos desígnios do sistema." (MONTES, 1996: 41).

Todas as macrodimensões da vida passam a ser globais: economia capitalista global[9], instituições políticas internacionalizadas, cultura universalizada pelos meios de comunicação, pela educação e pelo conjunto de fenômenos conhecidos por modernização. Os paradigmas do capitalismo global e reestruturado e da informação se fundem no que se pode chamar de capitalismo informacional, tão íntimas são suas relações. Difundiram-se por toda parte, ainda que as respostas a esses processos possam ser distintas em intensidade e qualidade nos diversos países. O fato é que em todo lugar se segue uma disciplina econômica comum, baseada na informação: os processos informacionais são as principais fontes de produtividade e de interco-

---

[9] Rigorosamente, a economia não é totalmente capitalista, nem totalmente global. Isso pode ser importante para constatar os limites da globalização capitalista, do ponto de vista da teoria econômica, mas não invalida o argumento de que a tendência é de que os mercados estejam cada vez mais interconectados e interdependentes. São três as principais regiões de maior peso econômico: Estados Unidos (agregando de certo modo Canadá e México), União Européia e Japão (a que agora se juntam Coréia do Sul, Taiwan, Singapura e China, ou seja, o Pacífico asiático). Porém, esses blocos não são homogêneos. Interna e externamente vivem em disputas e busca de convergências. O mais importante aqui é simplesmente assinalar o caráter assimétrico da geografia mundial.

nectividade da economia global. Os mercados se integraram e passaram a ser interdependentes.

As mudanças trazem enormes ganhos, mas, também, enormes perdas, em todos os sentidos. Até mesmo o crime e as organizações delituosas se globalizaram. Muita coisa escapa ao indivíduo comum e foge aos controles normais dos estados, como, por exemplo, muitas das comunicações em linguagem digital. Pela internet, uma grande quantidade de informações e de lixo virtual chega aos computadores individuais, sob os mais diversos pretextos e os mais incertos objetivos.

Com a exceção de uma pequena elite de *globopolitas* (metade seres, metade fluxos), em todo o mundo as pessoas sofrem uma perda de controle sobre suas vidas, seus entornos, seus postos de trabalho, suas economias, seus governos, seus países e, definitivamente, sobre o destino da terra. (CASTELLS, 1998, vol. II: 92)

A crise da era global forçosamente é global e pluridimensional. "A crise global de hoje não está relacionada apenas com a economia política global. Antes de tudo, é uma crise de paradigmas que diz respeito à cultura mundial" (MUSHAKOJI, 1999: 200). Crise de sentidos, crise de valores, crise de paradigmas, crise global: tudo isso afeta a educação, pois interfere nas suas funções sociais, formativas e de produção de conhecimentos.

A globalização é um fenômeno pluridimensional. Seus múltiplos pólos carregam grandes contradições, na esfera das macrorrelações e nas microdimensões das vidas individuais cotidianas. Exemplo de grande contradição é a própria conceituação de globalização, como fenômeno global e multipolar, em confronto com o unilateralismo político, econômico, ideológico imposto pelo poder hegemônico. O multiculturalismo se choca com o discurso único. Do ponto de vista lógico, o global não poderia admitir o poder unilateral. Por definição, rede não poderia ter um núcleo central. A necessidade de flexibilização como fator de maior produtividade e competitividade se confronta com limitações e protecionismos comerciais. A diversidade cultural, a ampliação da democracia formal e o maior desejo de participação popular nos destinos da vida social e política são barrados pela concentração de poder.

A noção de comunicação e cooperação internacional se dilui ante o império da competitividade global. A maior cooperação se dá entre blocos de países que se juntam não para promover a solidariedade global, mas para aumentar a sua capacidade de competir em um mundo altamente dominado pela competitividade. Mesmo no interior desses blocos, os países e principais corporações enfrentam conflitos e divergências, tanto como constroem cooperação e convergências.

A economia global, baseada nos sistemas informacionais e movida a competitividade, apresenta características bastante marcadas. Castells resume bem essa idéia:

> A economia global que surge da produção e da competição baseadas na informação se caracteriza por sua *independência,* sua *assimetria,* sua *regionalização,* a *crescente diversificação dentro de cada região,* sua *inclusividade seletiva,* sua *segmentação excludente* e, como resultado de todos esses traços, uma *geometria extraordinariamente variável* que tende a dissolver a geografia econômica histórica. (CASTELLS, 1997: vol. I: 133)

A competição impulsiona os mercados das corporações, dos países e das regiões dotadas de boa capacidade tecnológica e que contam com estratégias que favorecem o crescimento. Entretanto, a globalização econômica consolida um mundo cada vez mais interdependente e uma geografia crescentemente assimétrica. Aqueles que estão fora da poderosa tríade (América do Norte, União Européia, Pacífico Asiático) têm limitadas capacidades competitivas.

Uns poucos têm muito e se juntam para ter mais. Muitos têm pouco e não conseguem poder de aglutinação para competir. Os Estados Unidos, sozinhos, têm cerca de 30% do PIB mundial e garantem essa hegemonia de modo constrangedor: gastam cerca de 450 bilhões de dólares em defesa, isto é, 47% do total dos gastos mundiais. Se aos Estados Unidos se agregam Japão, Alemanha, Grã-Bretanha, França e Itália, juntos esses países amealham 62% do PIB mundial, deixando apenas 38% para o resto, quase duas centenas de países. Sem dúvida, algo de muito errado há em um mundo em que apenas duas das maiores empresas, Wal-Mart e British Petroleum, têm um faturamento da mesma ordem de grandeza que o Brasil; ou, em que as dez maiores empresas faturam o equivalente ao PIB de toda a América Latina (DUPAS, 2005: 96).

O debate sobre estas questões poderá tocar em pontos importantes para muita gente, porém, ao mesmo tempo em que avança na compreensão de algumas coisas, também abre um amplo leque de controvérsias e explicações inacabadas. Cada fio puxado traz consigo um emaranhado de outras teias, como é próprio no tratamento de tudo o que envolve interesses dos indivíduos, notadamente os econômicos, e os valores ético-políticos, que se referem à sociedade.

Entretanto, para além dos discursos e da propaganda, as instituições políticas metanacionais, enredadas em alianças estratégicas com os grandes atores econômicos, não têm em seus horizontes de preocupações as questões éticas e os valores que tocam a todos, e sim os interesses privados que correspondem ao lucro. A triste realidade da globalização é não poder esconder que quase a metade da população mundial está condenada a sobreviver com menos de US$ 2 por dia, menos que o subsídio de uma vaca européia. Dupas recupera em Held alguns dados chocantes:

> enquanto 6 bilhões de dólares anuais seriam suficientes para educar todas as crianças do planeta, a sociedade norte-americana gasta anualmente 550 bilhões de dólares anuais em compra de automóveis e 450 bilhões de dólares com defesa; já a União Européia despende 17 bilhões de dólares em comida para animais de estimação. (DUPAS, 2005: 229-230)

Segundo cálculos do PNUD, publicados em 1998, um pouco mais de 5% do gasto militar ou 10% do narcotráfico cobririam as carências básicas de moradia e saneamento de todos os habitantes da terra (*apud* YARZABAL, 1999: 16).

Novas realidades, novas demandas, desafios no mundo globalizado

A educação deixou de ser uma questão limitada aos âmbitos internos da escola e das famílias e ganhou os espaços públicos em que se discutem os problemas centrais da vida. Não é mais simplesmente problema de educadores, pais e alguns poucos decisores políticos e técnicos. É questão central em todo mundo, porque hoje se reconhece claramente que a educação interfere decisivamente nos destinos das sociedades e das empresas metanacionais.

Ao adquirir foros de centralidade, a educação ganha prestígio e acumula enorme complexidade, da qual nem sempre os modelos analíticos de distintos matizes podem dar conta. Está mais sujeita aos imperativos da vida atual, decorrentes da complexidade da globalização, ao mesmo tempo em que deve, por ser de sua essência, ir além das contingências do cotidiano humano. A educação superior tem o difícil desafio de enfrentar as contradições da regulação e da autonomia, tanto nos amplos espaços transnacionais dos sistemas globais e nas políticas públicas nacionais e institucionais, como nas esferas da subjetividade, isto é, na formação dos sujeitos.

A educação em qualquer de seus níveis, mas, de modo especial, a educação superior, está totalmente mergulhada nas contradições da globalização, especialmente no que tem relação com o que constitui o seu fenômeno central: as contradições do mercado global. A economia é a dimensão primordial da fase atual da globalização, o mercado se tornou razão central da sociedade, e competitividade é a palavra chave desse fenômeno. Mesmo quando se conclama o valor da cooperação, é no sentido de ampliação da competitividade que se o faz.

Competitividade, enquanto motor ideológico da economia de mercado, se exerce com conhecimento, competência, atitude. Melhor dizendo, com um certo tipo de conhecimento, um certo tipo de competência e um certo tipo de atitude, bem ajustados às lutas e interesses da prática econômica. A educação, especialmente a superior, é convocada para produzir essas condições básicas para aumentar a competitividade, hoje entendida como a alma do desenvolvimento. Ela é instada a responder mais efetivamente às urgências da economia; nesse mesmo gesto, ela se transforma.

A competitividade do mercado é uma dinâmica da qual a educação superior não escapa. As instituições de educação superior não só têm de formar para a competitividade, como exigência das dinâmicas da globalização neoliberal[10], como também, pelo mesmo motivo, precisam enfrentar duros processos de competição no interior dos sistemas educativos.

A globalização, com seus avanços técnico-instrumentais e suas exigências de alta competitividade, em todos os setores, agregou ainda mais complexidade à educação superior, e enormes dificuldades para operar, com eficácia e nos ritmos exigidos, essa sempre crescente complexidade. Muitas respostas têm sido dadas, mas as questões fundamentais persistem. Diz Burton Clark: "Os sistemas modernos têm que fazer cada vez mais, investir no novo por cima do novo, passar das incertezas a ainda mais incertezas." (CLARK, 1996: 290).

Em meio a mutações da sociedade e em face de demandas cada vez maiores e mais complexas, a educação superior, em situações de orçamento deprimidas, enfrenta os desafios e as contradições do curto e do longo prazo, todos eles referidos de alguma forma à sociedade cuja construção é objeto de disputas. Tem de dar respostas a problemas que abrem largos leques de implicações e de contradições, como:

---

[10] O neoliberalismo tem como objetivo central o lucro; é ao mesmo tempo uma ideologia e um conjunto de práticas próprias do mercado e do mundo dos negócios.

produção de alta tecnologia, formação de mão-de-obra de alto nível, treinamento para atendimento de demandas imediatas do mundo do trabalho, formação qualificada para ocupações de tipo novo, formação para a inovação, preservação e desenvolvimento da alta cultura, recuperação da cultura popular, educação continuada, formação para o empreendedorismo, promoção da cidadania e da consciência da nacionalidade, inserção no mundo globalizado e compreensão das transformações transnacionais, capacitação de professores de todos os níveis, formação de novos pesquisadores, ascensão social de grupos desfavorecidos, impulso à grande indústria, apoio a pequenos produtores, pesquisa de ponta, tecnologia de baixo custo e de aplicação direta na agricultura e nos serviços, desenvolvimento local, nacional e regional, atendimento às carências de saúde da população, sucesso individual e tantas outras exigências carregadas de urgências e, em todo caso, de difíceis respostas (DIAS SOBRINHO, 2002: 14).

As grandes questões que afetam as instituições educativas, em particular a universidade, guardam fortes relações com os problemas que atravessam os demais setores da sociedade. Por isso, não podem ser compreendidas e tampouco solucionadas apenas com visões e medidas internas. Sendo problemas da sociedade, que interessam aos destinos da sociedade em geral e dos indivíduos em particular, requerem amplos processos de discussão. Com isso, não quero dizer que se construirão consensos absolutos e que se eliminarão as contradições. Não há sociedade sem contradições. Estas constituem a riqueza de uma sociedade, porém, uma sociedade também necessita construir fundamentos de coesão.

É preciso construir alguns entendimentos básicos sobre as transformações da educação superior associadas aos processos de mudanças da própria sociedade. Quais os sentidos, as razões e os focos das transformações desejadas? Perante a perspectiva de uma evolução altamente dinâmica das necessidades sociais e das demandas específicas da educação superior, Coraggio se pergunta se os sistemas atuais estão bem estruturados para dar respostas satisfatórias, neste caso só precisando de ajustes e recursos adicionais, ou se é necessário gerar reformas maiores. "E neste segundo caso, como se criam as condições para a transmissão de um sistema que tem que seguir funcionando enquanto se revoluciona?" (CORAGGIO, 2002: 36).

Apreciações sobre a globalização, bem como sobre as transformações mais recentes da educação superior, não podem incorrer nos vícios dos antagonismos simplistas entre os avanços, especialmente os produzidos na área tecnológica, e a resistência, em nome do humanismo, das tradições ou mesmo de uma certa nostalgia do passado e de incompreensão do presente. Não se encontram fáceis consensos a respeito de temas tão complexos, que envolvem leques de problemas muito diversos e de enorme importância para os indivíduos e para as sociedades. É preciso avançar ainda muito mais nos recursos teórico-metodológicos que levem a compreender de modo menos fragmentado e nada simplista a pluralidade de sentidos dos fenômenos sociais e culturais que hoje acarretam necessidades de ajustes e transformações às instituições e aos sistemas educativos.

Da Europa para o mundo: o modelo de universidade se transforma e se universaliza

Um breve recuo no tempo pode ser interessante para a compreensão das mudanças que estão ocorrendo hoje. A universidade é uma instituição histórica e, portanto, enraizada em situações concretas que marcam os tempos. Suas relações com o contexto histórico mais amplo sempre estiveram atravessadas por contradições.

A educação superior sempre esteve muito proximamente relacionada com as forças dominantes em cada época, sempre recebeu as pressões próprias de cada tempo e, reciprocamente, sempre interferiu sobre a sociedade de cada época. Mas, não só de adesão se fizeram as relações entre educação superior e sociedade e estado; também de crítica, de tentativas de defesa, exercício da autonomia e afirmação de suas especificidades e de seus valores.

A universidade gestada na Idade Média, a partir do século XII, antecede o estado moderno. Porém, desde o advento deste, suas trajetórias passaram a estar ligadas, embora nem sempre de forma harmoniosa. A educação formalmente institucionalizada em escolas de diferentes níveis se expande na Europa juntamente com a construção do estado moderno e do sentido que então se confere à cidadania e ao indivíduo. A consolidação do estado requer a ampliação da oferta educacional a um número cada vez maior de indivíduos. À consolidação do estado corresponde a expansão da educação escolar.

É predominantemente europeu o modelo de universidade que veio a ser adotado em diferentes momentos e finalmente alcançou todas as regiões do mundo, à medida que a economia capitalista se foi incorporando à construção do estado-nação. As formas e conteúdos da universidade moderna se edificam no século XIX europeu. Suas marcas essenciais são a institucionalização dos estudos da ciência, a consolidação de um modelo científico de produção de conhecimentos, uma relação por vezes muito estreita e por vezes conflituosa com o desenvolvimento social e econômico, de acordo com as motivações hegemônicas na sociedade, e a definição de um *ethos acadêmico*, que constituem as relações dos professores e estudantes com o saber, com a sociedade, com as profissões.

A educação superior ganhou um grande alento após a Segunda Guerra Mundial, nos países industrializados, primeiramente nos Estados Unidos, depois na Europa, quando sua expansão e seu prestígio se tornaram maiores e mais significativos que os da educação primária. Juntamente com esse alento, vieram algumas transformações, sempre ligadas às mudanças na vida social e econômica. Um dos aspectos de maior evidência foi o crescimento de matrículas em nível de graduação e de pós-graduação. Nas principais universidades européias e dos Estados Unidos se passou a exigir o título de doutorado para o exercício do magistério superior e das pesquisas. Cabe observar que o financiamento das investigações também passou a ser feito mediante critérios de avaliação bastante ligados aos conceitos de eficiência e de prestígio acadêmico.

Com essas transformações se definiu um outro modelo de educação superior a prevalecer nos dias que correm. O que hoje predomina não é tanto aquele modelo que teve sua origem histórica na Europa medieval e depois se espalhou pelo mundo todo. Agora, o modelo que prevalece é o dos Estados Unidos da América, em grande parte explicado pela importância das novas tecnologias e pela globalização econômica. Com efeito, os Estados Unidos têm uma incontestável liderança tecnológica e econômica no mundo, dois fatores que impulsionam o estreitamento funcional da educação superior com a indústria e a economia globalizada. Seu modelo de educação superior já de algum tempo esteve voltado a essa concepção de mundo cujo desenvolvimento se assenta na tecnologia e no crescimento. Daí que nestes tempos de globalização econômica o modelo estado-unidense de educação superior tenha também se globalizado.

Com ele advêm algumas novas características para a educação superior de outras partes do mundo, inclusive da América Latina. A funcionalização econômica da educação superior, a eficiência na capacitação de mão-de-obra para o mercado, a necessidade de diversificar as fontes de financiamento, o estreitamento das relações da educação superior com os setores produtivos, a flexibilidade curricular, o encurtamento das durações dos cursos, a ênfase no conhecimento útil, a apropriação mercantil dos saberes, conexões mais diretas com o mundo do trabalho, a liberalização do mercado educacional nas novas relações internacionais, a expansão das instituições mantidas por diferentes provedores privados são alguns dos fenômenos mais importantes das transformações recentes.

Elites e massas, utopias e descrenças: dificuldades de ajustes de focos

Com o enfraquecimento do estado-nação e o fortalecimento das relações transnacionais, a universidade moderna também entra em uma crise de tipo novo e é instada a se redesenhar para sobreviver. Na segunda metade do século XX, entram em cena organismos supranacionais. Mediante a implementação de programas financiados e de práticas de assistência técnica, desenvolvidas segundo seus critérios, e de uma competente propagação ideológica, interferem significativamente nas políticas educativas locais. Essas organizações legitimam políticas, tornam possíveis determinadas práticas coerentes com seus objetivos, formulam as agendas e, a partir dos modelos oficiais, edificam os campos e contextos de significado para a educação, especialmente dos países periféricos. Funcionam, portanto, como organismos metanacionais que determinam os rumos que devem tomar os sistemas de educação dos diversos países. Isto coincide com um período de crise da economia global, de aumento da demanda por educação e de expansão de matrículas estudantis.

Um dos aspectos mais notáveis das transformações da educação superior na segunda metade do século XX consiste nos intercâmbios internacionais que se estabelecem entre instituições, entre acadêmicos e entre decisores políticos. Outro aspecto importante consiste na expansão da cobertura educativa. A crença no poder da educação de incrementar o autodesenvolvimento individual e o progresso da nação ajudou a emergência do fenômeno que consiste na passagem dos sistemas de elite para os de massificação, nos países economicamente avançados.[11]

---

[11] Segundo os critérios de Trow, o Brasil ainda está longe de deixar de ser elitista, pois apenas cerca de 10% da coorte 18-24 anos estão matriculados em educação superior.

Além disso, é importante registrar que, na segunda metade do século XX, adquire grandes proporções o fenômeno conhecido por "modernização". Um dos aspectos desse fenômeno corresponde à "urbanização". Com efeito, a grande migração populacional do campo para a cidade fez aumentar consideravelmente a demanda por educação, primeiramente nos níveis primário e secundário, e, anos mais tarde, no superior. Junto com isso, também começou a se intensificar a ascensão feminina na sociedade. Um número maior de mulheres passa a ocupar postos de trabalho e a dividir com os homens as vagas nas instituições de educação superior.

Na década de 1960, propagou-se a crença de que a educação é a principal propulsora da prosperidade. Segundo a noção então amplamente assumida, educação gera desenvolvimento, desenvolvimento produz progresso e o progresso é sempre positivo. Essa crença na educação como determinante da prosperidade econômica e do progresso é contemporânea da emergência da teoria do capital humano, que acabou dando a direção e o estímulo para a expansão dos sistemas de educação. De um modo enfático, os organismos supranacionais, como OCDE e Banco Mundial, valorizavam o ensino técnico, de preferência de curta duração, como sendo a melhor estratégia para os países emergentes.

Após a Segunda Guerra Mundial, e atingindo seu auge nos anos sessenta, principalmente nos Estados Unidos e depois na Europa, acreditava-se que a expansão da educação superior seria o motor do desenvolvimento e o caminho que conduziria à realização da utopia de uma nova sociedade. Porém, com as crises econômicas e políticas dos anos setenta, pouco a pouco se foi apagando nos meios intelectuais a esperança mágica de impulsionar o progresso social pelo conhecimento e pela crítica.

A utopia social hoje cedeu lugar de destaque à função econômica. Atualmente, a principal demanda feita às instituições educativas é que estejam a serviço das indústrias, dos mercados, das necessidades laborais. Essas demandas, em geral, deixaram de privilegiar a visão de longo prazo. Importantes passaram a ser a formação pragmática, o conhecimento útil, a capacidade de oferecer respostas imediatas às necessidades do momento, para a satisfação do indivíduo e das empresas. De longo prazo, a idéia de que o conhecimento está sempre se renovando e os indivíduos precisam equipar-se das capacidades de se atualizarem continuamente.

Assumindo esse papel, as instituições produtoras de conhecimento útil se posicionam como as principais organizações motoras da economia global. Não escasseiam críticas a essa adaptação da universidade às pressões externas. "Alguns têm dito que a educação superior se prostituiu ante as demandas que as demandas externas colocam, deixando de lado a educação liberal." (ALTBACH, 2001: 136). Criticam também a maior importância dada aos gestores, que aos docentes e pesquisadores. Com isso, estaria havendo um deslocamento dos mais importantes compromissos da educação superior, a eficácia e a eficiência assumindo posições mais importantes que os valores propriamente acadêmicos.

A "Conferência sobre as futuras estruturas da educação pós-secundária", organizada pela OCDE, em 1973, lançou as bases para os sistemas universitários dos países de forte industrialização. O relator, Martin Trow, da Universidade da Califórnia, alertava que esta passagem só poderia ser efetivada após uma reforma radical da educação superior.

> A educação superior massiva difere da educação superior de elite não só quantitativamente senão também qualitativamente. Diferem obviamente nas proporções do grau de idade que matriculam, porém também nos modos como estudantes e professores entendem a freqüência na universidade ou colégio superior; nas funções de obter o ingresso para o estudante; no curso do estudante típico; no grau de homogeneidade estudantil; no caráter dos níveis acadêmicos; no tamanho das instituições; na forma da instrução; na relação do tamanho das instituições; na relação entre estudantes e corpo docente;

na natureza dos limites institucionais; nas pautas da administração e ordenamento institucional; nos princípios e procedimentos para selecionar tanto os estudantes como o pessoal técnico. (TROW, 1974: 61-62).

A expansão da educação superior hoje já se estabilizou nos países centrais. Nestes últimos anos, está ocorrendo em países do Terceiro Mundo, ainda que com muitas dificuldades de ordem política e econômica. A tendência principal em muitos países é de expandir o sistema superior via privatização. Se isso, de um lado, alivia os orçamentos estatais, por outro lado cria enormes dificuldades quanto à regulação e à garantia de qualidade e, também, esbarra no baixo poder de financiamento privado.

Além dos problemas comuns, há aspectos e circunstâncias históricos que marcam os esforços dos diversos países. Por exemplo, com uma população de mais de 2 bilhões de habitantes, a China precisa ter um sistema de educação robusto. Apesar de significativa evolução nos últimos anos, somente 1% da população da faixa etária adequada (18-24 anos) está freqüentando a educação superior chinesa. Essa taxa nas Filipinas corresponde a mais de 30%; no Brasil, a cerca de 10%. A Malásia já optou por outra maneira de resolver o problema, que lhe resulta ser mais econômico, embora com efeitos políticos importantes: metade dos jovens malásios matriculados em cursos de educação superior estuda em outros países, sobretudo nos Estados Unidos.[12]

A demanda pela educação superior tende a crescer nos países que precisam superar seus atrasos econômicos, culturais e educacionais. A economia e a sociedade, em geral, estão se tornando crescentemente mais complexas, de modo a demandar níveis muito mais elevados de capacitação técnica, especialmente nos setores mais avançados

---

[12] Cerca de 450 mil estrangeiros estão matriculados em cursos superiores dos Estados Unidos. Calcula-se que este país fatura 14 bilhões de dólares por ano em matrículas estrangeiras.

do trabalho, como aqueles dependentes da informática ou de produtos das investigações especializadas.

Privatização, diversificação, liberalização: mercado educacional

Um diploma de educação superior tem enorme importância na competição por poderes, empregos e prestígios sociais. Em muitos casos, não é suficiente obter somente um diploma. A competitividade e as quantidades de conhecimentos crescentes exigem mais de um diploma, nem sempre para possibilitar melhores postos de trabalhos e prestígios sociais, e simplesmente como necessidade de manutenção de posições já atingidas no mercado de trabalho. Assim, o que mais se pede hoje da educação superior é a ampliação de ofertas de diplomas que decorrem do treinamento especializado e ligado às novas tecnologias. Isto vale tanto para os países que precisam investir, a fim de encurtar o acesso à industrialização, como para aqueles que são obrigados a aumentar a competitividade, para não perder posições no megajogo global. Essas demandas por diplomas favoreceram a grande expansão da iniciativa privada e o enquadramento da educação como bem negociável, oferecido segundo a lógica de comércio e adquirível para benefício individual. Desta forma também se reforça o individualismo, a ideologia do sucesso individual.

Para atender a uma demanda crescente e diversificada e responder às exigências de novas capacitações, diminuindo os custos, uma das providências adotadas foi a diversificação institucional. Sendo maiores as demandas que a capacidade de atendê-las, os governos tendem a reduzir sua participação na provisão de educação superior[13],

---

[13] Na primeira metade da década de 1990, o Banco Mundial chegou a recomendar explicitamente aos países pobres e emergentes a redução no financiamento da educação superior, para melhor atendimento da educação básica.

abrindo campo para a expansão das iniciativas privadas. As instituições privadas, interessadas em atender as demandas imediatas e diferenciadas e pressionadas pela acirrada competição do mercado, diversificam as formas e conteúdos dos serviços educacionais que oferecem.

Essa expansão é favorecida pelo fenômeno conhecido na economia como liberalização. Cabe observar, entretanto, que, em que pese uma freqüente confusão, liberalização não corresponde a desregulação. Ao contrário, a liberalização do mercado requer mecanismos regulatórios bem claros e rigorosos, não só para regular as dinâmicas competitivas do mercado, mas, sobretudo, para proteger os consumidores. Com efeito, a grande expansão dos sistemas educativos, especialmente no que se refere à esfera da privatização, teve como contrapartida um grande aumento de mecanismos e de organismos de regulação, embora isso nem sempre tenha significado controle efetivo de qualidade. Os marcos regulatórios são estabelecidos pelos estados, mas, no cenário mais amplo da globalização, são muitas as variáveis e as relações de interdependências multilaterais e transnacionais que precisam ser levadas em conta. Comércio da educação superior e comércio internacional da educação superior são realidades cada vez mais fortes e comuns.

A responsabilidade pelos gastos com a educação superior tem se deslocado dos estados para os indivíduos. Isso não se refere apenas ao pagamento das matrículas em instituições privadas. Muitas instituições públicas, devido à queda dos financiamentos estatais e à invasão de uma mentalidade geral de mercado, agora promovem práticas que lhes asseguram alguns rendimentos, como aluguel de espaços no *campus*, convênios com a indústria, cursos e outras atividades de extensão pagos. Nos espaços universitários proliferam as fundações, para dar mais eficiência ao gerenciamento. Essas ideologias e práticas colaboram para uma certa mudança no *ethos* acadêmico. As investigações básicas cedem espaço às pesquisas aplicadas. As áreas tecnológicas são supostamente consideradas a ter mais utilidade e, então, mais prestígio e valor que as humanidades. A profissão docente se precariza, os contratos de trabalho se flexibilizam, encurtam-se os tempos de dedicação aos estudos etc. Em resumo, a educação superior avança cada vez mais no cenário do quase-mercado.[14] A diversificação estrutural e organizativa rompe com a idéia tradicional da universidade fundada no conceito de universalidade dos campos do saber e na indissociabilidade do ensino-pesquisa-extensão. Agora, ao lado das de tipo tradicional, concorrem outros grupos de instituições: privadas com objetivos declaradamente lucrativos, transnacionais ou sem fronteiras, e empresariais ou corporativas, a distância[15], grandes e pequenas, públicas e privadas etc. Nos países industrialmente avançados e em certos setores dos países emergentes, as grandes empresas investem pesadamente na formação de profissionais com os perfis que se vão mostrando necessários para o desenvolvimento industrial. Essa capacitação técnica é, em grande parte, proporcionada pelas próprias empresas e funciona em instituições educacionais especialmente criadas para esse fim. São as chamadas "universidades corporativas."[16] O benefício buscado não é primordialmente o social e coletivo, é, antes,

---

[14] Tratei mais longamente deste tema no meu livro *Universidade e Avaliação. Entre a ética e o mercado.*

[15] A Universidade Estadual de Nova York (SUNY) não tem *campus* físico (tudo a distância). Na Índia, só a Universidade Indira Gandhi conta com 1,5 milhão de estudantes a distância. Nos Estados Unidos já há mais de 2000 universidades corporativas (Motorola, General Motors, Mac Donalds...). No Brasil, já passam de 200, quase sempre usando os recursos da educação a distância (Banco do Brasil, Petrobras, Mac Donalds...). "A Universidade de Phoenix, nos Estados Unidos, que tem 70 mil alunos presenciais e outros 70 mil a distância, está no Brasil como sócia do Grupo Pitágoras, em Belo Horizonte. Freqüentemente citada na literatura internacional como um bom exemplo do ensino superior a distância para fins lucrativos, a empresa (Apollo Group) tem suas ações na Bolsa de Valores de Nova York, com um valor de vários bilhões de dólares; isso significa, portanto, que investidores em torno do mundo acham que esse modelo de empreendimento vai dar certo." (LITTO, 2005: 55). Entretanto, também há, ainda, dúvidas quanto à qualidade dessas práticas e grande resistência às formas de educação que não colocam face-a-face professores e estudantes. Para outros dados e informações, consultar *Educação Corporativa* (ver BAYMA nas Referências Bibliográficas).

[16] Ver nota anterior.

o desenvolvimento da própria empresa, que cria para si a sua instituição educativa.

Para a educação superior não é nada fácil responder com qualidade e amplitude às demandas gestadas pela globalização. As demandas são complexas, contraditórias e movidas pelas urgências da contínua renovação e rápida obsolescência. Os conhecimentos e as técnicas se multiplicam e se renovam velozmente. As exigências de formação se tornam cada vez maiores. Crescem com a competitividade econômica os desequilíbrios sociais. O que se exige hoje da educação superior supera em muito a sua capacidade de responder com qualidade e no ritmo desejado.

Essas dificuldades são gerais, porém, também apresentam características muito distintas e específicas, conforme os graus de desenvolvimento econômico, político e cultural dos países. Os mais desenvolvidos, ainda que vivam sérias contradições em suas democracias, ao menos já construíram, ao longo dos tempos, as estruturas culturais e políticas e os equipamentos materiais básicos. Obviamente, as demandas que recebem suas instituições educativas são adequadas a esse grau de consolidação e desenvolvimento e aos problemas gestados nas suas sociedades.

Países periféricos, em graus diferentes, precisam ainda construir e ampliar suas estruturas físicas, aprofundar a vida democrática e institucional, diminuir os atrasos educacionais e as dívidas sociais acumulados etc., e, ao mesmo tempo, enfrentar as exigências impostas pela competitividade do mundo globalizado. Nem ainda resolveram seus problemas históricos e agora se vêem atravessados pelos mesmos problemas que os países mais ricos e desenvolvidos estão enfrentando. São obrigados a ser competitivos, em um quadro de condições desiguais e de graves contradições da globalização.

Um dos maiores problemas da maioria dos países, isto é, de todos aqueles que se encontram fora das esferas centrais de poder, consiste nas suas deficiências no campo tecnológico. É a tecnologia, ou melhor, são as novas tecnologias, especialmente as de informação, que definem as formas e padrões de produção e de acumulação. Os países que detêm o poder tecnológico, detêm o poder de direção geral dos interesses econômicos e políticos.

Sociedade do conhecimento e educação superior: conflitos e sinergias

A divisão internacional entre os ricos e pobres tem agora uma conotação muito fortemente ligada à globalização capitalista. Não basta aos países ter grandes riquezas naturais. Não atingirão estágios elevados de desenvolvimento, não terão futuro, se não investirem consistentemente em formação humana. É a educação que acrescenta valor à vida humana. Pobreza e exclusão relacionam-se com as carências de conhecimento e desprovimento dos meios de aquisição de aprendizagens e informações. Conhecimento e informação atualizados são instrumentos poderosos de desenvolvimento e de inclusão social. Apenas uma pequena minoria tem acesso direto à Internet. A dualidade global já se expressa também por palavras como "inforrico" e "infopobre", "analfabetismo digital", "brecha digital" etc.

Isto significa que a "sociedade do conhecimento" não é uma sociedade da e para a maioria da população. É sobretudo uma sociedade dos e para os que têm capacidade de produzir conhecimentos e/ou deles obter os benefícios. Quem detém o conhecimento também tem o poder de criar e assegurar as normas e direitos que regem a posse, o valor e os usos desse capital. Assim, também determinam o tipo de conhecimento que tem valor, por quem, como e quando deve ser produzido e consumido.

O pensamento científico hegemônico, produzido principalmente a partir dos Estados Unidos, mas também por alguns dos mais avançados países da Europa e do Pacífico asiático, controla os modos e meios de produção. Os Estados Unidos detêm a língua adotada universalmente na comunicação científica, as mais renomadas revistas, os grandes laboratórios, as principais bibliotecas, os maiores recursos financeiros, equipamentos adequados, melhores e mais amplas condições de acesso à internet, investimentos sólidos em pesquisas e na formação de pesquisadores, e capacidade e motivações para atrair cientistas estrangeiros. Assim, é fácil compreender por que possuem grande autoridade intelectual e o maior poder acadêmico para determinar os rumos da ciência e do mercado da pesquisa. Por outro lado, a brecha na capacidade de produção de conhecimentos entre esses países e os periféricos se torna cada vez maior.

O conhecimento é hoje amplamente reconhecido como o principal insumo da economia. Assim sendo, o valor do trabalho e das mercadorias teria se transferido para a aplicação do conhecimento e a capacidade gerencial. Embora largamente utilizados esses conceitos, há problemas em designar o conhecimento como insumo ou capital econômico que está disponível ao consumo e ao consumidor. O conhecimento – insumo econômico – seria, então, um capital, mais precisamente, um "capital cultural". Portanto, poderia ser produzido e consumido, como matéria-prima. Mas, não se pode atribuir à expressão "capital cultural" o mesmo significado que a palavra "capital" recebe na teoria econômica, e sim de acervo de conhecimentos. Os conhecimentos não são consumidos como o são as matérias-primas. Ao contrário, os conhecimentos não se consomem, não se acabam, só se ampliam, se enriquecem, se multiplicam ao se incorporarem ao acervo individual e social, ao serem transmitidos de uma pessoa a outra e ao serem aplicados. É com tais cuidados que devem ser entendidas as expressões "insumo", "capital cultural", produção, distribuição e consumo do conhecimento.

Também devem ser acusados alguns paradoxos na valorização do conhecimento e, então, da educação, no tocante a ser ela a principal fonte de riquezas e insumo de desenvolvimento. O valor do trabalho intelectual superou largamente o do trabalho manual. A economia do conhecimento dá o tom e as cores da sociedade do conhecimento. Quem sabe aplicar os conhecimentos e gerenciar os processos que os transformam em riquezas tem grande prestígio social e alto valor no mercado. Daí decorre o prestígio de áreas tecnológicas, como as engenharias, e de administração e economia. Quem os forma é a universidade – a educação superior, em geral. Por isso, a educação superior é instituição chave na economia globalizada.

Sociedade do conhecimento e economia do conhecimento são expressões largamente utilizadas sem que seu uso corriqueiro revele algum problema ou quaisquer contradições. É como se elas fossem naturalmente portadoras de todas as virtudes e não precisassem ser postas em questão. Para os mais entusiastas, a tecnologia altamente desenvolvida impulsiona o progresso, o progresso carrega uma função sempre positiva e igualitária, a comunicação planetária é instrumento de potenciação da comunicação entre as pessoas etc.

Não há como negar ou desmerecer esses aspectos francamente positivos. Não há por que renegar os benefícios resultantes dos avanços tecnológicos e científicos que projetam novos estágios para a humanidade. Entretanto, também não há como omitir os efeitos deletérios da má distribuição das benesses da globalização, especialmente no que diz respeito ao conhecimento. A sociedade e a economia do conhecimento incluem e excluem; ampliam os meios de comunicação entre as pessoas, mas, também, tendem crescentemente a atomizar as experiências subjetivas e a produzir o enfraquecimento das dimensões públicas.

É verdade que o conhecimento é importante matéria-prima das riquezas, condição indispensável para o desenvolvimento. Isto já é suficiente para reconhecer a centralidade da educação superior no mundo competitivo da globalização. É certo que as instituições de educação superior têm tido historicamente um papel destacado no desenvolvimento dos países, no avanço dos conhecimentos e no fortalecimento da economia.

O desenvolvimento da ciência e da tecnologia, especialmente nestas últimas décadas, é conseqüência principalmente de recursos públicos investidos nos sistemas de educação e de pesquisa. As inovações tecnológicas e a difusão dos conhecimentos científicos se traduzem por uma maior produtividade, e a maior parte dessas inovações é produto da pesquisa fundamental e da pesquisa aplicada conduzidas nas universidades." (SALMI, 2003: 58). São as universidades públicas as que mais produzem pesquisas e inovações tecnológicas que aumentam a produtividade geral e estão voltadas ao atendimento de problemas e necessidades que as sociedades apresentam. Ainda é Salmi quem diz: "A melhora dos níveis de competência da mão-de-obra – resultado da elevação do nível da educação – e os progressos qualitativos que permitem aos trabalhadores utilizar as novas tecnologias estimulam também a produtividade. (SALMI, 2003: 59).

A universidade ocupa uma posição de destaque no mundo globalizado em grande parte porque é a mais importante instituição produtora de capacitação tecnológica. Seria lógico esperar que os governos aumentassem os financiamentos, para as instituições de educação poderem desempenhar, mais amplamente e cada vez melhor, as suas funções públicas. Um dos aspectos essenciais dessas funções públicas é colaborar, a seu modo e no campo de suas atribuições, com os projetos de desenvolvimento nacional e com o aumento do bem-estar da população. Entretanto, em vários países, tem havido uma queda generalizada nos financiamentos públicos à educação superior.

Em razão da decrescente participação dos erários nos financiamentos da educação superior, abrem-se muitas oportunidades para a expansão do mercado educacional. Entregue às forças do mercado, a educação superior não necessariamente se compromete com os interesses mais amplos da sociedade.

Mesmo o Banco Mundial, após por muito tempo ter recomendado que o grosso dos investimentos fosse destinado à educação básica[17],

---

[17] Diz o documento do Banco Mundial: *"en el sector de educación hay pruebas de que las inversiones en el nivel terciario tienen tasas de rentabilidad social más bajas que las inversiones en enseñanza primaria y secundaria, y que las inversiones en educación básica pueden también incidir más directamente en la reducción de la pobreza, puesto que tienden a mejorar la igualdad de los ingresos"* (BANCO MUNDIAL, 1995: 14).

vem fazendo uma autocrítica: reconhece agora não ter feito investimentos consistentes na educação superior que garantissem aos países subdesenvolvidos a sustentação ampla e de longo prazo para a realização de reformas e reforço das capacidades das instituições. Por outro lado, apesar de sua *mea culpa* tardia, agora preconizando a importância de investir em educação superior, não se pode omitir o fato de que o Banco Mundial tem sido o principal inspirador e propulsor da grande expansão quantitativa da educação superior privada nos países pobres e emergentes. Sua linha de orientação vai no sentido de fortalecer o que também se conhece por "quase-mercado educacional". Tem a ver com a adoção de práticas privadas nas instituições públicas, uma privatização branca, dissimulada, ou "por dentro", e com a privatização propriamente dita, com vários níveis de adesão da educação ao mercado.[18]

A educação superior e suas instituições não vivem fora de um tempo e de um espaço. Isto que lhes dá consistência real, também as mergulha na complexidade e nas contradições. Tanto as fantásticas conquistas nos campos da ciência e da tecnologia, de modo particular no que se refere às comunicações e informações, como também as disfunções no mundo social, político, econômico, ético, cultural afetam intensamente a educação superior. Uma das mais agudas questões que enfrenta tem uma dimensão ética de alcance mundial. Com efeito, o mundo está atravessando um período de grande e rápido desenvolvimento, com importantes avanços na ciência e na tecnologia, que trazem enormes possibilidades para as pessoas, porém, de um modo perversamente desigual e difuso. A técnica se livra da ética. Uma anomia generalizada mina as sociedades e os indivíduos, corrói as relações, espalha uma crise de sentidos e de socialização.

---

[18] Relativamente à privatização, alguns aspectos importantes das "recomendações" do Banco Mundial dizem respeito ao pagamento de matrículas e outras taxas nas instituições públicas, venda de serviços, busca de financiamentos privados e diferenciação institucional: *"fomentar la mayor diferenciación de las instituciones incluido el desarrollo de instituciones privadas; proporcionar incentivos para que las instituciones públicas diversifiquen las, fuentes de financiamiento, por ejemplo, la participación de los estudiantes en los gastos y la estrecha vinculación entre el financiamiento fiscal y los resultados"* (Banco Mundial, 1995: 04).

Essa crise de sentidos afetou os *campi* na forma de um empobrecimento dos debates, da crítica e da reflexão. Os coletivos de docentes e estudantes perderam boa parte de sua força de organização e mesmo de sua capacidade reflexiva. As instituições educativas, em grande parte, abriram mão de uma função que lhes é essencial: a intermediação entre o indivíduo e a sociedade, entre o particular e o geral.

Não se pode simplesmente deslegitimar as demandas da sociedade, em nome de um tendencioso conceito de autonomia e de liberdade acadêmica. As demandas da sociedade são legítimas, não só porque é a sociedade que financia a educação, mas, sobretudo, porque é a razão da existência das instituições educativas. Entretanto, é importante que a sociedade não se restrinja ao mercado, nem o mercado pode ser tomado como a razão da sociedade. A questão é, pois, encontrar o ponto adequado que torne virtuosa essa relação entre a sociedade mais ampla e a educação superior, com tudo que essa expressão tem de essencial, como a formação e a construção de conhecimentos. Em outras palavras, é importante aprofundar a autonomia institucional e a liberdade acadêmica como condições essenciais da definição da responsabilidade social da educação superior.

A educação superior passa agora a ter suas responsabilidades e sua importância elevadas, pois, embora não seja a única, é a principal fonte geradora de riquezas, dado que ainda é uma das mais importantes instâncias de produção e disseminação de conhecimentos e da capacidade de aprender e utilizar as novas aquisições ao longo da vida. A capacidade de aprender continuadamente é, aliás, uma característica que adquiriu enorme importância, dada a velocidade das mudanças no campo científico, tecnológico e no mundo do trabalho. Mas, é fundamental que os conhecimentos se transformem em desenvolvimento da sociedade e elevação da vida humana, em geral, e não se privatizem como bens individuais.

"Quando o conhecimento se torna um elemento-chave de transformação social, a própria importância da educação muda qualitativamente. Deixa de ser um complemento, e adquire uma nova centralidade no processo." (DOWBOR, 2001: 24). Isso também vale para as universidades. Entretanto, não é a qualquer conhecimento, tampouco a qualquer instituição educativa, que se reconhece centralidade na globalização capitalista. Apenas o conhecimento útil, gerador de riquezas materiais, tem valor de destaque nessa ótica. É valorizada somente a instituição que produz conhecimento útil e/ou forma profissionais com as competências e habilidades requeridas pelo mercado de trabalho. É interessante incorporar aqui a observação de Axel Didriksson:

> A importância econômica e política dos conhecimentos se restringe àqueles que se relacionam com os processos de inovação tecnológica e produção industrial, competitividade e liderança no mercado, e que se situam nas unidades produtivas mais dinâmicas. (DIDRIKSSON, 2000: 14)

Enquanto insumo do capital, o conhecimento tende a se tornar cada vez mais sofisticado, exigindo sistemas complexos de informação, para que seja mais competitivo. Com isso, acabam segregados grandes contingentes de indivíduos que não têm como aceder ao conhecimento e muito menos participar da construção de novos conhecimentos. Sem valor econômico como produtores e consumidores de conhecimentos, sem possibilidades de inserção nas comunidades de aprendizagem permanente, esses indivíduos são considerados quase descartáveis.

Guardadas as proporções e especificidades, essa mesma lógica se aplica também aos países pobres. Como eles possuem poucos recursos materiais para investir no desenvolvimento de ciência e tecnologia e na qualificação de amplas camadas de suas populações, entram fragilizados nos jogos decisivos das relações de força e poder mundiais. A combinação de poucos investimentos públicos com a valorização da ideologia do sucesso individual fundado no conhecimento tem facilitado a expansão da comercialização e da privatização da educação superior, especialmente nos países pobres e emergentes, com os conhecidos incentivos do Banco Mundial e outros organismos multilaterais. Isso tem como efeitos a proliferação de novos tipos de provedores, nacionais e transnacionais, a penetração de uma cultura empresarial nos campos universitários, desdobramento das instituições em diferentes lugares, na transformação do estudante em cliente e consumidor, nos cortes de financiamentos estatais, no capitalismo acadêmico (BRETON, 2003: 31).

Tendo perdido densidade o projeto de transformação político-social das instituições educativas, da mesma forma que de outras instituições da sociedade, agora em grande parte se torna hegemônica a ideologia do sucesso individual e do modelo tecnocrático e mercantil. A cooperação acadêmica em boa parte cede lugar ao espírito de competição, à transnacionalização, à valorização do quantitativo, à perseguição de maiores lucros, à eficiência gerencialista. O interesse público se substitui pelo individual e privado.

Os governos de direita e esquerda de países de toda parte promoveram políticas de mercantilização e privatização das estruturas sociais. Nas universidades, foram introduzidas mudanças significativas na legislação, na organização, na administração e nas relações sociais e de trabalho de seus atores. Segundo alguns autores, essas mudanças configuram o fenômeno do quase-mercado em educação, uma estratégia de convergência neoliberal e neoconservadora que atenua as fronteiras entre o público e o privado (AFONSO, 2000: 115). Essa guinada para a mercantilização e para a privatização acarretou grandes desgastes ao sentido público das instituições da sociedade e nem sempre acrescentaram ganhos de eficiência e produtividade. Sintetizando um conjunto de trabalhos que analisam os efeitos da privatização no mundo, Birdsall e Nellis concluem: "Ao menos inicialmente, e em média, a privatização é prejudicial à repartição das riquezas (forte probabilidade) e à repartição dos ganhos (probabilidade)." (BIRDSALL e NELLIS, 2002: 18).

Tudo isso pode representar vantagens para o indivíduo ou para uma empresa, mas, por si, em geral, não eleva a qualidade de vida de uma comunidade.

Globalização e produção de conhecimentos: impactos sobre a relação universidade-sociedade

São muitos e bastante complexos os impactos da globalização sobre a educação superior. Um dos aspectos mais importantes a considerar é o espetacular acúmulo e os ritmos de transformação dos conhecimentos nestes últimos decênios. Diferentemente de outras fontes de riqueza, o conhecimento não se desgasta com o uso e pode ser sempre ampliado. Uma vela, que com sua chama acende uma outra, não se apaga; juntas, ambas aquecem e iluminam. Um conhecimento não está perdido para quem o transmite; ao contrário, enriquece a todos aqueles que com ele se relacionam.

A expansão das fronteiras do conhecimento nestes tempos de globalização não é um fenômeno apenas quantitativo: o que está ocorrendo é uma importante mudança também qualitativa na produção do conhecimento. Os países fortemente industrializados vêm introduzindo novos temas e novas formas de investigação, de modo geral mais ligados aos interesses das grandes corporações comerciais. A finalização da ciência ganha foros de muita importância.

Ao atribuir determinados fins, isto é, ao definir um sentido de utilidade, a ciência também se submete a mais rigorosas determinações epistemológicas e a critérios e políticas ligados aos financiamentos das pesquisas e à distribuição dos produtos. Essa mudança corresponde em boa parte a uma passagem de ênfase das ciências básicas para as aplicadas. Com isso se alteram não somente as práticas convencionais de produção, mas também de consumo e aplicação dos resultados das pesquisas. Em outras palavras, alteram-se as relações dos pesquisadores com a ciência e com a sociedade. Essas transformações não se limitam aos campos da ciência e da tecnologia. Para além disso, interferem tanto nas macrodimensões sociais como também nas microdimensões da vida privada.

Como se sabe muito bem, as relações entre conhecimento e estágios de desenvolvimento dos países são bastante assimétricas, segundo as respectivas diferenciações econômicas, culturais e políticas. "As nações do Terceiro Mundo são basicamente 'consumidoras' de conhecimento, dependentes das nações industrializadas no que respeita à investigação, às interpretações dos avanços científicos e, em geral, à informação." (ALTBACH, 2001: 71). A grande maioria das pesquisas importantes se realiza nos países centrais. Isso é ainda mais preocupante quando se considera que os países periféricos não possuem muitos dos equipamentos caros e cada vez mais sofisticados, tampouco têm capacidade para renovar e atualizar os seus laboratórios. Assim, poucos recursos têm para o desenvolvimento tecnológico, são precários os campos que disponibilizam para aplicação dos avanços alcançados, restritos os empregos que oferecem para os pesquisadores, e neles é baixa a capacidade de consumo dos produtos das atividades de investigação.

De todo modo, qualquer mudança que ocorra nos centros mais avançados industrialmente, então, na produção de conhecimentos, afeta a todos, mesmo aos países mais pobres. Desde as dimensões individuais e privadas, até as esferas públicas e ampliadas das sociedades e das nações, bem como as realidades que ultrapassam as fronteiras físicas dos países e os espaços políticos dos estados, todos estão de algum modo afetados pelas formas e pelas transformações da produção, distribuição e uso dos conhecimentos.

É francamente diferente tratar a produção, a aquisição e a aplicação de conhecimentos como um bem público e inegociável ou, por outro lado, como uma mercadoria. As diferenças de uma e outra concepção interferem efetivamente na produção, na distribuição, na aprendizagem, nos usos e nas finalidades dos conhecimentos.

Claro que essas tendências não se manifestam de modo puro, da mesma forma que não são totalmente opostas e separadas a velha e a nova economia. Nessas mudanças se cruzam de modo concorrencial diversas dinâmicas impulsionadas por interesses políticos, mercadológicos, culturais, enfim, pelas forças contraditórias da sociedade.

Obviamente, podem se perceber tendências dominantes, geralmente derivadas das determinações da nova economia da globalização. Entretanto, é preciso observar que, no mundo universitário e na sociedade do conhecimento, coexistem várias forças, não somente os modos de produção de corte mercadológico. Além disso, em bastantes circunstâncias, é muito difícil ter acordos sobre os sentidos de um conhecimento útil, do ponto de vista social, e do utilitarismo, entendido como obsessão pelo pragmatismo do mercado. A concorrência desses diversos tipos, os novos de cariz mercadológico misturando-se com os modelos tradicionais, permitem falar de uma expansão na missão das universidades, notadamente no que se refere à "transferência de tecnologia e gestão de conhecimentos, integração social e aprendizagem ao longo da vida" (SCOTT, 2003: 241).

Essas contradições, condições, razões e estruturas mentais interferem diretamente nas políticas de produção do conhecimento. Ao contrário do que algumas correntes possam defender, a produção de conhecimentos não é uma mera questão técnica e comercial. A ética impõe uma vigilância para que o conhecimento não seja um fator a mais de injustiça social. Com efeito, a exclusão social tem muito a ver com a privação dos meios de acesso ao conhecimento em seus distintos momentos. O controle do conhecimento, aqui entendido como distribuição desigual aos indivíduos, é uma forma eficaz e perversa de controle social. As sociedades que mais relacionam seu desenvolvimento a avanços nos conhecimentos produzidos ao largo da ética mais estão aumentando as dissimetrias sociais. "Crescimento econômico e aumento da desigualdade começaram a ser concomitantes." (TEDESCO, 2000: 16).

A desigual distribuição do conhecimento e do dinheiro pode muito bem ser um grande fator de uma perversa e gigantesca "divisão humana". Como nunca antes na história, a produção de conhecimento tende hoje a se privatizar e se vincular estreitamente aos interesses do capital. Isso produz um efeito de retorno às formas e políticas de produção científica. Os temas prioritários passam a ser definidos pelo mercado, mais que pela própria comunidade científica e pela sociedade. A distribuição é restringida por medidas de proteção da propriedade intelectual e cláusulas de sigilo.[19]

A aderência dos cientistas ao aparelho produtivo é fator importante para a padronização institucional da ciência e para a institucionalização de padrões científicos. A pesquisa institucionalizada é uma prática socialmente determinada. As instituições de educação e de pesquisa, pouco amparadas pelos poderes públicos nos países periféricos, se vêem forçadas a ajustar suas práticas aos interesses privados do capital e a obedecer às imposições dos padrões e prioridades estabelecidos nos países centrais. O saber e o acesso ao conhecimento são criteriosamente controlados, de modo que a sociedade do conhecimento e a economia do conhecimento somente incluem uma minoria dotada das qualificações adequadas às exigências da competitividade local e global. Assim,

> o conhecimento cada vez mais tecnológico deixa de ser patrimônio da humanidade, como o era no século das luzes, e se associa a um produto e sua difusão é regulada pelos interesses do mercado.
> (LEMA, 2003: 183)

Não surpreende o fato de que os cientistas que trabalham para aumentar o valor econômico de algo que não deveria ser negociável, porque bem comum da humanidade – a água, a educação, a saúde, por exemplo –, estejam vinculados às grandes empresas mundiais ou locais, que exploram comercialmente tais produtos, serviços ou fenômenos. Tendências como essas levam Petrella a dizer, fazendo coro a muitos críticos da globalização:

> longe de se inscrever de maneira clara e rigorosa nas posições críticas *vis-à-vis* dos processos atuais de desenvolvimento "humano" ou "durável" que ele pretende ser, as universidades participam cada

---
[19] De um modo especial, as medidas aprovadas na Rodada do GATT, em Montevidéu.

vez mais na promoção de uma educação/formação do e para o desenvolvimento centrado sobre a empresa privada e sobre as lógicas de maximização da mais-valia para o capital financeiro. (PETRELLA, 2003: 142)

A produção do conhecimento e o conhecimento produzido são historicamente determinados. Dominantemente, são os países ricos que impõem os temas, as normas e os estilos da produção, determinam os critérios de qualidade, organizam a distribuição e o consumo dos conhecimentos.[20] A esse respeito, diz Renato Dagnino que o critério imposto como hegemônico em nível mundial é o dos países que se situam na fronteira científica e tecnológica e que produzem conhecimento original. Diz ainda que uma teia de relações sociais – formada por empresas, ministérios como o da defesa, saúde e agricultura etc. – típica desses países, tem sido responsável por um lento e sutil, mas poderoso, mecanismo de indução do conteúdo da pesquisa. E conclui que

são as demandas daquelas sociedades, sinalizando áreas de relevância – econômica, social, militar – para a realização da pesquisa, e não uma mítica busca do avanço do conhecimento universal, o que há muito tempo preside a dinâmica tecnológica e científica. (DAGNINO, 2003: 53)

Esse controle sobre a produção de conhecimentos científicos tem grande importância estratégica para os países que se situam no centro do poder mundial e suas aliadas, as grandes corporações globalizadas. Eles se beneficiam com os produtos das pesquisas, se apropriam das patentes, definem as prioridades e aplicações das investigações, dificultam a concorrência de países pobres e emergentes. Um exemplo: a Amazônia possui o mais rico e amplo patrimônio biológico do

---

[20] Cerca de 40% das publicações em ciência e tecnologia nos Estados Unidos (que possuem 35% da produção mundial) se dedicam a temas do espaço, medicina e engenharia; em seguida vêm física, matemáticas, química e biologia.

planeta. Entretanto, o desenvolvimento do seu potencial biotecnológico está grandemente dificultado, até mesmo vedado, para os pesquisadores nacionais e regionais, devido ao fato de que muitas de suas plantas e muitos dos respectivos conhecimentos terapêuticos estão patenteados por laboratórios internacionais, portanto, resguardados pelas normas de proteção intelectual (LEMA, 2003: 190).

Além dos grandes laboratórios farmacêuticos e, de modo geral, das grandes corporações econômicas, a área militar também tem fortíssimo poder de determinação das políticas de investigação. As pesquisas para o desenvolvimento tecnológico conduzidas nos Estados Unidos têm nítidos vínculos com os fins militares e seguem normas estritas de segurança nacional. Desde o final do século passado vem crescendo bastante a política de aproveitamento das pesquisas militares para fins de desenvolvimento da indústria, tendo em vista a necessidade de aumentar a competitividade estadunidense no mundo.

Já em 1992, observava Didriksson que a progressiva ingerência dos militares na pesquisa acadêmica afetava as prioridades, os temas, os enfoques, os sistemas de avaliação das investigações, bem como os valores e os interesses dos pesquisadores. Nos anos 80, nos Estados Unidos, metade dos engenheiros eletrônicos trabalhava em algum setor ligado à defesa, e cerca de 40% dos financiamentos da pesquisa provinham do Departamento de Defesa. Essa ingerência tem aumentado nos últimos anos e provocado importantes

> mudanças nos fins básicos das instituições de educação superior, como restringir a liberdade do uso da informação proporcionada pelos projetos de investigação, impor restrições à liberdade acadêmica, instaurar novos privilégios – e obrigações derivadas dos contratos realizados pelos acadêmicos –, decretar avaliações externas e romper os coletivos científicos (DIDRIKSSON, 2000: 155).

Os efeitos da globalização não atingem apenas os modos de produção, mas, também, a socialização, a distribuição e o uso dos conhecimentos. Já é amplamente sabido que o fator mais importante do novo paradigma econômico-produtivo não é mais a disponibilidade de capital, a mão-de-obra, as matérias-primas, a energia, como em um passado não muito distante, mas, sim, o domínio e o uso intensivo do conhecimento e da informação. Cerca da metade do PIB das maiores economias da OCDE provavelmente se baseie em conhecimentos (TUNNERMANN BERNHEIM, 2004: 232). Como a produção e o domínio dos conhecimentos dependem de sólidas estruturas e pesados investimentos, é muito provável que as distâncias entre países pobres e ricos tendem a aumentar bastante e cada vez mais rapidamente.

A distância entre os países mais e menos industrializados aumenta à medida que os primeiros organizam as redes transnacionais de investigação, enquanto os segundos não conseguem aumentar seus investimentos e nem participar ativamente dos centros de decisões sobre as políticas de pesquisa. Para desenvolver os projetos interconectados nessas redes, os países centrais contam não apenas com os seus investigadores nacionais, mas também conseguem atrair, para seus laboratórios e instituições de pesquisa, cientistas de alta qualificação, oriundos de regiões periféricas. Obviamente, isso tem um duplo efeito: fortalece o centro e enfraquece as zonas periféricas da produção de conhecimentos e da formação de pesquisadores.

Mais da metade dos doutores de Taiwan e Coréia se formou no exterior, principalmente nos Estados Unidos. A maior parte deles não regressou ao país de origem (ALTBACH, 2001: 342). Mais da metade dos pesquisadores da maioria dos países latino-americanos migrou para países centrais. Cerca de um milhão e duzentos mil cientistas latino-americanos teriam se incorporado às forças de trabalho dos Estados Unidos, Reino Unido e Canadá nos últimos quarenta anos. Além disso, a América Latina[21] (que responde apenas por 3,5% da pesquisa mundial), não só perdeu importantes cientistas,

---

[21] A chamada "fuga de cérebros" é um fenômeno que atinge todas as regiões e países pobres do mundo.

mas, também, muito dinheiro. Considerando que a formação de um pesquisador requer uns vinte anos de investimento, pode-se estimar que a conta relativa a essa evasão de cérebros nas quatro últimas décadas teria custado uns 30 bilhões de dólares aos debilitados erários dos países latino-americanos.

Outro aspecto importante a ser considerado é que, nestes últimos anos, passam a ter um impulso ainda maior as relações entre universidades e empresas. Setores da educação superior, por iniciativa própria ou atendendo a demandas externas, buscam impulsionar a economia por meio do desenvolvimento da tecnologia de ponta, para aumentar a competitividade da própria instituição e das empresas na esfera global. Essa prática, bem como os aparatos organizacionais que ela cria, de alguma forma, também interfere no *ethos* acadêmico, no conjunto de hábitos e costumes da vida universitária.

Responsabilidade social e desafios ético-políticos da educação superior

Uma das tarefas mais importantes da agenda que hoje se coloca à educação superior é corresponder às necessidades de democratização e responder aos novos desafios trazidos pela globalização, especialmente às mudanças na organização da produção e na natureza do trabalho e às grandes transformações produzidas em todos os setores da vida pela revolução técnico-científica.

Entretanto, as várias demandas não se equivalem. Não têm elas as mesmas urgências, nem necessariamente pertencem ao mesmo horizonte de valores. Especialmente nos países mais pobres, estão no centro das exigências as necessidades de uma maior cobertura educacional, de aprendizagem contínua, de um leque mais amplo de carreiras profissionais, de maior quantidade de diplomas, de rápida capacitação para responder à fragmentação e à aceleração dos conhecimentos e técnicas, de maior vinculação da educação com a economia etc. A economia mundial está fortemente associada à capacitação tecnológica, especialmente ao conhecimento e à tecnologia de informação.[22] A questão da escolarização também apresenta nuanças importantes. É claro que o mercado globalizado requer a erradicação do analfabetismo e o domínio de competências e habilidades por uma boa parte das populações dos países pobres e emergentes. Entretanto, a alta qualificação especializada permanece privilégio dos países centrais e das grandes corporações comerciais organizadas em redes. Estender amplamente os níveis mais sofisticados de conhecimento não seria estratégia condizente com o jogo da dura competitividade internacional. Assim, os países pobres e emergentes têm ainda mais reforçado seu papel principal de provedores de mão-de-obra barata. Para sair desse lugar subalterno na economia global, esses países precisariam investir pesadamente na educação de qualidade, de todos os níveis, e na pesquisa.

Entretanto, as políticas educacionais de garantia de maior e melhor cobertura escolar, de formação de pesquisadores e de produção de conhecimentos precisam estar associadas a sistemas políticos e econômicos que assegurem coerência e eficácia aos projetos nacionais. Isso tem a ver com as políticas de emprego, aplicação dos conhecimentos em programas de interesse público, definição de prioridades nacionais e regionais etc. É inescapável, então, a necessidade de maiores investimentos, não para que o fortalecimento da economia traga mais desigualdades e exclusões, mas, precisamente, para aumentar os padrões de justiça da sociedade e de qualidade de vida para todos. Esta é uma exigência ética.

A questão ética da educação superior – sejam as instituições mantidas com recursos do erário ou pela iniciativa privada – reside no sentido público e social de suas funções. A formação, além de capacitação profissional e preparação para os aspectos práticos da

---

[22] Estima-se que entre um terço e 45% do comércio internacional esteja vinculado ao conhecimento. O capital financeiro, especialmente as redes bursáteis, dependem diretamente da tecnologia de informação.

vida, significa também promoção de valores, desenvolvimento moral e intelectual, autonomização do sujeito, participação na vida social, cidadania. A formação, razão essencial da educação, constitui-se pela relação que os indivíduos mantêm entre si, mediados pelo conhecimento e orientados por valores, que são patrimônios públicos.

A responsabilidade social das instituições educativas consiste essencialmente na realização rigorosa dos valores acadêmicos, principalmente no que se refere ao desenvolvimento da ciência e na formação dos cidadãos segundo as expectativas mais amplas da sociedade. Isto significa o cumprimento radical da produção de conhecimentos e promoção de valores que acrescentem humanidade à vida das pessoas. Nisso consiste o sentido mais importante da dimensão ética da educação.

Não se trata de homogeneidade. Cada instituição, segundo suas características próprias e de acordo com sua missão, exerce a seu modo aquilo que entende ser sua responsabilidade diante da sociedade. Mas, nenhuma delas poderá deixar de cumprir suas obrigações de caráter propriamente educativo, ao mesmo tempo de desenvolvimento material da sociedade, de produção de conhecimentos, de formação intelectual, de aprofundamento dos valores democráticos, especialmente no que tem relação com o respeito à diversidade, à justiça, à solidariedade, ao bem comum.

Para muito além de sua função instrumental de capacitação técnica, que interessa particularmente ao indivíduo e às empresas, é importante que a educação superior não perca sua função pública, que é outra forma de designar sua dimensão ético-política. A capacitação técnica precisa adquirir um valor público para além dos interesses privados. Nisso consiste o núcleo central da responsabilidade social: fazer da educação um fenômeno que eleva os interesses particulares em categorias de valor público, assim construindo as bases de uma cidadania pública.

O que dá conteúdo e forma à idéia da responsabilidade social é aquilo que de modo específico e fundamental a sociedade atribui às instituições educativas de nível superior: formar cidadãos e produzir conhecimentos com forte sentido de pertinência e relevância sociais. A pertinência tem um forte sentido ético, pois diz respeito àquilo que os indivíduos de uma dada realidade social reivindicam como sendo suas demandas e seus valores mais caros e necessários. A pertinência tem sempre sentido de enraizamento na realidade social.

O conhecimento, sem deixar de ser universal, tem também seus aspectos éticos e políticos que o relacionam com as realidades regionais e locais. Os valores, sem deixar de ter uma visada universal, têm também horizontes mais adequados a uma determinada cultura ou a um grupo social. O conhecimento tido como útil para fazer girar a roda da economia global pode não ser prioritário para as pessoas que exercem funções econômicas em numa determinada microrregião. Daí que a identidade de uma instituição, além de suas dimensões universais, se constrói também levando em conta as especificidades e demandas nacionais e regionais. A responsabilidade social há de ter em conta a pertinência, que, por sua vez, deve estar associada às bases telúricas em que uma instituição educativa se insere.

Para que uma instituição educativa não se descaracterize, é fundamental que o exercício de sua responsabilidade social e de pertinência seja sempre fundado na autonomia e na crítica, que constituem as bases para a identificação das prioridades e do sentido social e público das demandas e carências. Só uma instituição efetivamente autônoma e crítica pode efetivar escolhas e definir o que é prioritário para o contexto de sua referência.

> Se a universidade se limitasse a recolher o que a sociedade declaradamente requer em termos de conhecimentos e formação técnica e acadêmica, se se reduzisse a uma expressão instrumental, deixaria de cumprir a primordial função crítica e transformadora da realidade – inerente ao conhecimento – e deixaria de gerar, mediante a oferta criativa e educativa, novas e diversas demandas sociais, novas e diversas alternativas de solução aos variados problemas da sociedade, dos distintos setores que a constituem. (BROVETTO, 2003:155).

A definição das prioridades relacionadas à formação dos cidadãos, à produção e à disseminação do conhecimento – rigoroso e pertinente – requer a instauração de uma ética da responsabilidade social. Professores, estudantes, pesquisadores, administradores das instituições, gestores do poder público e agentes da sociedade civil concernidos pelas ações educacionais devem associar-se nos esforços de definição das agendas públicas que atendam às demandas concretas da população. Isto é importante para que o sentido da responsabilidade social da educação não seja definido pelos interesses mercantilistas da globalização neoliberal. É essa combinação de esforços de agentes institucionais, autoridades da administração central e membros ativos da sociedade que poderá oferecer resistências às pressões do mercado e fazer com que a universidade continue sendo, ainda que sempre se transformando,

> uma instituição cujas atividades se destinam, em grande parte, diretamente ao enriquecimento intelectual, moral, e material da sociedade (seja local, nacional ou global) através da formação de seus cidadãos e da realização de tarefas de investigação e de aplicação de resultados. (BRICALL, 2000: 7)

A questão ética se enche de sentido ainda mais grave com o enfraquecimento do sentimento de pertença a uma nação. Havendo o empobrecimento da nacionalidade, dilui-se a responsabilidade pública nacional, reforçando-se, por outro lado, a ideologia do sucesso individual. É não só necessário recuperar a importância da ética e dos valores das comunidades locais e nacionais, como também instaurar uma ética planetária, que, antes de tudo, significa que todos assumam o compromisso de fazer da Terra um lugar mais habitável e de acrescentar mais dignidade à vida humana.

Contra a tendência predominante da competitividade, é preciso reforçar uma globalização fundada na ética da solidariedade mundial. Essa solidariedade deve levar em conta também as novas realidades, criadas pelas conquistas tecnológicas e pelas redes de relações comerciais, que introduzem alguns novos conceitos a respeito da cidadania e outras exigências éticas que reforçam a necessidade da solidariedade universal. Isso impõe à educação superior o cumprimento de ao menos dois novos objetivos:

> preparar os estudantes a aplicar à comunicação e à vida em rede os valores de cidadania próprios a uma sociedade democrática. Em outros termos, ensinar a ética da cidadania virtual enquanto dimensão nova da ética da cidadania democrática. No futuro, é muito provável que este trabalho começará na escola; preparar as pessoas a se servir da tecnologia como um instrumento que permite aprofundar a vida numa democracia, examinando as possibilidades de participação e, de modo mais geral, os processos de governança e administração da informação. (PEDRÓ, 2002: 127-128)

Formação universitária como estratégia de consolidação da democracia

As novas realidades trazidas pela globalização, feitas de espetaculares avanços e perversos problemas, produzem a necessidade de se repensar os significados e valores da formação. Isso requer uma sólida base de reflexão e de questionamentos sobre os significados das atividades de formação e uma atitude de abertura à compreensão dos grandes fenômenos de mudanças que movem o mundo. A formação recobre todo o campo social. O papel formativo da educação superior se expande a todos os setores da vida. De alguma forma, todos os indivíduos são afetados pelas atividades científicas e pedagógicas das instituições educativas. O que sempre deve estar em questão é o sentido da formação, especialmente nestes tempos dominados pela economia.

Não é aqui o lugar de fazer um ensaio sobre a formação. O propósito é apenas lançar alguns elementos de reflexão, a começar por um dos ângulos mais importantes que é a formação de professores.

Assim como ocorre também nos níveis anteriores de escolaridade, há graves deficiências na formação de muitos professores para o exercício de novas funções e capacidades que agora são exigidas na educação superior, em virtude do grande acúmulo dos conhecimentos, do desenvolvimento acelerado das novas tecnologias, da criação e renovação dos instrumentos, dos novos perfis profissionais que a economia globalizada vai impondo.

Em verdade, a grande expansão de matrículas e de cursos superiores que vem ocorrendo em países periféricos passou a exigir a contratação de um grande número de professores para o exercício do magistério superior. Em muitos casos, boa parte do corpo docente mais antigo já apresentava debilidades de formação para o magistério, agravadas pela velocidade das transformações tecnológicas e sociais mais recentes. Dos novos, nem todos receberam formação pedagógica e científica à altura das exigências da sociedade para o exercício profissional do magistério superior.

Essa afirmação esconde uma contradição importante: a educação é considerada o grande motor do desenvolvimento, entretanto, os governos de modo geral têm negligenciado a formação de professores. Mesmo considerando a tendência atual a enfatizar mais a aprendizagem que o ensino, a valorizar a aprendizagem ao longo da vida e, em qualquer lugar, mesmo assim o papel do professor continua sendo de grande importância, não necessariamente como o proprietário do saber, mas sobretudo como organizador, animador e, ainda, referência intelectual e, quem sabe, moral.

Com as transformações provenientes da expansão um tanto indiscriminada dos sistemas de educação superior sobreveio também uma alteração nas maneiras como os docentes e pesquisadores passaram a ser vistos pela sociedade. Perderam parte de seu prestígio como grandes referências morais e intelectuais e passaram a ser encarados mais como técnicos e formadores de mão-de-obra. Com a rápida expansão da educação superior, houve uma certa popularização dos estudos superiores, uma proliferação de professores e, em muitos casos, uma proletarização da profissão docente, combinada com a obsolescência dos laboratórios, bibliotecas e equipamentos em geral.

A formação de professores, a profissionalização e a valorização do magistério são algumas das principais tarefas a se colocar à agenda da educação superior. Não se pode fazer uma boa educação sem sólidos investimentos na formação de professores que sejam capazes de acompanhar crítica e criativamente as evoluções da sociedade e estejam aptos a produzir as condições de um futuro mais humano.

Um dos aspectos essenciais a se considerar é a necessidade de que a formação seja tecnicamente consistente e atualizada, mas, por outro lado, supere o imediatismo da capacitação técnica. Embora seja uma obviedade, nunca é demais afirmar que a formação dos profissionais da educação deve levar em conta que a principal função dos professores é formar. A afirmação da cidadania, a construção de uma sociedade democrática e justa, o desenvolvimento da ciência e a produção de conhecimentos que sejam capazes de melhorar e elevar a vida das pessoas são objetivos que jamais devem ser desmerecidos.

A formação do professor de magistério superior é, também, inseparavelmente formação do pesquisador. Ensino e pesquisa são atividades que não se separam, muitas vezes nem se distinguem, já que ambas têm como função a formação e o desenvolvimento da cidadania. Voltadas para a sociedade, cumprem a função de extensão. Enquanto valores e práticas sociais, ensino, pesquisa e extensão são dimensões e atividades científicas, pedagógicas e políticas da formação. Têm como finalidade a formação, e esta tem como referência o ser social. Da mesma forma que as outras atividades educativas, as pesquisas universitárias não podem estar atreladas aos interesses comerciais, particularistas e avassaladoras das grandes corporações econômicas transnacionais (da química, agricultura, informática, indústria bélica, por exemplo); devem orientar-se sobretudo pelos valores da paz, da eqüidade, da justiça, da solidariedade, do respeito às diferenças, isto é, a favor da cidadania democrática.

Para um país pobre, formar um profissional e mais ainda um pesquisador de alto nível custa muito mais, em termos relativos, que para um país rico. Países pobres precisam construir e manter as estruturas de bibliotecas, laboratórios, parques de instrumentos de informática de ponta e permanentemente atualizados, inovação nos recursos de ensino e aprendizagem, salários condignos, empregos compatíveis, empresas que valorizam e promovem pesquisas, e tantas outras condições, meios e mentalidades que os países ricos já possuem razoavelmente ou podem mais facilmente adquirir. Além disso, os professores de educação superior de países pobres, a maioria apresentando formação deficiente para o exercício do magistério universitário, de um certo modo estarão excluídos das possibilidades de aperfeiçoamento, atualização e qualificação permanentes, pois, têm poucos recursos para a aquisição de livros e outros materiais e, em geral, não lhes são dadas as condições necessárias para a pesquisa, participação em congressos, publicações e intercâmbios.

É claro que a educação superior precisa enfrentar grandes contradições, que não são apenas do âmbito educacional, mas de toda a sociedade. De um lado, os valores que correspondem à formação crítica, à autonomia pessoal, à liberdade intelectual, aos projetos e visões de longo prazo, à pertinência, à perspectiva de globalidade, à construção da cidadania e do espírito público. De outro lado, as pressões imediatistas, as necessidades pragmáticas, as demandas do mundo dos negócios, as necessidades de crescimento econômico em situações de dura competitividade internacional, os apelos da ideologia do sucesso individual.

As respostas a muitas dessas questões dependem muito das relações que se estabeleçam entre a universidade e o estado. A universidade e as demais instituições de nível superior têm, ou deveriam ter ao menos satisfatoriamente, a autoridade do saber e a competência técnica e política de formar pessoal qualificado e fomentar a produção intelectual necessária para o fortalecimento do estado e das demais instituições e organizações da sociedade. O estado tem a autoridade conferida pela legitimidade política e a responsabilidade de promover as instituições da sociedade civil. A essas instituições cabe dinamizar as relações sinérgicas entre os membros de uma sociedade democrática e impulsionar a produção cultural e econômica da nação. Com efeito, também se impõe à educação o dever de desenvolver a consciência de nacionalidade e fortalecer as estruturas da nação. Porém, de nenhum modo isto pode significar isolamento da nação em relação às associações e alianças entre estados e à globalização em geral. É fundamental que as instituições, que, por vocação e experiência histórica, têm uma forte dimensão internacional, procurem, mediante o conhecimento, potencializar as oportunidades integrativas da globalização, em benefício do maior número possível de pessoas.

Um dos maiores desafios dessa globalização solidária diz respeito à partilha do conhecimento. Efetivar como realidade vivida o princípio de que o conhecimento é bem público da humanidade leva a duas considerações importantes. De um lado, o conhecimento, a educação e a formação não são bens negociáveis e, portanto, não devem ser motores da separação entre pessoas, grupos ou povos. Por outro lado, devem ser vistos como fatores de construção solidária da humanidade, em níveis mais elevados e justos.

A atitude ética de solidariedade, mais que de competição, deve ser recuperada nas instituições educativas.

> Se queremos verdadeiramente proteger os valores tradicionais do ensino superior, seja a livre circulação de idéias e de pessoas e a contribuição ao desenvolvimento do saber universal para o benefício de toda a humanidade, temos a obrigação de orientar nossas ações em função desses valores, então, segundo as relações de cooperação mais que de competição. (TAVENAS, 2003: 253).

O aprofundamento do sentido ético da vida fortalece os processos de autonomização, as relações intersubjetivas, o exercício da cidadania, da participação na construção da vida societária, da autonomia cívica, isto é, o "direito de participar nos processos de formação comum da vontade política" (HABERMAS, 2003: 41), para além da mera justaposição de interesses individuais. No que diz respeito à educação superior, a ética também dá conteúdo à responsabilidade social.

A educação superior deve responder publicamente pelo rigor e relevância científica dos conhecimentos que produz. Mas esses conhecimentos também devem ser pertinentes, precisam ter relevância social, isto é, precisam ser importantes para o desenvolvimento global da sociedade. Os conhecimentos e a formação, que constituem o núcleo central da atividade educativa, devem estar voltados para o aprofundamento da ética enquanto realização dos valores da vida democrática, da justiça social, fortalecimento material que tenha sentido de promoção da cidadania.

A ética é o predomínio do social e do público sobre o individual e privado. Assim, associa-se à política, às práticas sociais. Valorizar a ética em educação é pensar a formação e os conhecimentos como bens públicos e direitos de todos. Daí que a educação sempre apresente aspectos universais, mas nunca deve erradicar-se do regional e local.

Autonomia e solidariedade não devem ser meras categorias discursivas; devem ser instituições reais a tornar mais efetiva a participação dos cidadãos na construção da sociedade. De um lado, representam as condições básicas para a participação crítica e ativa na vida pública. Por outro lado, a cidadania não se realiza no vazio. É por meio da participação autônoma e solidária que a cidadania ganha corpo e conteúdo. Seria um erro de pesadas conseqüências para a vida democrática se a educação superior não assumisse seu papel de enorme importância na formação da cidadania e desenvolvimento da sociedade civil.

CAPÍTULO II

A EDUCAÇÃO SUPERIOR NO EPICENTRO DAS TRANSFORMAÇÕES

Humanismo e mercado: antinomias e crise de sentidos

Não é pouco o que se espera da educação superior, pois, além das demandas clássicas, além dos compromissos com o aprofundamento dos valores humanísticos, agora surgem as novas exigências ligadas à globalização e às conseqüências do acelerado desenvolvimento tecnológico e informacional. Se muitas e contraditórias são as demandas, difícil é saber que universidade se quer edificar, mesmo porque os estados e as sociedades também estão em crise e não se percebe com clareza que mundo se quer construir. No centro desse cenário de renovadas exigências, a educação superior se encontra em uma encruzilhada. Em crise, como toda a sociedade, pode sair revigorada deste período, com funções ainda mais ricas e alargadas que antes, como já ocorreu em outros momentos. Mas, também poderá ser no futuro algo bem diferente do que hoje é. O problema é que ninguém hoje pode antever com alguma certeza o que o futuro trará. Atualmente, a incerteza quanto ao futuro é componente quase inevitável da vida das pessoas.

Apesar de todas as crises e dificuldades, não se pode negar que a universidade tem sido historicamente, dentre as instituições sociais, uma das principais, talvez mesmo a mais importante para a preservação e o aprofundamento do humanismo e seus valores no mundo ocidental. A universidade desde séculos vem consolidando o humanismo pela produção rica, rigorosa e crítica, nas áreas das ciências, das artes, das práticas sociais da vida em geral.

Sobretudo a partir dos anos 1980, a educação tem sido levada a se instrumentalizar predominantemente como função da economia, em razão de um grande acordo geral dos países que estão a serviço do novo capitalismo global que sobreveio à crise dos anos 1970. Agora, em meio à crise geral de referências valorativas e à economização da sociedade e da própria educação, coloca-se à universidade a exigência de fazer suas escolhas e definir os sentidos de sua existência futura: servir a sociedade ou servir o mercado; restringir-se à agenda econômica ou, prioritariamente, desenvolver as dimensões sociais e políticas que lhe são essenciais e, portanto, inelidíveis.

É uma questão primordial ver se essas contradições representam oposições inconciliáveis e se então são mutuamente excludentes ou se são visões que se distinguem apenas quanto a ênfases e nuanças.

Parece-me que seria um grande equívoco dizer que a universidade deve estar a serviço da sociedade, mas daí excluindo o desenvolvimento das forças materiais, como se a economia não fosse uma dimensão importante da sociedade. Por outro lado, grande erro também seria considerar a economia, mais que isso ainda, o mercado, como razão central da sociedade, o que reduziria a educação superior a mero instrumento do lucro de empresas e em benefício de indivíduos privados.

Cabem aqui duas observações de dois autores de enorme autoridade intelectual. Em livro que desenvolveu há uns 65 anos atrás, diz Polanyi: "A verdadeira crítica à sociedade de mercado não é pelo fato de ela se basear na economia – mas que a sua economia se baseava no autointeresse." (POLANYI, 2004: 289). Isto não permanece válido ainda hoje? E Galbraith critica o fato de que o PIB seja "medida reconhecida de sucesso econômico – talvez até de sucesso civilizatório" e que essa civilização seja conquistada ao preço de armas e guerras:

> ao longo dos séculos, a civilização galgou grandes passos na ciência, na saúde, nas artes, e deu passos enormes, se não definitivos, no bem-estar econômico. Mas também concedeu uma posição privilegiada ao desenvolvimento de armas e à ameaça e à realidade da guerra. A matança em massa se tornou o feito máximo da civilização. (GALBRAITH, 2004: 79 e 84)

Educação como direito social e bem público, atendendo ao interesse geral da sociedade, ou como negócio e mercadoria a serviço dos interesses privados, eis duas visões contraditórias que orientam com seus respectivos pesos e suas nuanças as formas e transformações da educação superior.

Mas, é fundamental deixar muito bem claro que se trata da função, não necessariamente da natureza jurídica e administrativa ou do tipo de provedor. Uma instituição mantida com recursos privados, ainda que com objetivo de lucro no sentido econômico, pode e deve também estar desempenhando uma função de alto significado público e colaborando com o estado na tarefa de oferecer educação de boa qualidade, orientada à elevação intelectual, científica, moral, cultural e política da nação.

Todas as instituições privadas que atendam ao interesse público, cada uma a seu modo e com suas forças, desde que com sentido público, prestam um serviço de alta relevância à sociedade e ao estado. Por outro lado, pode ocorrer que instituições ditas públicas, pois mantidas pelo erário, não cumpram, com sentido realmente público, em alguns aspectos, as funções que lhes são socialmente atribuídas. Isto ocorre sempre que suas atividades se voltam ao benefício das individualidades sem que estas constituam bases das comunidades, sempre que o benefício se restringe aos interesses individuais e não se transforma em bens para amplos setores sociais.

Não se pode adequadamente refletir sobre a educação superior sem levar em conta suas finalidades essenciais. As múltiplas e diferenciadas atividades praticadas a cada momento nas instituições possuem significados que, articulados ou não, sempre remetem aos fins. Os sentidos da relação das atividades e projetos institucionais com as filosofias educativas e a os fins, proclamados ou vividos, normalmente não estão claros. Mas, não podem ser excluídos de qualquer reflexão sobre educação superior. O que faz e o que quer fazer essencialmente uma instituição educativa?

Por mais que a educação se transforme, ao longo dos tempos tem sobrevivido uma visão que centra o foco principal no desenvolvimento das capacidades humanas, em sentido forte e amplo, ou seja, na construção da humanidade na perspectiva de seus valores fundamentais e universais. Nesse sentido, a educação, direito social, é entendida como bem público a serviço da edificação e elevação do mundo humano.

Em que pese a grande diversidade de demandas, em muitos casos contraditórias e resultantes de problemas gestados em outros setores da vida econômica, social e política, as instituições de educação superior, resguardadas a história e as escolhas de cada uma e as especificidades culturais e locais, em conexão com o estado e a sociedade, são agora instadas a preservar e aprofundar um sentido comum a todas elas: o sentido público, o compromisso com os interesses gerais e o bem comum. Isto é de sua história.

Só que não se trata de simplesmente conservar os modelos passados. Agora há a realidade da globalização, com tantas contradições e com todas as transformações que está produzindo nos campos econômicos, culturais e sociais, nas áreas das ciências, das comunicações, do entretenimento etc. Nem se há de pretender uma fuga da realidade da globalização, a não ser que se creia, como na ficção científica, na possibilidade de mudar de planeta. Todas as transformações potencializadas nos últimos anos impõem à universidade a necessidade de se reinventar, se renovar e inovar para não ficar a reboque dos acontecimentos. Se a educação superior está no centro de todas as transformações é porque é a mais importante instituição de capacitação tecnológica e de produção de conhecimentos – que são a matéria-prima da competitividade e do desenvolvimento dos países e das corporações econômicas.

Por outro lado, caso a universidade se encante com o canto da sereia do mercado e dos acordos globais de comercialização de serviços educativos, também já não será a mesma instituição que atravessou os últimos nove séculos aprofundando e desenvolvendo as ciências e as artes que enriquecem a vida material e espiritual. Nos casos extremos, nem mesmo será uma instituição social e educativa, pois não mais teria a sociedade como referência central. Mas, é importante insistir: a universidade é uma instituição dinâmica e se transforma juntamente com as mudanças gerais que ocorrem na sociedade, na cultura, na política, na economia. Não se há de esperar que a universidade hoje seja a mesma que em séculos passados foi em Bolonha, Paris ou Berlim, nem mesmo seja aquela instituição de poucos anos atrás.

Reconhecendo as diferenças históricas e em que pese a diversidade de significados que têm essas expressões, no tempo e nos espaços, a autonomia universitária e a liberdade de pensamento são marcas essenciais, sem as quais uma universidade não existe enquanto tal. Sem autonomia, não há como fazer escolhas livres, sem liberdade de pensamento não há criação e crítica que construam as subjetividades e a sociedade democrática.

A educação superior autônoma é vital para a soberania das nações, para a construção da cidadania e a consolidação da democracia com justiça social e desenvolvimento humano sustentado. Os estados nacionais, ou o que ainda resta deles, estão perdendo sua força de interlocução no cenário global. Alguns deles, saídos faz pouco de ditaduras e tendo de reconstruir ou consolidar sua democracia, em condições econômicas adversas e ainda carregando o ônus de atrasos educacionais, agora dificilmente escapam da ditadura do mercado, ou seja, da imposição de uma disciplina global por parte das grandes corporações transnacionais que determinam a nações e sociedades como e o que devem fazer para glorificar a economia.

Com características diferentes conforme os diversos momentos históricos, a universidade sempre encontrou dificuldades para afirmar sua autonomia perante as forças da igreja, do estado e do mercado. Nestas últimas décadas, as pressões externas mais fortes advêm das forças do mercado. Isso tem transformado as instituições relativamente às suas formas de organização e gestão, ao *ethos* acadêmico, sobretudo no que diz respeito ao estreitamento das relações com a indústria e com o mundo do trabalho, e aos conceitos de formação, ora mais próximos à capacitação técnica e às competências profissionais.

A autonomia também tem relações com as crises. Quanto mais a sociedade enfrenta problemas para os quais precisa de explicações e soluções, mais o exercício da autonomia universitária se torna necessário. A autonomia é fundamental para decidir sobre as filosofias educativas, a respeito das prioridades na produção dos conhecimentos, quanto aos significados da qualidade e da pertinência, em relação às políticas de equilíbrio entre, de um lado, os valores de justiça social da ampliação do acesso e, de outro, de critérios de mérito acadêmico e rigor científico. Essas decisões não são fáceis e nunca plenamente consensuais.

Reduzir a exclusão social e aumentar os meios de acesso à educação são tarefas importantes dos países pobres ou emergentes, com as quais as universidades devem estar seriamente comprometidas. Os sentidos da crise atual são principalmente a crise dos sentidos. Essa crise diz respeito a uma dificuldade de perceber de modo integrado as múltiplas transformações que em toda parte ocorrem e que a cada indivíduo chega de modo fragmentado. Com isso, embaçam-se os horizontes de compreensão histórica.

A educação superior tem tido tradicionalmente um papel de grande importância na transformação das sociedades como conseqüência da ação consciente de cidadãos bem formados do ponto de vista técnico e ético. Sua responsabilidade aumenta tremendamente hoje. O potencial formativo, intelectual e moral das instituições educativas, seu cabedal técnico e científico, sua capacidade de criticar e de criar soluções precisam das garantias de autonomia e liberdade, sobretudo para que se coloquem com maior propriedade a serviço dos valores acadêmicos e sociais, isto é, dos princípios normativos e das necessidades gerais da sociedade.

A desintegração de referências valorativas produz ambigüidades normativas. A universidade, obviamente, enfrenta esses problemas mais amplos, comuns a toda a sociedade, e tem enormes dificuldades para reencontrar os sentidos de suas missões, ou seja, as bases de como ela mesma ainda pode fazer sentido nessa crise geral de socialização.

Na falta de princípios normativos a constituir com mais precisão os horizontes éticos da sociedade, prospera uma profusão de demandas desconexas. A educação superior não está conseguindo responder com qualidade a todas essas demandas do mundo atual, umas antigas e muitas outras novas, muitas vezes contraditórias, umas voltadas à necessidade da preservação do passado, outras impondo as necessidades de curto prazo, umas exigindo o conhecimento prático e útil, pronto para o uso imediato, outras remetendo ao aprofundamento da ética e dos valores democráticos e públicos e assim por diante.

Tudo isso – e tudo isso ao mesmo tempo – é requisitado da educação superior, como se esta pudesse resolver todos os problemas que a própria sociedade não consegue resolver em outros âmbitos, como os da política, da economia, da moral pública etc. Alargam-se os papéis da educação superior, porém, isso tem um preço a pagar. Impossível responder com qualidade a tudo, difícil fazer as escolhas no calor das pressões, especialmente quando não há a necessária autonomia institucional e intelectual, quando escasseiam os financiamentos e quando não há tempo suficiente para dominar as tecnologias e os novos conhecimentos exigidos em tão amplos campos.

Essa dificuldade de resposta se agrava diante de uma contradição bastante importante: a distância entre o discurso e as realizações ou o cumprimento das promessas. É certo que a educação consta oficialmente como um dos principais objetivos do milênio acordados pelas Nações Unidas, pois é ela uma condição essencial do desenvolvimento humano. Mas, se no plano do discurso se reconhece a alta importância da educação, especialmente como elemento básico do desenvolvimento das populações, esse reconhecimento não se torna real no plano objetivo das políticas empreendidas e, sobretudo, dos compromissos financeiros efetivos para a educação superior.

Cortes de financiamento para a educação superior ocorridos em toda parte e em grande monta nos países em desenvolvimento decorrem de propostas e práticas de organismos financeiros multilaterais, especialmente o Banco Mundial. Os empréstimos desses organismos para a educação superior se limitaram a projetos específicos. Além disso, esses empréstimos foram concedidos com cláusulas que exigem a observância de condicionamentos muito precisos, em geral conduzindo a processos que visam ampliar a privatização e tornar mais estritos os ajustes fiscais. As definições de prioridades, o desenho de modelos a serem estruturados, os objetivos e as condições para a participação são prévia e unilateralmente estabelecidos por esses organismos.

Na década de 1990, muitos países pobres ou emergentes seguiram com certo rigor a lógica e as condicionalidades do Banco Mundial, que determinava a redução dos investimentos em educação superior, em benefício da educação primária, supostamente mais propícia a trazer mais efeitos econômicos. Disso resultou um maior empobrecimento tanto da educação primária, como da superior. Além disso, com as restrições aos sistemas de pesquisa e inovação, esses países agora sentem que o seu futuro seguirá condenado ao atraso.

Uma das mais urgentes e importantes tarefas da educação superior consiste em recuperar os seus sentidos de referência moral e intelectual, e assim poder mais eficazmente colaborar para satisfazer a essa demanda generalizada por compreender os sentidos deste tempo que nos escapa, identificar os desafios e prioridades que vale a pena encarar, e ajudar a sociedade a encontrar as melhores soluções para os problemas de toda ordem que a afligem. Isto significa, entre outras coisas, redirecionar os signos de prestígio e os riscos da colonização teórica e mental, isto é, recuperar a importância dos valores democráticos de nossas sociedades e da função reflexiva da formação por sobre a valorização interesseira do individualismo e da dominação empresarial da economia neoliberal.

Entretanto, tudo isso implica em recuperar a autonomia e a autoridade moral e intelectual das instituições de educação superior. O enfraquecimento da autonomia, isto é, o progressivo processo de heteronomia das instituições e das comunidades educativas tem produzido processos burocráticos que muito pouco têm a ver com os significados da formação em seus sentidos mais fortes e com as transformações mais profundas e duradouras. Esses processos formais e burocráticos, exteriores aos sujeitos, não fazem parte da constelação de significados que constroem as personalidades, formam cidadãos autônomos, solidários, reflexivos e ativos, que constituem os fundamentos e o centro da sociedade humana.

Mais eqüidade e alargamento de funções

A crise de socialização, que é uma crise de sentidos da sociedade, chega à universidade e a todas as instituições de educação superior na forma de uma angústia existencial: qual a razão de ser da educação superior nesse mundo globalizado, que traz diariamente tantos e tão notáveis novos avanços e tantos e tão complicados novos problemas? Como participar dos debates e soluções dos problemas que brotam do global e ao mesmo tempo inserir-se com pertinência, eficácia e responsabilidade social na problemática do local, sem incorrer nas tentações da homologação? Qual seu papel prioritário tendo em vista as novas possibilidades produzidas pela globalização e, ao mesmo tempo, face aos grandes problemas que se acrescentam à vida humana em termos de educação, saúde, habitação, agricultura, ecologia, água, energia etc.?

Certamente a chamada sociedade do conhecimento, fundada na informação e na comunicação, é símbolo e motor da riqueza cultural da humanidade, mas ao mesmo tempo tem sido também claro emblema e multiplicador de assimetrias sociais. A sociedade do conhecimento traz consigo novos modos de produção do conhecimento. O notável desenvolvimento tecnológico possibilitou a criação de redes de pesquisa e de pesquisadores em constante intercâmbio em várias partes do mundo. Isso produz uma grande eficiência, dada a rapidez e o aproveitamento das melhores capacidades investigativas das equipes. Grupos de pesquisadores são constituídos, conforme a heterogeneidade do conhecimento a ser produzido. Isso requer uma permanente atualização e uma crescente especialização. Se de um lado isso impõe maior cooperação entre as equipes multidisciplinares, por outro lado a heterogeneidade e a mutabilidade dos conhecimentos acabam produzindo também uma certa transitoriedade daqueles que produzem os conhecimentos. A dialética da cooperação-competição é dominada pelo domínio do segundo elemento sobre o primeiro. Em outras palavras, a cooperação é vista agora só como uma condição para aumentar a competitividade. Não é um princípio ético, e sim uma conveniência econômica.

A sociedade do conhecimento, tal como hoje se manifesta, não deveria ser, mas é, altamente elitista. Inclui uma minoria cada vez mais bem equipada, e, em muitas comunidades pouco assistidas, produz a exclusão perversa e irreversível da grande maioria das pessoas, a quem ficam negados empregos, condições mínimas de vida digna e esperança de futuro. Com efeito, somente uma pequena minoria pode ser considerada plenamente incluída na sociedade do conhecimento. Cerca de 4,5 bilhões não possuem as condições necessárias de acesso às novas tecnologias de comunicação e informação.

A chamada sociedade do conhecimento traz, inseparavelmente, enormes possibilidades e desafios à educação superior e à sociedade em geral. O conhecimento, especialmente aquele resultante das revoluções técnicas de informação e comunicação, é a principal matéria-prima do desenvolvimento econômico e gera um mercado mundial de capital humano altamente seletivo e cada vez mais sem fronteiras. Por outro lado, a maioria da população mundial sequer tem os meios de acesso a esses benefícios. O principal desafio da educação em países pobres e emergentes, o Brasil está incluído, é a desigualdade. A educação superior, como é óbvio, enfrenta um sério problema de eqüidade.

Como muitos dos conhecimentos são bastante efêmeros, especialmente aqueles produzidos a partir dos novos recursos tecnológicos, bem como os perfis profissionais se alteram em curtos prazos, a educação deve centrar seu foco pedagógico na essencialização curricular: ocupar-se principalmente com a formação básica, com as estruturas fundamentais de cada área de conhecimento, com as capacidades de reflexão e de sempre se estar em condições de compreender as mudanças e aprender sempre. Esta necessidade de permanente atualização de estudos e das bases materiais adequadas traz a exigência de prover em níveis contínuos e crescentes os investimentos para a educação superior.

É bom se lembrar de que a grande massa de indivíduos que não têm possibilidade de chegar aos estudos universitários também fica excluída das informações e de todo outro processo de formação mais consistente ao longo da vida.

Formação, cidadania e responsabilidade social em tempos de globalização

Ainda que se reconheça haver um conteúdo de verdade em muitas das críticas de diversos carizes feitas à globalização, especialmente quando elas tocam nos problemas da miséria, das injustiças, das assimetrias e das perdas éticas, não há como pensar qualquer aspecto da vida atual fora da globalização. As novas formas de organização do mundo, a interdependência produzida pela nova economia e pela sociedade da informação e da comunicação em tempo real, a competitividade ampliada, tudo isso colocou a humanidade em um estágio bem diferenciado em relação a um passado até não muito distante.

Um dos maiores desafios do mundo de hoje é dar um sentido mais humano ao progresso, isto é, fazer com que os benefícios do desenvolvimento tecnológico e global cheguem ao maior número possível de pessoas em todos os cantos do planeta. As reflexões sobre a educação superior, seus desafios e suas perspectivas, não podem estar à margem das questões centrais da globalização e de seus impactos sobre a humanidade. Os enormes desafios e tensões da macrorealidade global ampliam e agravam consideravelmente as responsabilidades e funções da educação superior. Dentro dos limites de sua atuação e no vasto campo de suas interferências, o principal desafio da educação é o de contribuir para tornar menos injusto e desigual o mundo humano.

São muito complexos e de grande impacto social os papéis e atuações da educação superior nestes tempos de globalização. Se de um lado as universidades agora dividem com outras instituições e organizações as funções que antes lhes eram quase exclusivas, as de produção de conhecimentos e de capacitação profissional, e se hoje há a tendência a deslocar-se do professor ao estudante o foco principal da pedagogia, mesmo assim não se pode pensar em enfraquecimento institucional, e, sim, em um alargamento e enriquecimento de papéis e competências da educação superior.

Preparar mão-de-obra, capacitar profissionais, fazer seleções sociais, formar elites, operacionalizar o mercado, produzir a autonomia e a emancipação de indivíduos e da sociedade, formar cidadãos, conservar e socializar a cultura e a história, construir novos conhecimentos, desenvolver a ciência e a tecnologia, aumentar a competitividade das empresas e dos países, prestar serviços à comunidade, elevar a consciência da população, aprofundar os valores da democracia, acrescentar humanidade ao gênero humano, tudo isso e ainda muito mais, ou muito menos que isso, conforme as relações de força que se enfrentam em cada momento e lugar, com todas as contradições que há nessas demandas, são funções da educação superior.

Ao conjunto das instituições, ainda que de modo diferenciado e de acordo com as especificidades de cada uma delas, impõe-se fundamentalmente formar os atores de uma sociedade que se torna crescentemente mais complexa, desenvolver nos indivíduos a capacidade e a atitude de permanente aprendizagem, equipá-los a compreender as questões globais e a compreender a si mesmos, interrogar sobre os valores das diversas dimensões da vida social, interagir com os outros e nas mais variadas circunstâncias, respeitar a alteridade, enfim, desempenhar com competência técnica e ética os diferentes requisitos dos âmbitos pessoais, profissionais e sociais.

Cada instituição tende a priorizar umas e não outras dessas exigências e o faz, em cada caso, com mais ou menos qualidade. Conceder exclusividade a uma ou outra dimensão pode ser uma atitude redutora, que não beneficia o mercado e muito menos ainda a sociedade, em seu sentido pleno. A emancipação humana está inseparavelmente vinculada ao desenvolvimento pleno da sociedade e este requer uma sólida construção dos processos de conhecimento, especialmente daqueles conhecimentos que carregam alto teor de pertinência. Requer igualmente a capacidade crítica e reflexiva, condição para uma relação ativa dos sujeitos com os objetos de conhecimento.

Na sociedade do conhecimento, é voz corrente que se há de valorizar a atitude ativa ante os saberes. O conhecimento é universal, por natureza, e deve ser entendido como bem fundamentalmente público. Mas, respeitada essa dimensão universal, são também muito importantes para os países pobres e emergentes as atividades de conhecimento que estão plantadas nas realidades que os indivíduos e as suas comunidades vivem e estão permanentemente construindo.

O conhecimento também precisa construir as bases de desenvolvimento dos espaços nacionais e dos entornos locais e comunitários. E é essa prática social de aprendizagem, de reflexão e de construção compartilhada e pertinente que deve dar corpo e alma à sociedade do conhecimento, muito mais que pacotes de conhecimentos e metodologias importados de outros centros e entregues à pronta aplicação em realidades distintas. Além da falta de pertinência, que retira sentidos de relevância social, é bom se lembrar de que ninguém é capaz de dizer, hoje, de forma responsável e fundamentada, quais serão as competências e habilidades que o mercado vai requerer em um prazo muito curto.

O futuro não pode ser pensado linearmente, tampouco a formação para o futuro. Cada vez mais, tanto na vida em geral como no trato com o conhecimento, a incerteza deve ser considerada como um traço importante. Entretanto, isso ainda é muito pouco se levado em conta nas práticas de construção e transmissão de conhecimentos.

> O mundo do conhecimento se move entre esquemas complexos de certeza e de incerteza. Contudo, a universidade e o sistema educativo em geral ensinam a manejar variáveis de processos estáticos, modelos de predição baseados em séries históricas, desenhos curriculares lineares e verticais, solução de problemas que já foram resolvidos como um exercício de memória, aprendizagem passiva e uma precária informação no crescentemente inabarcável mundo do conhecimento. (ESCOTET, 2004: 259).

A formação universitária não deveria, então, depreciar a formação geral e básica. Não deveria deixar em segundo plano a produção das capacidades de domínio e compreensão de um determinado conjunto, que constitui um campo aberto de conhecimentos e práticas, e dos processos constantemente renovados de novas aprendizagens. Mas, ela tem também uma função normativa para a sociedade, pois deveria tratar de "contribuir para reduzir o tipo de desigualdades contra o qual se afirma doravante a exigência de democratização, a saber, as desigualdades culturais" (RENAUT, 2002: 101) e de engendrar, no domínio de cada disciplina, uma "reflexão geral (...) sobre o alcance, as condições e os fins do agir humano no mundo." (FREITAG, 1995: 69).

A maioria das instituições educativas, sobretudo aquelas mais familiarizadas com a transmissão de conhecimentos e a alimentação da passividade, forma demandantes dos escassos empregos, mais que criadores de novas fronteiras e de novos postos de trabalho. A sociedade contemporânea requer a formação de pessoas ativas, que ajudem a responder aos enormes desafios com que a humanidade vai se defrontando. Isto deve ser levado a efeito de uma forma integrada ao imperativo da

> formação dos jovens no pensamento crítico como uma das maiores responsabilidades da educação superior pública. (BROVETTO, ROJAS MIX & PANIZZI, 2003: 29)

De forma semelhante propõe Renaut:

> A exigência propriamente universitária de reunir uma diversidade numa unidade consistente merece ser revificada, de modo que os conteúdos de formação não venham a ser integralmente induzidos a partir das exigências setorializadas da economia. (RENAUT, 2002: 106)

De modo ainda mais amplo diz Vásquez:

> Há um *sentido público comum a todas as universidades*, precisamente o que se constrói a partir dos diferentes interesses da sociedade: em relação com o público se processam temas que têm a ver com o interesse geral e com o bem comum. Entre outros, está a função da mobilidade

social com base na preparação em profissões com incidência relevante na sociedade, o que implica processos de pesquisa e docência de qualidade. Finalmente, as universidades têm em certo sentido a responsabilidade e a autoridade moral de ser instâncias críticas frente a desvios da sociedade ou do Estado. (VÁSQUEZ, 2003: 148-149)

A responsabilidade social da educação superior, que corresponde à função essencialmente formativa de cidadãos e ao papel de melhoramento do viver societal, deve levar em conta essa enorme dificuldade que consiste na constatação de que as sociedades atuais sofrem uma espécie de anomia, um estado de grande incerteza e falta de referências valorativas. Como diz Beck: "vivemos em uma era na qual a ordem social do Estado nacional, a classe, a etnicidade e a família tradicional estão em decadência. A ética da realização e do triunfo individual é a corrente mais poderosa da sociedade moderna" (BECK, 2001: 234).

A universidade antecede no tempo o estado moderno e a economia de mercado. É bom se lembrar de que a educação superior, muito mais que cumprir mandatos do governo mundial da economia de mercado e dos governos dos países cúmplices dessa megaorganização, é prioritariamente com a sociedade civil que deve estar comprometida. A origem e a razão do conhecimento, portanto, da educação, é sobretudo a sociedade. O compromisso social se reveste de particular importância e significado nas democracias frágeis, como as latino-americanas, que ainda hoje sob a pele escondem vestígios autoritários de períodos de chumbo, que de tempos em tempos ameaçam emergir.

Se de um lado existe uma forte pressão pelas competências profissionais, pelo conhecimento e técnicas pragmáticas e de pronta aplicação, pela criação de novos postos de trabalho, ainda que não haja nenhuma garantia de que a formação universitária assegure empregos, por outro lado a universidade não deve negligenciar seu papel no desenvolvimento de competências cívicas, nem pode deixar de se constituir como espaço público de reflexão e crítica sobre a identidade nacional, de visão global sobre a evolução e os problemas de todas as sociedades, de criação e proposição das grandes referências de que toda sociedade democrática precisa. Como afirma Rojas Mix, a

Universidade não pode renunciar à Utopia porque seu projeto de futuro só pode ser o de uma sociedade melhor e seu compromisso ético na sociedade democrática não pode prescindir de formar um cidadão mais humano. (ROJAS MIX, 2003; 127)

Essas funções constituem o cerne de sua responsabilidade social, ou seja, de sua essencial função formadora da "cidadania pública". Se a educação superior precisa atender também às demandas pontuais, que muitas vezes se apresentam como se fossem os verdadeiros objetivos de um país, ela não pode deixar que sua função primordial de pedagogia social seja anulada pela ideologia utilitarista do mercantilismo.

Para nós brasileiros – certamente também para todos os povos de países pobres e emergentes, que, aliás, correspondem a 80% da população mundial –, entre outras idéias, a responsabilidade social da educação superior deve significar relevância científica e pertinência, fortalecimento da vida democrática e da justiça social, aprofundamento da ética e do sentido estético da sociedade. Essencialmente, a responsabilidade social da educação e de suas instituições tem um significado público. Consiste no dever de cumprir com qualidade o mandato da sociedade.

Entretanto, o conceito de responsabilidade social, basicamente de origem pública, está sendo usurpado pelas empresas comerciais e transmutado para a educação superior segundo uma perspectiva privada. A privatização desse conceito tem consistido em lhe atribuir os antigos significados da filantropia e do assistencialismo. Com forte teor mercadológico e propagandístico, empresas comerciais e muitas das instituições educativas buscam melhorar sua imagem, por meio de gestos que têm apelo social e atendem a umas pequenas carências de algum setor restrito da população, em substituição ao estado. A responsabilidade do estado e de suas instituições se dilui em práticas privadas e perde o conteúdo político.

Apesar das aparências de interesse público, essas práticas veiculadas como de responsabilidade social acabam trazendo benefícios particulares. O mais grave é que essa deturpação do sentido da responsabilidade social acaba desviando o foco do essencial para o promocional. A cidadania sai da esfera pública e adquire foros de legitimidade nas esferas privadas. Em outras palavras, ao privatizar os sentidos da responsabilidade social mediante práticas assistencialistas, a instituição educativa passa a percepção de que pode se sentir tranqüila, mesmo que isso a leve a eximir-se do dever primordial de corresponder com qualidade às necessidades da sociedade em relação ao conhecimento e à formação.

Conhecimento como produto, explosão epistemológica

A concepção mecanicista da vida, na história mais recente, em grande parte com bastante sucesso, pretendeu assemelhar a universidade a uma máquina de produção. Nessa visão, o conhecimento seria um produto resultante do processo de produção, distribuição e consumo ou aplicação. É assim mesmo que é conhecido o fenômeno: "produção de conhecimento", então, mensurável como qualquer outro produto. A prática vigente, que se espalhou como modelo universal, consiste em quantificar os profissionais titulados, os produtos técnicos e científicos, as atividades objetivas etc. Nessa perspectiva, o indivíduo é visto como um recurso humano, ocupando um lugar determinado na engrenagem da máquina social, e não como um cidadão. Os conceitos centrais à organização da vida pública, tais como cidadania, igualdade, justiça (OZGA, 2000: 27), autonomia pessoal e ética, são esvaziados e substituídos por eficiência, produtividade, lucratividade, competitividade. Esta é uma forma de despolitização da vida social. Aspectos éticos, valores, bem comum são superados pela eficiência técnica tomada, naturalmente, como um valor positivo, sem questionamento.

Hoje em dia, prevalece a racionalidade economicista. Nas palavras de Ozga,

> a economização da educação significa que os interesses econômicos dominam o conteúdo e o processo em educação, o que por seu turno requer que aquilo que conta como conhecimento seja redefinido, quer para os práticos quer para os alunos. A educação torna-se a aquisição de uma mistura adequada de técnicas, e um consenso técnico é construído à volta de conceitos como eficiência, qualidade, prestação de contas. Estes conceitos têm sido despojados de tensões e debates. É assumido que sejam evidentes, bons em si mesmos, e fornecidos a alunos e professores em igualdade de circunstâncias. (OZGA, 2000: 110)

O conhecimento despolitizado e enclausurado em disciplinas acaba sendo produzido e oferecido em fragmentos. Igualmente em fragmentos e protegido pela crença na certeza científica, o conhecimento monodisciplinar é contabilizado nos sistemas burocráticos de controle e financiamento. O que a esses sistemas burocráticos de controle interessa é quantificar os produtos. Se o saber é poder, então um saber fragmentado é um poder fragmentado e mais facilmente controlável. A fragmentação do saber em disciplinas que se bastam a si mesmas e valorizado segundo critérios disciplinares, quase sempre por membros de uma mesma linhagem disciplinar, é uma prática defasada em relação às tendências desse novo fenômeno que pode ser chamado de "explosão epistemológica". Entretanto, a contabilização de produtos é uma metodologia tida como objetiva e, portanto, incontestável quando a finalidade são as classificações e as seleções.

Explosão epistemológica é uma expressão que se refere a um fenômeno que tem a ver com o crescimento exponencial do conhecimento, com os horizontes internacionais, com a diversificação dos atores, formas e lugares de produção e disseminação, com a complexidade e a velocidade, com a interdisciplinaridade, com a rápida obsolescência, com a instabilidade e a incerteza, com o mutável e o temporal, mas, também, com os contextos de aplicação, a utilidade comercial e a competitividade e ainda com a diversidade dos âmbitos de produção e de aplicação, especialmente com o deslocamento dos âmbitos acadêmicos para os meios produtivos da economia.

Por isso, também, que devem ser revistos os usuais conceitos de qualidade, preservados na tradição universitária, e os procedimentos de avaliação e de valorização da produção de conhecimentos somente por especialistas de cada disciplina. Essas práticas avaliativas devem possibilitar o diálogo com outros atores e agregar os critérios de eficácia e pertinência social. O mais lamentável seria uma possível erosão do *ethos* acadêmico, em face de um maior controle dos resultados e produtos da pesquisa por parte das empresas (TUNNERMANN BERNHEIM, 2004: 235).

O conhecimento que perde a força unificadora, ou seja, a perspectiva da totalidade e da síntese compreensiva, em nome de uma operatividade analítica e de uma razão prática, embaça sua função civilizacional. Pode-se, então, questionar se a fragmentação e a pulverização de informações e de dados descritivos por si sós constituem verdadeiramente um conhecimento. A invasão de informações fragmentadas e velozes tende a banalizar a informação. A explosão e a pulverização de conhecimentos não têm ajudado a resolver as atuais crises de distintos matizes. É como se o mundo estivesse acumulando ciência e perdendo sabedoria.

> A potencialização da comunicação não oferece, por si mesma, as garantias de compreensão do mundo atual, muito menos permite prever cenários do futuro. A quantidade de informações não necessariamente se reflete em qualidade de conhecimentos. (DIAS SOBRINHO, 2000: 55)

Diante de tantas possibilidades de informação, cabe um importante e novo papel ao professor: mostrar como transformar em saber a informação estocada, como descorticar essa informação e recolocá-la na sua gênese e em seu contexto, como ressituá-la na evolução das problemáticas, como criticá-la e integrá-la numa *démarche* pessoal e científica. (KESTERMAN, 1996: 48-49)

A função de construir conhecimentos deve ser vivida pela universidade como função de reflexão sobre o conjunto dos problemas da sociedade, aí incluídos os próprios sistemas de formação e educação. Trata-se então de dar primazia ao "desenvolvimento de conhecimentos com alcance civilizacional – e não somente técnico – que se põem à humanidade hoje em dia, problemas que ela engendra e que chegam a compreender em seu horizonte a questão da perpetuação do mundo" (FREITAG, 1995: 67). Isso também leva a fazer uma crítica da ideologia da "excelência", tão valorizada nos discursos oficiais de muitos setores acadêmicos, dada sua ligação com o imediato, o específico, o pronto-para- aplicação e a competitividade.

Ao elidir o debate, as contradições, os julgamentos autônomos, a compreensão crítica e de conjunto, os valores de referência pública, os quadros conceituais básicos da 7pátria e os propósitos morais, a racionalidade economicista transforma o mundo em um mercado global e sem fronteiras, sem nações, sem sociedades, sem territórios, porém povoado de produtores, clientes, fornecedores, consumidores, competidores, negociantes, indivíduos auto-referenciados. A racionalidade economicista despoja a educação superior de tensões e contradições, assumindo-a como um processo técnico de despolitização e de desdemocratização que se esgota nos problemas imediatos e evita as grandes questões da humanidade.

Quando determinada pela concepção neoliberal, a educação superior, se de um lado tem embaçado o viço de suas dimensões políticas e públicas, por outro lado se torna peça de grande importância na engrenagem do redesenho capitalista global, gerando os conhecimentos, as tecnologias, as competências fragmentárias, bem como os profissionais especializados necessários à saúde da economia desnacionalizada. Porém, como conceber hoje a profissionalização, se não há garantia de empregos e muito rápidas são as mudanças nos tipos de competências laborais? Muitas competências adequadas para hoje certamente não servirão para amanhã.

No passado, a universidade foi pensada por intelectuais do peso dos Humboldt, Kant, Fichte, Karl Jasper, Heidegger, para só citar alguns alemães. Hoje, quem diz para os países subdesenvolvidos e em desenvolvimento o que deve ser uma universidade são economistas e funcionários do Banco Mundial, do BID, do FMI, da OCDE, da OMC e, nos âmbitos nacionais, técnicos dos Ministérios da Fazenda e do Planejamento. Se antes a preocupação era a formação integral, a produção de conhecimentos de alto valor civilizatório, hoje é o financiamento, são os gastos, as questões econômicas.

Economia do conhecimento: capitalismo acadêmico

A tendência atual, movida pela globalização econômica e pelo domínio crescente da privatização[23], seja como efetivação dos meios

---

[23] A privatização é um item importante do Banco Mundial, do FMI, do Consenso de Washington e outros organismos multilaterais para os países pobres. Entretanto, é interessante observar que nos Estados Unidos se deu um fenômeno inverso: lá, em 1960, quase a metade das matrículas estava nas instituições privadas; em 1980, apenas vinte anos depois, 80% dos estudantes estavam no sistema público. Alguns números dão conta da "multiversidade" estadounidense: 14 milhões de estudantes; 3.535 *colleges* e (3,4%) universidades, 57,35% oferecem cursos de quatro anos, 39,3% são instituições de três anos; 55,2% têm controle privado e 44,8% são públicas (*The Chronicle of Higher Education*, 1992, apud DIDRIKSSON, 2000: 70). Nos anos 1980, houve amplos debates sobre educação superior nos Estados Unidos e o governo Reagan produziu uma importante guinada, à semelhança do que ocorria na Inglaterra de Thatcher. O enfoque principal da educação superior passou a ser a empresa privada, limitando-se o Estado a um papel complementar. A educação superior deveria cuidar de ser mais eficiente em seu papel de servir a economia. "A pedagogia se sustentava na competitividade para o lucro", conferindo "prioridade ao técnico sobre o humanístico ou o social" (DIDRIKSSON, 2000: 113). Esta política propiciou o grande crescimento dos *community colleges* que formam profissionais de níveis médios e técnicos, em pouco tempo.

de produção e consumo, seja como ideologia geral, é de invasão do espaço público pela acumulação capitalista. Da educação superior o mercado quer se servir do "produto humano" (profissionais formados) e do "produto material" (resultados das pesquisas). A invasão do espaço de interesse coletivo pelo privado altera a natureza da educação superior. Ao invés de realizar-se como um espaço de contradições sociais e aprofundamento dos valores públicos, cujas práticas expandem os processos emancipatórios civilizacionais, a instituição educativa tende a se colocar a serviço de interesses mercadológicos de curto prazo, não exercitando quase nenhum compromisso com o fortalecimento da democracia, com a justiça social, a formação de cidadãos e a construção de conhecimentos relevantes para a ciência e a sociedade.

Como a competitividade internacional exige altos níveis de performatividade na pesquisa, capacidade em domínios científicos e tecnológicos especiais, para os quais os países pobres e emergentes ainda se encontram muito pouco preparados, é comum que as universidades, com pouco apoio dos governos e quase nenhum das pequenas empresas nacionais, acabem abandonando os esforços na construção de conhecimentos como bens civilizacionais e passem a promover competências técnicas e a adotar práticas adequadas ao desenvolvimento dos mercados a que estão ligados.

Para o império do capital, a universidade adquire enorme importância, pois, na visão economicista, tudo se transforma em capital: capital humano, capital intelectual, capital político etc. Na linguagem banco-mundialista, há uma grande tendência atualmente de se constituir um "mercado mundial do capital humano de alto nível" (SALMI, 2003: 55). Quanto mais qualificado o capital humano, quanto maior o seu capital intelectual, mais competitivo e mais apto a sobreviver se torna o indivíduo. Entretanto, quanto mais valorizado o individualismo, menor a solidariedade e a socialidade. A ideologia propagandeada consiste em garantir que o indivíduo, se dotado de plena liberdade de escolha, sabe melhor que o estado o que lhe convém. A liberdade passa a pertencer à esfera privada e o indivíduo é alçado à categoria de soberano.

A grande falácia dessa assertiva já começa pelo fato de que a liberdade aí é um conceito abstrato, como se pudesse ser igualmente distribuída a todos os indivíduos, independente de suas circunstâncias e situações reais de vida. Aliás, segundo essa crença, ainda mais justo e eficiente que o estado, seria o mercado, e o cliente ou consumidor ou produtor, isto é, o indivíduo econômico teria ampla prevalência sobre o mundo social e os valores públicos. Desta forma ficam abolidas a ética e a política; seus lugares são ocupados pela técnica e o mercado. Este é o perfil da formação desejada, e este é o sentido da performatividade da educação superior, segundo a visão de mundo economicista, em que o mercado deixa de ser um mero instrumento e passa a ser a própria razão da vida humana.

Em casos extremos da economia mercantil, homens e mulheres são simples peças de uma engenharia ou de uma re-engenharia social, usados como recursos na produção da vida, simplesmente produtores e clientes a serviço da saúde do mercado, capital humano a alimentar o grande capital transnacional. A economia global capitalista se constitui como um espaço de conflitos e de relações de dominação, em que não só países, mas, também, massas de indivíduos são marginalizados. São descartados, naturalmente, não só as instituições, mas também os indivíduos que não se ajustam ao mercado, por não serem competitivos ou produtivos ou simplesmente por terem baixo potencial de consumo.

O mercado não só não tem soluções para a maioria dos problemas humanos, como até mesmo tem agravado a situação de grande parte das populações pobres. É bem verdade que nem tudo nos países industrializados pode ser considerado em bloco simplesmente como capitalista. As sociedades de países industrializados também são democráticas e pluralistas, ainda que de modo diferenciado e segundo circunstâncias e formas de manifestação muito específicas. Seus valores democráticos, pouco ou muito exercitados em benefício de toda a sociedade, constituem a base para se evitar o domínio de uma possível barbárie tecnológica, avessa à ética e à política. As universidades que exercitam suas funções públicas aprofundam a democracia, a participação, o pluralismo, o respeito à diversidade.

A privatização dos espaços públicos, onde se produzem os conhecimentos e se formam os cidadãos, segundo os princípios e as necessidades das populações que constróem com suas práticas uma sociedade democrática, é uma negação da ética e da política. O economiscismo e o tecnologismo não têm compromissos com a ética e as políticas que visam construir as sociedades com mais justiça, solidariedade e qualidade de vida. O vazio ético é espaço convidativo para a proliferação de práticas cuja orientação é apenas o lucro, não importando as pessoas. Por exemplo, grandes laboratórios farmacêuticos testam seus medicamentos na Índia só pelo fato de que isso é economicamente vantajoso. Lá vive uma grande massa de indivíduos que podem ser tomados como simples cobaias humanas e as experiências resultam muito mais baratas que se fossem feitas no ocidente.

O critério da eficácia imanente da tecnologia e da economia deve ser submetido ao critério da eficácia social. Só se constituem alavancas do desenvolvimento civilizatório a economia e a tecnologia que estejam fundadas na ética, que dá sentido e orientação às ações políticas. Isto significa que os valores comuns e públicos de uma sociedade democrática devem prevalecer sobre interesses individuais e das esferas privadas.

Economia do conhecimento, educação para o desenvolvimento

Há uma certa contradição entre a idéia do valor do conhecimento como motor do desenvolvimento e as demandas reais da realidade. O modelo neoliberal e a globalização exigem que os países emergentes formem profissionais com alta qualificação, porém apenas na proporção exata do atendimento às necessidades de crescimento das grandes corporações. Em outras palavras, enquanto são necessários muitos com formação média e superior de não tão alta exigência, de acordo com os perfis do mercado de trabalho, poucos profissionais de alta qualificação e especialização são requisitados. Isso pode ser verdadeiro tanto para os países ricos, como para os demais. Não há como nem por que criar em grande escala empregos de ponta, que exigem alta qualificação e especialização, nem mesmo nos países industrialmente mais avançados.

A falta de formação adequada em investigação científica ou de políticas de aplicação de pesquisas e de emprego de pesquisadores em setores adequados da produção é particularmente grave nos países de poucos compromissos com o avanço da ciência e da tecnologia, como é o caso de quase todos os latino-americanos. Em parte, é o caso do Brasil. Apesar de ter a mais robusta estrutura de pesquisa e pós-graduação da América Latina, o Brasil não tem políticas econômicas e culturais que favoreçam o emprego de todos esses pesquisadores. Nem a metade dos cerca de 9mil[24] novos doutores que se formam a cada ano nas universidades brasileiras consegue um vínculo de trabalho em sua área de pesquisa. Nos países em desenvolvimento, em geral, governos e empresas destinam poucos recursos à formação de pesquisadores e ao desenvolvimento de investigações e à inovação tecnológica.

A relação entre formação profissional e técnica para o desenvolvimento econômico muitas vezes é vista mecanicamente. Sem dúvida, produzir conhecimentos e competências que agreguem valor à economia e à expansão material é de grande importância, embora não se possa estender uma relação de causalidade simples e automática entre conhecimento e crescimento econômico, tampouco com mais emprego. Adverte Carlos Vogt:

---

[24] Em breve se formarão 10 mil doutores por ano, nas universidades brasileiras.

no afã do utilitarismo prático de tudo converter em valor econômico, tal qual um rei Midas que na lenda tudo transformava em ouro pelo simples toque, não percamos de vista os fundamentos éticos, estéticos e sociais sobre os quais se assenta a própria possibilidade do conhecimento e de seus avanços (VOGT, 2003: 85).

Para que recupere seu papel axial no mundo atual, de modo algum a universidade pode deixar em segundo plano a função fundamental da formação de cidadãos críticos, de pessoas que não apenas tenham pontos de vista e opiniões descomprometidas, mas que saibam pensar e pesquisar livremente. Por mais que se transforme e atenda a novas demandas, a universidade não pode permitir que se esmaeça o viço de uma função fundamental e histórica: ela é um espaço público de debate e socialização, de compreensão radical e busca da verdade. Pela busca da verdade o mundo universitário se coloca na perspectiva do incerto e do mutável.

Os fenômenos da vida humana são polissêmicos e complexos e devem passar pelos critérios instáveis das culturas e das verdades sociais.

Uma das contribuições mais preciosas do mundo universitário para a vida de nossas sociedades é que ele é um dos únicos espaços sociais que funciona com a compreensão radical das coisas e da busca da verdade. Neste sentido, o mundo universitário é antes de tudo um espaço dialógico essencial para nossas sociedades e sua contribuição ao espaço público é único pela qualidade e originalidade dos trabalhos, análises e pesquisas que aí são conduzidas. (BRETON, 2003: 23)

Isso também implica em reconhecer o valor da pesquisa básica, exige respeito e atenção ao conhecimento fundamental nas áreas científicas, não somente ao conhecimento de pronta aplicação. Independentemente de seu potencial de aplicação, o conhecimento básico é fundamental para a formação de pesquisadores, que por sua vez são necessários à produção tecnológica. Contra a corrente da economia do conhecimento, cabe à educação superior o dever de conceber e realizar todo e qualquer conhecimento como bem público, patrimônio da humanidade, a serviço da maior dignidade da vida humana. "O conhecimento de que falam nossas sociedades" – diz Petrella – "é reduzido ao conhecimento *que conta* para a economia capitalista de mercado, a saber a física, a química, a biologia, a matemática, a informática, a administração, o marketing." (PETRELLA, 2003: 147).

Cumpre valorizar sem dúvida o conhecimento das chamadas ciências duras e as técnicas, em razão de sua importância para o desenvolvimento material da humanidade, porém também os conhecimentos das ciências humanas ou complexas, a imaginação, a reflexão e o espírito criador livre tão fundamentais à construção dos sujeitos e ao processo cultural e civilizatório. Cultura e civilização são processos que acrescentam sentido humano à humanidade e remetem as ações de cada sujeito à vocação da universalidade. Sendo a educação essencialmente um nunca terminado processo de comunicação humana, ela é feita de renovadas interpretações e relações que, ao longo da vida, vão construindo as personalidades.

De um lado, existe uma forte pressão pelas competências profissionais, pela colusão com as profissões lucrativas, pelo conhecimento e técnicas de pronta aplicação, pela criação de novos postos de trabalho, ainda que não haja nenhuma garantia de que a formação universitária assegure empregos. A educação superior não pode omitir-se de oferecer uma resposta a esse tipo de legítimas demandas. Por outro lado, ela não pode negligenciar seu papel no desenvolvimento de competências cívicas e, ao mesmo tempo, de valorização das comunidades epistêmicas locais, especialmente das camadas excluídas. Não pode deixar de se constituir como espaço público de reflexão e crítica sobre a identidade nacional, de visão global sobre a evolução e os problemas de todas as sociedades, de criação e proposição das grandes referências de toda sociedade democrática.

Difíceis tensões, relações e sinergias entre contrários e plurais

A produtividade não é o único horizonte, tampouco a única fonte do desenvolvimento. A ciência e a tecnologia não devem se limitar a mover aquela economia que se desliga da cultura e da democracia. A educação não deve estar virada só para o mercado. Essencialmente, deve cumprir um papel estratégico no desenvolvimento da sociedade e dos cidadãos. A formação integral deve integrar as qualidades morais, éticas e políticas aos saberes científicos, técnicos, tecnológicos, objetivos, subjetivos, estéticos. O desenvolvimento humano, social e integral, portanto, complexo, é o fim da educação e da ciência. Antes de tudo, desenvolvimento humano significa fortalecimento da cidadania, emancipação, aprofundamento ético.

A educação não deve estar virada só para o mercado, mas essencialmente deve cumprir um papel estratégico no desenvolvimento da sociedade e dos cidadãos. Universalidade e pertinência não devem se repugnar, e sim se combinar. São dimensões que intervêm solidariamente na constituição da qualidade da educação. A universalidade, dimensão historicamente reconhecida na aprendizagem e no conhecimento, agora ganha outras características e noções com a globalidade e especialmente com os fenômenos da informação. A pertinência hoje adquire ainda maior relevância, dados os problemas de crescente desigualdade social e à necessidade de uso intensivo da educação para o desenvolvimento das nações, especialmente das populações que precisam de maiores incentivos para a superação de atrasos acumulados ao longo dos tempos.

Em razão dos velhos problemas e do aumento considerável de novas dificuldades e demandas, é necessário rever as orientações da educação superior e buscar dinamizar suas potencialidades. Nessa revisão, um aspecto importante diz respeito ao conceito de qualidade, intimamente relacionada com a pertinência. Se relativamente à qualidade a universalidade é dimensão essencial, torna-se também muito forte o imperativo da pertinência, isto é, da referência à sociedade em que a instituição se insere.

A qualidade não se define por si mesma. Declara a Unesco:

> É necessária uma nova visão do ensino superior, que combine a demanda da universalidade do ensino superior com o imperativo por maior relevância, para que seja possível dar respostas às expectativas da sociedade na qual tem sua função. Essa visão dá ênfase aos princípios de liberdade acadêmica e de autonomia institucional ao mesmo tempo em que enfatiza a necessidade de se prestar contas à sociedade. (UNESCO, 1999: 49)

Também sua estrutura interna e as relações de conhecimento e poder que aí se estabelecem precisam ser repensados. De um modo especial, a universidade deve tratar de restabelecer o equilíbrio interno entre as diversas áreas do conhecimento e das atividades humanas. Não é apenas o considerado conhecimento útil e de imediata aplicação, aquilo que de alguma forma acrescenta certezas, que merece ser prestigiado.

Sem dúvida, o desenvolvimento humano em sua plenitude necessita do fortalecimento do mundo material, da vida econômica, hoje intensamente dependente da evolução tecnológica, da produção e da aplicação de conhecimentos, da aquisição de habilidades e atitudes compatíveis com as novas características do trabalho e com as necessidades de contínua aprendizagem. Mas o desenvolvimento humano também é social, solidário, cultural, é uma construção da sociedade nas suas produções simbólicas e dinâmicas comunicativas.

Ciência e cultura, competência e colaboração, trabalho e vida não devem ser antagônicos. Reflexão, crítica, comunicação, aprendizagem ao longo da vida, compreensão dos fatos e das diferentes questões em uma larga perspectiva histórica e sintética, adaptação a mutações aceleradas, por exemplo, são capacidades desejáveis, ainda que por razões diferentes, tanto no mundo do trabalho, como na cidadania individual e pública. A educação para a produtividade deve estar integrada à solidariedade, como princípio ético-político.

Educação para o desenvolvimento deve ter como horizonte a construção da identidade nacional, como princípio regulador da convivência cidadã nos espaços sociais de múltiplos valores e interesses diversificados. Com este sentido e com este horizonte, respeitando as diferenças e o pluralismo, a educação deve se promover como um processo que busca tecer os entendimentos em temas que se referem ao bem comum.

São as redes de entendimentos sociais em assuntos de interesse coletivo que vão construindo o conceito do público como bem comum e processo de cidadania, em interação com o estado. A construção do público é uma prática social de exercício da democracia participativa e deve constituir agenda central de uma sociedade que assume as contradições e a complexidade e inclui, em suas características essenciais, a pluralidade, a justiça social e o respeito às diferenças.

O desenvolvimento humano precisa resgatar também os valores do espírito, como a capacidade intelectual de compreender e criticar os fenômenos da vida pessoal e social e de fazer fruir os encantamentos e ensinamentos das diversas manifestações do engenho e arte que a humanidade vem construindo ao longo de sua trajetória planetária. As criações artísticas são permanentes, pois elas são frutos da liberdade humana e não se deixam asfixiar pelos rígidos limites geográficos e cronológicos. A capacidade de crítica e a criatividade são fundamentais para a vida pessoal e social, sempre atravessada de complexidade, contradições e incertezas. Diz Ladrière que os valores que a ciência e a tecnologia carregam exaltam o domínio dos homens, mas são incapazes de fundar o destino humano.

Os elementos verdadeiramente unificadores, os valores mais fundamentais que sustentam, justificam e inspiram a todos os demais, dependem estreitamente das concepções relativas ao destino do homem. (LADRIÈRE, 1978: 121)

O grande desafio que se coloca à humanidade atualmente é o de anular a marginalização dos países e dos indivíduos que estão fora dos benefícios da globalização. Sem a providência do estado, sem recursos financeiros, sem as vantagens tecnológicas e até mesmo não possuindo mais as utopias que antes alimentavam suas esperanças, países e indivíduos marginalizados se sentem agora ainda mais desprotegidos e inseguros, ainda mais submetidos a poderes voláteis e mutantes. Combater a marginalização só é possível a estados que já tenham construído, com razoável solidez, suas instituições públicas. Essa luta exige muito mais que dinheiro; precisa de fortes investimentos políticos, de muito saber e muita sabedoria.

A educação superior, como manifestação do social mais amplo, vive as tensões entre o conhecimento como forma de realização e enriquecimento do espírito humano e o conhecimento rentável, utilizável, finalizável, aquele que é produzido em vista de algum interesse definido pelo mercado; entre a preservação de si mesma e as demandas externas; entre o local, nacional, singular e, de outro lado, o mundial, inter ou transnacional, as relações globais; entre as urgências imediatas e as demandas de longo prazo; entre emancipação e controle, ou seja, entre, de um lado, a prerrogativa de se afirmar segundo valores que concebe a partir de sua autonomia, e, de outro, as pressões heterônomas.

Não se trata obviamente do sucesso do indivíduo nas competições que a vida econômica gera, e, sim, do destino como projeto da humanidade. Nem se há de esquecer o papel da educação superior na construção da democracia e da sociedade democrática. "A vida universitária se associa intimamente com a busca da verdade, com o dissenso, com o discurso argumentativo, com a tolerância de uma cidadania livre e responsável. A defesa da cultura democrática é mais necessária que nunca tanto no plano das relações sociais e políticas como no plano do pensamento. Dela depende que possamos sustentar nossa capacidade para assumir as mudanças e para conservar um projeto de nação junto com os valores da cultura universal." (PEREZ LINDO, 2003:149-150).

O conhecimento ultrapassa a mera acumulação de informações. Precisa da síntese, da compreensão de conjunto, da descoberta das correlações e dos fundamentos. A educação não é só instrução, da mesma forma que a sociedade não se esgota no mercado e a qualidade humana e social não se restringe à produtividade e à eficiência. O conhecimento deve ter um sentido de formação do espírito, não um mero valor de troca, como se fosse uma mercadoria. Valor não é preço. A mercadorização da educação e do conhecimento tem sido objeto de severas críticas por parte daqueles que defendem que a educação tem uma função de formação dos sujeitos sociais e de construção da sociedade fundada em bases éticas.

A educação superior, especialmente a universidade pública, é uma instância com função de estruturar e desenvolver a sociedade, mediante a produção e socialização de conhecimentos pertinentes e fundamentados e a formação crítica e reflexiva. Harmonizado pelo estado e com o apoio material e político do estado, articulado com a economia, a sociedade e a cultura que dão sentido à nação, o sistema de educação superior deve se consolidar como uma grandiosa política pública de caráter nacional. Essa política voltada ao interesse geral deve "empregar sua autoridade pública para potencializar as energias sociais, evitando os jogos de soma zero e promovendo relações sinérgicas" (STUBRIN, 2003: 69) nos diversos setores da sociedade civil. Sua relação com a sociedade é de dupla dimensão: deve envolver-se no fluxo das transformações e guardar-se no refluxo das reflexões. A educação superior deve reconhecer que é regida pela diarquia autonomia e responsabilidade social. Então, deve viver com sabedoria os justos sentidos da tensão entre a emancipação e o controle, entre o pragmatismo e a utopia.

Muito mais que a competitividade e a eficiência, os valores essenciais da educação superior como bem público são a liberdade, a autonomia, a criatividade, o pensamento reflexivo, a possibilidade de comunicação sem censuras, o espírito questionador, o respeito à alteridade, a socialidade, a solidariedade, os valores e atitudes fundamentais para a construção da humanidade com uma clara visão de futuro.

O argumento de que a educação superior é muito dispendiosa carece de fundamento, mesmo porque mais cara e irremediavelmente perniciosa é a carência de educação. Se os governos de países industrialmente avançados investem altas somas na educação superior é porque crêem que ela tem a "função fundamental de favorecer o desenvolvimento econômico e civil do país em que se instala, com base no princípio: 'mais cultura e mais pesquisa = mais desenvolvimento e mais civismo'." (SIMONE, 2003: 25). Em outras palavras, a educação superior não cria somente riquezas materiais (bens e serviços negociáveis). Ainda mais importante, também cria e amplia valores imateriais, como formação, cultura, desenvolvimento intelectual etc.

A educação superior precisa formar profissionais e cidadãos empreendedores e preparados para os desafios da globalização, mas isto não é seu dever único nem mesmo o mais importante. O empreendedorismo pode ser uma capacidade para fazer mais coisas e mais rapidamente, e isso é bastante positivo. Mas, se não for desenvolvido sobre uma base ética, o empreendedorismo pode ser um acúmulo de erros e problemas para o real desenvolvimento humano. Como pensa Petrella, as instituições de educação superior não existem para preparar os novos conquistadores do mundo, mas fundamentalmente para formar cidadãos. "Se as universidades não estão preparadas para ensinar isso, nenhum espanto se a injustiça, a violência, a guerra permaneçam no futuro as formas naturais de comportamento dos humanos." (PETRELLA, 2003: 148).

CAPÍTULO III

EDUCAÇÃO SUPERIOR SEM FRONTEIRAS

Os modos de encarar a globalização intervêm significativamente nas visões sobre as universidades ou, mais amplamente falando, sobre a educação superior. Dada sua enorme importância nos campos em disputa nos contextos amplificados pela globalização, mais do que nunca a educação superior é hoje um campo atravessado por grandes tensões e conflitos de interesses. Não se trata apenas de divergências sobre um ou outro aspecto secundário, mas, sim, no essencial, de contraditórias concepções sobre educação, particularmente esta de nível superior, intimamente vinculadas às visões de mundo. Essas contradições geram grandes tensões no ambiente universitário e na comunidade educativa em geral, pois extrapolam os limites físicos dos estabelecimentos de ensino e as culturas dos laboratórios de pesquisa, intervindo nos ambientes econômicos, administrativos e políticos. Portanto, têm elevado interesse, tanto para o mercado, como para o estado e a sociedade em geral.

Uma das graves conseqüências de se operar com lógicas binárias excludentes é que freqüentemente elas se transformam em contraposições morais: o certo (lógico) se transforma em bem (moral), o erro (lógico) se torna o mal (moral). Tampouco é adequado apresentar as contradições como se fossem simples oposições ou modelos puros. Há possivelmente intercâmbios, imbricações, zonas cinzas, mestiçagens ideológicas. Um bom exemplo de limites imprecisos é a questão do público e privado. Na verdade, os antigos conceitos de público e de privado já não coincidem mais com o que acontece hoje com essas categorias.

Globalização e cenários moventes da educação superior: bem público ou negócio?

Tendo sempre presente a observação anterior e para facilitar a argumentação, apresento aqui duas visões predominantes de educação superior. São duas visões de mundo divergentes, que constituem uma contradição complexa e não uma oposição simples, que respondem a interesses distintos, porém, que também se imbricam em muitos aspectos. A idéia de que a educação é um direito social e um bem público se contrapõe à concepção de educação como mercadoria que se pode adquirir privadamente, como qualquer item de negócio, e, portanto, beneficia individualmente aqueles que por ela pagam. O mesmo vale para a formação, o saber, o conhecimento, as aprendizagens que por uns são defendidos como bens públicos e por outros são vistos como algo que se pode vender e obter como itens comerciáveis.

Nada disso é neutro e inócuo. Essas posições, ainda que não sejam simples oposições, não são meras distinções ideais e desprovidas de conseqüências práticas. Ao contrário, correspondem a duas visões de mundo carregadas de interesses de vária ordem. A educação é um "bem comum, público" ou, ao contrário, um "bem ou serviço de consumo, privado"? Esta é a grande questão de fundo para as reformas educacionais que hoje se discutem ou se empreendem. A questão se refere a fenômeno complexo, que não admite uma simples resposta disjuntiva. Admitindo que é uma fórmula possivelmente redutora, João Barroso identifica quatro tipos de respostas a esta questão:

- A educação é um bem essencialmente público e nesse sentido justifica-se a preponderância da intervenção do Estado (no financiamento e na operacionalização da oferta do serviço educativo) que pode ir até a forma extrema do 'monopólio estatal', com a supressão ou grande limitação do ensino privado.

- A educação é um bem essencialmente privado e nesse sentido não se justifica qualquer intervenção do Estado, devendo a oferta educativa ser assegurada por um mercado inteiramente livre e desregulado e a expensas dos indivíduos interessados (ainda que admitindo a existência de benefícios fiscais para as despesas com a educação).

- A educação é um bem predominantemente público que produz benefícios privados e, nesse sentido, cabe ao Estado uma grande parte do financiamento, regulação e prestação de serviço educativo, com a comparticipação (ao nível do financiamento e da definição da oferta educativa) dos outros beneficiários do sistema (em particular os alunos e suas famílias, os futuros empregadores etc.).

- A educação é um bem predominantemente privado que produz externalidades públicas pelo que, embora cabendo ao Estado contribuir de maneira significativa para o financiamento do serviço educativo (tendo em conta essas externalidades), ele deve reduzir a sua intervenção ao mínimo, para permitir o funcionamento de um 'quase-mercado' educativo, baseado na concorrência e autonomia

137

dos prestadores de serviço e na livre-escolha dos consumidores (BARROSO, 2003: 90).

Estudando os casos mais específicos de Portugal e Inglaterra, mas observando que suas conclusões podem ser estendidas para muitos outros países, guardadas as especificidades e tomados os necessários cuidados, Clementina Marques Cardoso aponta que as reformas de ensino empreendidas nesses países apresentam os seguintes quadros de referências:

– uso de instituições e práticas privadas como referência na definição de prioridades e nos processos de decisão;
– supremacia dos princípios e mecanismos de mercado sobre os princípios de cidadania, escolha e mecanismos de aprovisionamento e financiamento democráticos;
– seleção de escolas pelas famílias, seleção de alunos pelas escolas e segregação curricular;
– liderança individual, iniciativa empresarial e competição são utilizados como modelos de conduta profissional, para as relações de escola e inter-escolas;
– supremacia dos princípios empresariais sobre os princípios educacionais; e predominância dos critérios financeiros sobre os critérios educacionais (CARDOSO, 2003: 183).

Com maior ou menor visibilidade, essas características estão presentes nas instituições de educação superior, tanto públicas como privadas. Mesmo que elas não configurem necessariamente a privatização propriamente dita, tal como esta se efetua em outros setores da economia, que por natureza estão voltados ao lucro, essas características são traços importantes do "quase-mercado" educacional ou, ainda, do "capitalismo acadêmico".

JOSÉ DIAS SOBRINHO

Da internacionalização da educação superior ao comércio dos serviços educacionais

Por vocação e tradição, a universidade tem sido uma instituição que preserva e alimenta a dimensão internacional, seja pelo sentido da ciência e pelos critérios de qualidade e cientificidade, isto é, pelos valores autenticamente acadêmicos, seja pelas iniciativas práticas de intercâmbios institucionais e mobilidade de estudantes e professores. As políticas de internacionalização da educação superior se tornaram mais intensas e programáticas nestes últimos anos. Fazem parte da tradição universitária as parcerias e vários tipos de cooperação que objetivam aumentar a qualidade acadêmica e a relevância social da educação superior. O sentido predominante da internacionalização universitária tem sido ao longo dos tempos o de colaboração acadêmica buscando o avanço da ciência e da educação. A modernização dos meios de transporte e diversos programas de financiamento e estratégias de organização de eventos e variados trabalhos de cooperação facilitam muito a circulação de professores e estudantes. A cooperação acadêmica pode ser altamente potencializada hoje em dia pela interconexão das instituições e de grupos de pesquisadores, ou seja, pela constituição de redes mundiais permitindo o acesso imediato a informações longínquas, unindo o local ao global. Atualmente, a cooperação em rede pode prescindir da presença física.

Um dos grandes arautos da internacionalização nessa perspectiva é a Unesco. Em texto originalmente produzido em 1995, declarava:

A *internacionalização* do ensino superior é, antes de mais nada, uma reflexão do caráter universal do aprendizado e da pesquisa. É reforçada pelos procedimentos correntes de integração econômica e política, assim como pela necessidade crescente de entendimento intercultura. A expansão do número de estudantes, professores e pesquisadores que trabalham, vivem e se comunicam num contexto internacional atesta essa tendência. A considerável expansão de vários tipos de redes e outros tipos de ligação entre as instituições, professores e estudantes é facilitada pelo avanço contínuo da informação e das tecnologias de comunicações. (UNESCO, 1999: 17)

Em outra parte, está mais explícito o peso do mercado global e os seus efeitos no campo da educação e da cultura:

O aumento da mobilidade dos estudantes e dos professores ganha um significado adicional à luz das tendências atuais do comércio global, da economia e integração política e da necessidade crescente de entendimento intercultural. O número crescente de estudantes, professores e pesquisadores que estudam, trabalham, vivem e se comunicam num contexto internacional, um fenômeno facilitado pelas novas tecnologias de telecomunicações, reafirma esse desenvolvimento positivo geral. (UNESCO, 1999: 39)

Entretanto, nem tudo são flores na internacionalização. Também aqui se manifestam as assimetrias. A relação acadêmica internacional, de caráter cooperativo e solidário, evidentemente ainda existe nas universidades, porém, os países pobres têm nela uma escassa participação como produtoras de conhecimento. Por exemplo, apenas cerca de 4% das instituições de educação superior latino-americanas (e os dados brasileiros não fogem muito dessa média geral) desenvolvem práticas e possuem estruturas formais consolidadas e adequadamente aparelhadas de pesquisa sistemática. Além disso, muito escassos têm sido os financiamentos para ciência e tecnologia e tímidas são as iniciativas governamentais e institucionais para ampliar a inserção dos acadêmicos e da população latino-americana em geral na sociedade global de informação e nas tecnologias de impacto mundial. Em virtude disso, os países pobres ou emergentes acabam se tornando mais vulneráveis à penetração de serviços educacionais transfronteiriços, de sentido mais comercial que de cooperação acadêmica sem objetivos de lucro.

Com a maximização das comunicações em nível planetário e da mobilidade física que a atual globalização imprime, a internacionalização da educação superior também adquire maior importância e alguns novos significados. Alteram-se alguns de seus objetivos e de suas estratégias, mas são claramente perceptíveis duas dimensões: uma interna, de fortalecimento da qualidade institucional, outra externa, voltada a ampliar o prestígio internacional de uma instituição e, assim, aumentar sua capacidade de atrair estudantes, demandas da indústria e financiamentos.

As distinções entre a cooperação internacional com objetivos acadêmicos e a cooperação com objetivos financeiros precisam ser analisadas em cada caso a partir das motivações, da escolha dos temas e das aplicações dos conhecimentos ou produtos. Entretanto, bastante notório é o crescimento das motivações econômicas no cenário da globalização econômica. Como se sabe, essa globalização dissipou as fronteiras físicas entre os mercados, flexibilizou o intercâmbio de mercadorias, potencializou a mobilidade física de pessoas e a comunicação virtual. Isso, além de facilitar os meios e estratégias da cooperação universitária, cativou a internacionalização para os objetivos de benefícios econômicos.

Cabe, portanto, uma distinção entre internacionalização e transnacionalização da educação superior. Uma coisa é a internacionalização da educação superior, fundada na idéia do valor universal do conhecimento e da formação e expressa pelas diversas formas de cooperação entre instituições, pesquisadores, professores e estudantes. Isso incide sobre organizações intergovernamentais, agências de cooperação e programas institucionais. Coisa diferente é a transnacionalização. Diferentemente da cooperação internacional, a transnacionalização tem como principais motivações a competitividade e o lucro. A rigor, essas características, já bastante comuns a diversos sistemas de educação superior de várias partes do mundo, não correspondem com precisão ao conceito tradicional de internacionalização universitária.

141

Com efeito, na atualidade, além do fenômeno da internacionalização enquanto cooperação e intercâmbios acadêmicos, a globalização instaura outros processos e objetivos heterogêneos, ainda não muito bem delimitados, mas que já impregnam intensamente de motivações econômicas as práticas educativas.

As mudanças que ocorrem na economia global e as grandes transformações nos planos nacionais e regionais, especialmente a criação dos blocos de nações, têm produzido uma busca de emulação, interdependências e convergências entre as instituições de educação superior.

A interdependência internacional, as economias vinculadas, as "aldeias globais", as comunicações via satélite, as empresas multinacionais e o desaparecimento de produtos manufaturados totalmente "nacionais" nos estimulam a pensar seguindo as linhas da unidade e da semelhança. (ROTHBLATT e WITTROCK, 1996: 14)

Entretanto, as respostas locais às demandas educativas não serão totalmente convergentes, dadas as diferenças econômicas, culturais, sociais e de situação histórica de um país a outro. Por isso, é preciso sempre recorrer a uma epistemologia da complexidade, que possa dar conta do enredado de significações, das diferenças e das contradições.

Um aspecto não pode ser omitido, ao se tratar da mobilidade internacional que hoje se verifica na educação superior: a formação dos quadros segundo o paradigma cultural e administrativo neoliberal. O que aí prevalece não é o compromisso com o desenvolvimento da nação de origem, e sim os interesses das empresas sem pátria. Se algum país lucra com isso é aquele que mais possui grandes empresas e exerce o poder unilateral de determinar as políticas econômicas e as ideologias para os indivíduos e as sociedades de todo o mundo.

A formação internacional desses quadros lhes dá vantagens extraordinárias para o exercício de altas funções nas empresas multinacionais e nos governos locais. Diz Paulo Nogueira Batista:

Estudantes promissores de países subdesenvolvidos, como o Brasil, são levados para universidades nos EUA. Lá são submetidos a rigoroso adestramento. Voltam imbuídos dos valores, conceitos e preconceitos norte-americanos. E de um desprezo mal disfarçado pelo próprio país. A ligação primordial com o estrangeiro é cultivada pelo resto da vida. Muitos desses indivíduos são contratados pelas entidades multilaterais de crédito sediadas em Washington (FMI, Banco Mundial e BID). Outros se empregam em firmas financeiras em Wall Street. Depois voltam ao país para ocupar cargos no governo. Cacifados pela sua experiência governamental, são então chamados a ocupar postos de destaque, bem remunerados, no exterior ou no mercado financeiro local. Dessa maneira, vai se consolidando o controle da área econômica dos governos pelo eixo Wall Street-Washington e suas sucursais locais. (NOGUEIRA, apud AZEVEDO & CATANI, 2004: 166-167)

A elevada competitividade que a educação superior atualmente enfrenta faz com que as instituições busquem novas formas que lhes permitam melhores condições de sobrevivência. A competitividade agora não é só local. Muitas instituições de larga tradição universitária estão estabelecendo alianças estratégicas com similares de outros países. Este fenômeno resulta na constituição de conglomerados de instituições educativas cuja forma mais flexível seria mais adequada às necessidades do mercado. Por exemplo, a Universidade de Viena de Economia e Administração de Negócios tem oferecido um mestrado internacional em administração em conjunto com a Universidade da Carolina do Sul. A Universidade Stanford e a Universidade da Califórnia em São Francisco fundiram seus hospitais e clínicas. Universidades e Bibliotecas americanas e inglesas se consorciaram para oferecer cursos a distância. Junto com inúmeras iniciativas de alianças institucionais que estão proliferando, surgem muitas agências e associações com o objetivo de viabilizar e fortalecer os processos de alianças estratégias e conglomerados educacionais.

A esta altura é importante estabelecer outras distinções que não são apenas nominais, porém, mais agudamente conceituais. Embora empregados em um mesmo contexto, às vezes indiferenciadamente, alguns termos guardam uma significação muito própria. É o caso de educação sem fronteiras, transnacionalização e outras expressões que não podem ser simplesmente confundidas com a internacionalização, no sentido como esta foi anteriormente apresentada.

Transnacionalização: educação superior transfronteira

As noções que se seguem são baseadas em definições que estão sendo utilizadas nos âmbitos dos acordos sobre o comércio da educação e o fornecimento transfronteiriço de serviços de educação superior, portanto, nos círculos da OMC, da OCDE, da UNESCO, do Banco Mundial e de outras agências multilaterais. Utilizo aqui a conceituação apresentada por Jane Knight:

> Educação transnacional: Todos os tipos de educação superior nos quais os aprendizes se encontram num país diferente daquele em que está baseada a instituição que a dispensa; (Unesco, 2001: 8).
> Educação sem fronteiras: Iniciativas de educação que transcendem as fronteiras tradicionais do ensino superior, sejam geográficas ou conceituais (CVCP, 2000: 7).
> Educação transfronteira: Expressão genérica empregada para descrever o fornecimento de serviços educativos nos quais o professor, o aprendiz, o programa, a instituição e os materiais do curso franqueiam uma fronteira nacional.
> Comércio de serviços educativos: Fornecimento de serviços educativos através das fronteiras com fins comerciais ou em vista de um ganho econômico;

Liberalização do comércio: promoção do crescimento do comércio pela eliminação dos obstáculos que se opõem a uma maior liberdade das trocas. Os acordos comerciais como AGCS, ALENA, EU e APEC são entidades jurídicas dotadas de regras e obrigações formais concebidas para liberar sistematicamente o comércio dos obstáculos ou impedimentos existentes. (KNIGHT, 2004: 91)

Essas expressões denotam recentes realidades da educação superior. Elas se referem a tipos alternativos de instituições, com distintos modelos de processos de ensino e de aprendizagem, que constituem novos espaços educacionais transfronteiriços. As instituições buscam seus espaços em nichos especiais dos mercados locais ou internacionais. Essa modalidade globalizada, transnacional, sem fronteiras, de livre negociação, tende a tomar a educação como um objeto de exportação e de comercialização, utilizando largamente os recursos das novas tecnologias (universidades virtuais) e novos tipos de contratos comerciais (universidades corporativas, filiais, franquias, alianças estratégicas).

De modo especialmente destacado, esse fenômeno se caracteriza pela:

- ampliação de oferta educativa em espaços supranacionais;
- novas modalidades de estudos que surgem pela virtualização da educação superior;
- e compatibidade e comparabilidade em nível internacional dos sistemas nacionais de educação superior, que em algumas ocasiões se expressa como convergência destes sistemas. (SEBASTIÁN, 2003: 234)

As fronteiras físicas se esboroaram. O comércio transnacional também se dá em espaços virtuais, por meios virtuais. Entretanto, em que pese o uso quase universal das tecnologias de informação, ainda há fortes resistências à larga penetração dos meios virtuais em educação. Claro que os computadores estão em todos os espaços de uma instituição de educação, evidentemente eles são bastante utilizados em serviços administrativos, em pesquisas etc. Porém, ainda não há experiências suficientemente fortes para legitimar a qualidade da educação em larga escala e por meios virtuais. Por quê? Como diz Castells,

> porque a qualidade da educação ainda se associa, e assim continuará durante longo tempo, com a intensidade da interação cara a cara. Assim, pois, as experiências em larga escala das "universidades à distância", deixando de lado sua qualidade (má na Espanha, boa na Grã Bretanha), parece mostrar que são formas de educação de segunda opção, que poderiam desempenhar um papel significativo no futuro, melhorando o sistema de educação de adultos, porém que dificilmente substituirão as instituições educativas superiores atuais. (CASTELLS, 1997, vol. I: 431-2)

Se há questionamentos quanto à qualidade desses serviços educacionais e se é ainda muito forte a idéia de que educação é uma relação direta entre pessoas, por outro lado, não resta dúvida em que a educação virtual é campo de alto valor econômico para muitas corporações comerciais que investem em educação transnacional. Para essas, a qualidade está prioritariamente associada a lucro, não necessariamente a critérios pedagógicos, científicos e de interesses nacionais. Nesse caso, os critérios de interesse nacional e qualidade acadêmica e pedagógica são relevantes somente enquanto eventualmente sustentam os interesses econômicos.

Qualidade sem pátria e regulação global

Os mercados e os projetos políticos nacionais diferem muito uns dos outros, por razões históricas e culturais, e isso acaba dando origem a diferentes sistemas e instituições de educação superior. Entretanto, para além das especificidades, observam-se esforços organizados na direção das similitudes e até mesmo da homogeneização. O comércio transnacional precisa contar com elementos razoavelmente homogêneos, compatíveis e comparáveis. Isso produz a necessidade de estabelecimento de normas e regras mais ou menos comuns entre os países e a criação de agências supranacionais para a gestão das convergências dos sistemas e reconhecimento de títulos e diplomas. O controle sobre a economia desterritorializada praticada no âmbito global da educação superior se torna muito complicado. A quem compete regular? Com que leis? Com quais lógicas? Quais os padrões de qualidade? Como assegurar a qualidade em âmbito local e global? Quanto mais impreciso o jogo de relações, mais as poderosas corporações impõem suas lógicas e suas normas, independentemente de valores nacionais, princípios democráticos e éticos. E mais o mundo vai criando espaços desterritorializados e em tudo muito parecidos, verdadeiros não-lugares-globais, padronizados, sem identidade, sem personalidade, sem características próprias: lanchonetes, hotéis, shopping centers, escolas, semelhantes em tudo e em qualquer lugar. As identidades e as individualidades tendem a se dissipar e se pasteurizar.

Organismos metanacionais, com grande poder de persuasão, como ONU, FMI, BIRD, OMC, tratam de "harmonizar" e "arbitrar" esse megajogo, em articulação direta com os países e os grupos econômicos mais poderosos. Na educação superior, um dos temas mais presentes na agenda das discussões e das ações é o da "garantia da qualidade".

O conceito de qualidade da educação superior vem sofrendo uma profunda alteração nestes tempos de neoliberalismo. Considerada sobretudo como um produto comercial globalizado, a educação superior sem fronteiras se rege predominantemente pelas regras do mercado e deve incorporar como um dos seus valores centrais a capacidade de competir. Em grande parte, a educação superior perde sua função política de formação para a cidadania e para os objetivos nacionais. As instituições estrangeiras, motivadas pela lucratividade, acabam concorrendo com as instituições dos países que as hospedam, sem muitas das obrigações destas, como: fazer pesquisas de interesse nacional, oferecer cursos em áreas pouco rentáveis, orientar-se pelo plano nacional de educação e, principalmente, prestar contas às instâncias locais de regulação.

O conceito de qualidade se desvincula do conceito de bem público. Como diz Teoboho Moja:

> Na economia em via de globalização, o ensino superior se inscreveu na ordem do dia da OMC não pela sua contribuição ao desenvolvimento, mas como serviço de troca ou mercadoria que serve para aumentar os lucros dos países que têm os meios de fazê-lo um comércio e exportar seus programas de ensino superior. (MOJA, 2004: 183)

Segundo o mesmo autor, "o ensino superior se tornou um mercado que se conta por bilhões de dólares, dado que a quantidade de educação aumenta rapidamente e dobra, parece, a cada cinco anos" (MOJA, 2004: 183).

A qualidade passou a ser definida por critérios supranacionais baseados em determinantes econômicos. Estão sendo criados instrumentos supranacionais de controle, tais como agências de acreditação para assegurar os padrões gerais de qualidade. Essa tendência de adoção de instrumentos de controle e de padrões supranacionais tende a adquirir mais força caso a educação venha a ser formalmente definida como serviço regulado pelos acordos firmados no âmbito da Organização Mundial do Comércio (OMC).

Educação sem fronteiras no marco regulatório do AGCS/OMC

Criada na Rodada do Uruguai, em 1994, a OMC é um organismo intergovernamental encarregado de promover o livre comércio internacional. Em 1947, já havia sido criado o GATT (Acordo Geral sobre Tarifas e Comércio). O Acordo Geral sobre o Comércio de Serviços (AGCS) é de 1994. O AGCS é o capítulo da OMC especializado na intermediação e regulação dos acordos gerais sobre o comércio de serviços. Diversas reuniões trataram de estabelecer as bases para a consolidação de um sistema multilateral de comércio firme e livre, com claras especificações de direitos e deveres. A Rodada do Uruguai ampliou a discussão, trazendo para o âmbito da OMC, ali criada, temas de grande interesse para os países de maior desenvolvimento industrial e tecnológico, como competitividade, tecnologia, proteção de propriedade intelectual e serviços. Na lista de serviços que poderão ser regulados pelo AGCS está a educação, de modo muito especial a educação superior, dada sua enorme importância como mercado.

O controle transnacional, mediante instrumentos de regulação e acreditação,[25] passa a ser fundamental para não só assegurar a comparabilidade e a compatibidade entre os serviços oferecidos, os padrões e procedimentos acordados, como também para consolidar a cultura do mercado globalizado da educação superior, isto é, sobretudo fortalecer ainda mais seus interesses econômicos em escala mundial e flexível.

Obviamente a regulação transnacional vai se defrontar com sérios problemas. A OMC pode tentar organizar o metajogo das relações comerciais, ainda que o faça com todas as dificuldades que os

---

[25] Acreditação (*quality assurance y validation*): "Processo para garantir a qualidade de uma instituição ou de um programa educativo. O processo é conduzido por uma agência externa às instituições de educação superior. A acreditação – ou certificação – reconhece a qualidade dos programas ou da instituição acreditada. Existe também acreditação internacional realizada por agências de outros países. Supõe a avaliação a respeito de padrões e critérios de qualidade estabelecidos previamente por uma agência ou organismo acreditador. O procedimento inclui uma auto-avaliação da própria instituição, assim como uma avaliação por uma equipe de especialistas externos..." (RIACES, 2004: 13). A palavra *acreditação* somente agora começa a ser utilizada no Brasil. Em inglês (*accreditation*) ou espanhol (*acreditación*) tem sido amplamente utilizada para designar o processo, geralmente conduzido por uma agência externa à instituição e muitas vezes até ao país, baseado em critérios e padrões objetivos, para garantir e reconhecer a qualidade de uma instituição ou de um programa educativo.

poderosos interesses de mercado trazem à mesa de negociações. Mas, tratar a educação como mercadoria, acarreta problemas para além dos meramente comerciais. Um deles certamente diz respeito à noção de qualidade, especialmente quando se entende que a qualidade educativa não se limita à racionalidade técnica e instrumental, bem como aos interesses comerciais, mas está concernida também e sobretudo por valores sociais da humanidade.

A qualidade em educação não pode estar desgarrada das políticas e das finalidades das sociedades em que as instituições educativas realizam suas atividades de formação e de construção do conhecimento e da cidadania. Em outras palavras, a qualidade requer pertinência. Por sua vez, a pertinência social, que se articula com a ética, tem também de ser promotora da justiça. Educação de qualidade é aquela que, ademais de cumprir com rigor os imperativos da ciência, ajuda a construir patamares mais elevados de uma sociedade plural, justa e democrática. Isto se dá, sobretudo, pela produção de ciência e de tecnologia com valor estratégico para cada sociedade e, obviamente, a formação de profissionais e cidadãos que saibam desempenhar bem suas funções de trabalhadores do conhecimento.

Nesta perspectiva, trata-se de educar, não simplesmente de instruir. Mais que ensinar, aprender. Mais ainda: aprender a aprender, rompendo-se a dimensão temporal estática de períodos escolares e inserindo-se a aprendizagem no dinamismo do tempo total, ou seja, da totalidade da vida.

Ora, isto não combina bem com os conceitos de qualidade desterritorializada e sem compromissos com as sociedades concretas. Os critérios supranacionais de definição e de controle da qualidade, nos moldes de um serviço comercializável, obviamente aprofundam a tensão entre cooperação e competição e, como temem muitos educadores, representam um duro golpe à autonomia universitária e à soberania nacional. A adesão a acordos internacionais sempre traz alguma perda de soberania aos estados.

A liberalização de serviços educativos com caráter lucrativo e transnacional se realiza por meio de quatro modos previstos no marco regulatório do AGCS, os quais definem o uso da expressão "educação sem fronteiras": por meio da fronteira (educação a distância, universidades virtuais, ensino por meios eletrônicos), consumo no exterior (estudante/consumidor se desloca para o país do provedor), presença comercial (provedor tem instalações comerciais em outros países) e movimento de pessoas físicas (deslocamento de professores/ pesquisadores a outros países para receber/prestar serviços educativos). O conceito de transnacional se refere ao movimento real ou virtual de estudantes, professores, conhecimentos e programas de um país a outro, para além das fronteiras geográficas e jurisdicionais (KNIGHT, 2004: 39).

Os principais princípios que orientam o marco regulatório do AGCS/OMC são:

- *Tratamento da nação mais favorecida*: todos os países membros devem ser tratados com igualdade.

- *Transparência*: as informações relevantes de cada país membro devem ser tornadas públicas.

- *Tratamento nacional*: embora o princípio geral seja o de não discriminação entre provedores nacionais e estrangeiros, pode haver tratamento especial aos primeiros, desde que isso seja negociado e não gere condições privilegiadas de competitividade.

- *Acesso ao mercado*: um país membro pode determinar limitação de acesso ao mercado (por exemplo, limitação de número de provedores, de quantidade de produtos ou de serviços, de pessoas, de capital estrangeiro etc.); este é um direito que não precisa ser negociado. (SÁNCHEZ, 2004: 24)

A liberalização de serviços educativos, já bastante praticada, será ainda mais amplamente potencializada se e quando a educação superior venha a ser formalmente incluída na lista de serviços a serem regulados pelo Acordo Geral sobre o Comércio de Serviços. Os serviços no âmbito do AGCS são: administrativos (serviços profissionais, computacionais, comunicacionais); construção e engenharia; distribuição; educativos; ambientais; financeiros; saúde; turismo e serviços relacionados com viagens; de recreação; culturais e desportivos; transporte e outros[26]. O AGCS define princípios e normas para o comércio de serviços, tendo em vista a liberalização da comercialização dos serviços, dentre os quais a educação.

A proposta de inclusão da educação como serviço sujeito a regulação do AGCS ainda não foi aprovada pelos países membros da OMC[27], mas já divide seriamente o campo da educação superior. Também aqui aparece a dupla face de Janus: de um lado, é vista como valiosa oportunidade de oferta de serviços em um mercado que movimenta bilhões de dólares e que duplica o seu montante a cada cinco anos; por outro lado, pesa como grande sombra sobre uma parte considerável da comunidade acadêmica e educativa, que não abre mão do princípio público da educação, mas que sequer pode participar das discussões.

Para aqueles que consideram a educação um bem público e direito social inalienável, os efeitos negativos da liberalização dos serviços educativos ganham mais proporção à medida que se considera que, mesmo não aprovando oficialmente a proposta específica da educação como serviço comercializável, um país pode sofrer os efeitos que resultam de compromissos de tratamento nacional em outros setores, excetuados aqueles serviços que são fornecidos no exercício do poder

---

[26] Ver Sánchez, in GARCÍA-GAUDILLA, 2004: 24.

[27] Os países que mais enfaticamente defendem a inclusão da educação na órbita da OMC são: Estados Unidos, Nova Zelândia, Austrália e Japão. Como se sabe, os Estados Unidos são o país que mais recebe estudantes estrangeiros. Austrália, Japão e Nova Zelândia se situam entre aqueles em que mais tem crescido a quantidade de matrículas de estrangeiros. Por exemplo, o número de estudantes estrangeiros matriculados na Austrália se multiplicou por treze, desde 1980 (dados da Unesco de 2003). Os serviços educacionais ocupam o quarto lugar das receitas de exportação da Nova Zelândia. Seus arrazoados, em geral, têm a ver com a questão de subsídios, de eliminação de barreiras alfandegárias. Com a exceção do Japão, não tocam na questão da qualidade da educação nacional e da transnacional. Assim mesmo, o Japão se preocupa especialmente é com os direitos do consumidor de receber uma educação de boa qualidade.

governamental. Porém, não há nada que defina com clareza e sem ambigüidades que serviços são esses. Assim, se um país membro pleiteia que um outro flexibilize as condições de acesso no setor de transportes, ou de informática, por exemplo, poderá estar obrigado, dependendo de como se interprete o princípio de "tratamento igual e uniforme", a liberalizar os serviços educativos, facilitando a abertura aos empreendimentos transnacionais nesta área.

De todo modo, as obrigações de tratamento igual e uniforme em uma mesma área de serviços são claras. Como explica Jane Knight,

> se um fornecedor estrangeiro estabelece um *campus* anexo no país A, o país A deve oferecer a todos os membros da OMC as mesmas possibilidades ou o mesmo tratamento. Se o país A decide proibir ao país B de fornecer um serviço específico, todos os membros da OMC são também privados dessa possibilidade. (KNIGHT, 2004: 93)

É importante levar em conta que a AGCS estabelece o marco regulatório da prestação e negociação de serviços para 144 países filiados à OMC e que respondem por 95% do comércio mundial. Dentre esses serviços, a educação, e, de modo especial, a educação superior, se apresenta como um mercado atraente e em grande expansão. Em alguns países, os serviços de educação superior estão entre os cinco principais itens de exportação e representam no mínimo 3% do total de serviços. Segundo estudos da OCDE, os Estados Unidos faturam, por ano, somente em matrículas de estudantes estrangeiros em cursos superiores, algo como 14 bilhões de dólares, quantia que alcança algo como uma vez e meia a soma dos orçamentos públicos para a educação superior do conjunto dos países latino-americanos.[28] Calcula-se que o comércio internacional de educação

---

[28] Na América Latina, "quanto ao gasto público, em 1995, se registrou um total aproximado de pouco mais que 9 bilhões de dólares, que corresponde a 0,88% do gasto público como percentagem da média do PIB regional, cifra menor que a média dos países da OCDE, que para o mesmo período se registrou em 1,2%" (GARCÍA-GUADILLA, 2004: 112).

movimenta cerca de 30 milhões de dólares anuais somente nos países da OCDE. Isto explica, em parte, o interesse e a necessidade de a União Européia construir o espaço europeu de Educação Superior como uma estratégia de aumento de competitividade.[29]

As condições básicas para o desenvolvimento do mercado educacional transnacional foram dados pelos processos de desmantelamento dos estados de bem-estar social e a abertura à privatização generalizada. O passo seguinte é este de destravar as barreiras burocráticas e legais que dificultam a livre expansão do comércio para além das fronteiras físicas. Nas tratativas multilaterais se tornou urgente negociar as questões de garantia de prestação de bons serviços ao consumidor, de liberalização do acesso aos mercados e da regulamentação supranacional, a que devem corresponder as desregulamentações nacionais. Tudo isso, além de medidas de caráter mercantil, legal e burocrático em nível transnacional, implica em mudança de conceito fundamental: a educação como mercadoria, sujeita às leis de mercado. No limite, a educação deixa de, essencialmente, educar; é serviço, sujeito às leis de oferta e demanda, que se produz em função de um consumo e com o objetivo de lucro e também de constituir forças de trabalho mais eficientes do ponto de vista das necessidades atuais do mundo do trabalho.

É inevitável o crescimento do comércio dos serviços educacionais mediante a iniciativa altamente lucrativa dos provedores transnacionais. Uma das graves conseqüências dessa expansão é que os novos provedores transnacionais privados passam a ter o poder de determinar as fórmulas de financiamento, os currículos, os programas, as características da formação, as metodologias e os instrumentos, por sobre as universidades, os agentes da educação, os estados e as sociedades nacionais. Os centros das grandes decisões dessa forma sofreriam um deslocamento. Os principais protagonistas das formulações e das decisões em matéria educacional não mais seriam os Ministérios de Educação (já menos influentes que os da área

---

[29] Este tema do espaço europeu de educação superior será desenvolvido mais adiante.

econômica), tampouco os acadêmicos e educadores, nem mesmo as sociedades nacionais.

Por essa razão, também aumentam os protestos dos representantes de educadores comprometidos com o sentido do bem público. Esses protestos e resistências muitas vezes estão difusos nas comunidades de professores e estudantes. Porém, por vezes se organizam. Por exemplo, quatro organizações, representantes de quatro mil instituições de educação superior do Canadá, Estados Unidos, Grã-Bretanha e outros países europeus (Association of Universities and Colleges of Canadá, American Council on Education, European University Association, Council for Higher Education Accreditation), em documento conjunto, assinado em setembro de 2001, repudiaram fortemente a proposta de inclusão da educação na lista de serviços entregues ao livre comércio. Igualmente, a National Unions of Students in Europe fazem severas críticas à inclusão da educação nos acordos da OMC.

As comunidades educativas e os países em desenvolvimento se sentem ainda mais vulneráveis pelo fato de que têm a lógica de privadas as organizações que se implantam fora de seus países, mesmo que em suas origens sejam públicas e comprometidas com os interesses nacionais ou regionais.

Agências multilaterais: acordos e ajustes

Entre educação superior e globalização há uma relação de mão dupla.[30] A educação superior é considerada um elemento de elevado valor econômico e social, em virtude da força determinante do saber relativamente à riqueza das nações. Em um regime de alta competitividade, as políticas de ampliação do acesso a níveis superiores de escolaridade e de difusão do conhecimento se apresentam como uma

---

[30] Claro que a globalização é um fenômeno que inclui a educação superior. O que pretendo aqui realçar são as mútuas implicações entre essa totalidade e um de seus aspectos.

grande vantagem competitiva. Daí que a globalização efetue uma forte pressão sobre os sistemas e as instituições superiores por reformas que produzam mais eficiência e mais adequação aos novos contextos. Em razão do potencial de desenvolvimento econômico que tem o conhecimento e tendo em vista as grandes carências educacionais dos países pobres e emergentes, as agências multilaterais, especialmente o Banco Mundial[31] e a OCDE, insistem nas estratégias que requerem uma presença mais forte da educação superior nas transformações das sociedades. Embora as experiências do passado sejam agora parcialmente revistas à luz de uma percepção mais sensível às enormes carências dos países pobres, ainda predomina o enfoque marcadamente economicista nas análises, recomendações e políticas dessas agências. As posições e contradições dessas organizações também se modificam, conforme as circunstâncias, mas não a ponto de negarem as suas raízes e suas linhas vertebrais.

De um modo particular, cabe mencionar uma recente importante alteração nas tendências do Banco Mundial, no que diz respeito às suas análises anteriores, que atribuíam menor importância à educação superior relativamente à educação básica. Mais recentemente, o Banco Mundial não só reconhece o equívoco de análises anteriores, como insiste na tese de que a educação superior é fundamental para desenvolver ainda mais a economia global e alavancar o avanço dos países pobres e emergentes. Em outras palavras, contrariando o que dissera antes, o Banco Mundial reconhece que a educação superior tem um retorno econômico muito importante.

---

[31] O Banco Mundial é constituído por um grupo de agências e de instituições multilaterais interligados: Banco Internacional para a Reconstrução e o Desenvolvimento – BIRD – fundado em 1944, se dedica ao financiamento de países de economias emergentes; Agência Internacional de Desenvolvimento, fundada em 1960, dedica-se ao financiamento dos países mais pobres; Corporação Financeira Internacional é uma instituição voltada ao setor privado de países emergentes; Agência Multilateral de Garantias de Investimento oferece garantias aos investidores estrangeiros; Centro Internacional para Conciliação de Divergência nos Investimentos opera com arbitragem e acordos.

O Banco Mundial não somente faz financiamento e capitalização, mas tem um importante papel na produção e na difusão de ideologias. É verdade que existe uma certa margem de negociação quanto às exigências do Banco Mundial. Entretanto, nem sempre os países pobres e emergentes têm projetos alternativos, muitas vezes estão mais interessados na captação de recursos para o pagamento de dívidas do que em firmar outras posições ligadas a projetos nacionais.

Mas, também é importante fazer uma segunda observação: se o discurso do Banco Mundial agora se aproxima um pouco mais do discurso da UNESCO, reconhecendo que todo progresso econômico deve se acompanhar de melhores condições de vida para as pessoas, também as posições da UNESCO se aproximam um pouco mais das posições do Banco Mundial, agora admitindo também a importância do desempenho dos mercados globais.

Há alguns anos atrás o Banco Mundial considerava a educação básica mais decisiva que a educação superior para alavancar o desenvolvimento dos países pobres. Recomendava aos estados que priorizassem a educação básica, pois esta daria muito mais retorno, segundo análise de economistas ligados ao Banco. Agora, os documentos mais recentes vêm reconhecendo enfaticamente que o progresso social e econômico se realiza principalmente pelo avanço do saber. Segundo análises atuais do Banco, o ensino superior é altamente necessário à criação, à difusão e à utilização do conhecimento e à melhoria das competências técnicas e profissionais, enfim, deve ser visto como prioritário tendo em vista sua correlação com o desenvolvimento econômico dos países emergentes.

Diante disso, o Banco Mundial lança um vigoroso alerta:

> os países em desenvolvimento e países em transição correm o risco de ser marginalizados na economia mundial altamente concorrencial porque seus sistemas de ensino superior não são suficientemente preparados para tirar partido da produção e da prática do saber; o Estado tem o dever de estabelecer um quadro propício que encoraje

os estabelecimentos de ensino superior a serem mais inovadores e mais sensíveis às necessidades de uma economia global e competitiva do saber e também mais adaptados às condições moventes do mercado do trabalho do capital humano de alto nível; o grupo do BM pode ajudar seus países clientes a tirar proveito da experiência internacional e a mobilizar os recursos necessários para melhorar a eficácia e a faculdade de adaptação de seus sistemas de ensino superior. (SALMI, 2004: 56)

As últimas manifestações do Banco Mundial, crivadas de graves contradições internas, têm demonstrado preocupação com a insensibilidade social dos países ricos para minorar os enormes déficits dos países pobres.[32] Com efeito, atualmente o Banco está empenhado nas "Metas do Milênio", nome de um ousado projeto das Nações Unidas que visa basicamente a redução da pobreza e melhorias na área da saúde e educação no mundo. Mas, pela voz de seu presidente James Wolfensohn (25/04/2004, Washington, encerramento da reunião do FMI), o Banco reconheceu que muito

---

[32] Já em 1998, nada menos que o presidente do grupo do Banco Mundial, James D. Wolfensohn, puxava a corrente de alertas e críticas. Dizia, entre outras coisas, que "quando pedimos aos governos que adotem medidas rigorosas para organizar suas economias, podemos gerar enormes tensões. Quem sofre é o povo, não os governos... Observamos que na economia globalizada de nossos dias os países podem atrair capital privado, podem construir um sistema bancário e financeiro, podem conseguir o crescimento e podem investir nas pessoas – em algumas delas –, porém se os pobres são marginalizados, se as mulheres e as minorias indígenas são marginalizadas, se não se adota uma política de inclusão, seu desenvolvimento corre perigo e não durará... Devemos recordar a todo momento que não podemos nem devemos impor o desenvolvimento por decreto de cima para baixo ou do exterior... Os problemas são demasiado graves e suas conseqüências demasiado importantes para nos conformar com as respostas do passado ou as ideologias do momento... O desenvolvimento é muito mais que ajuste. O desenvolvimento é algo mais que pressupostos equilibrados e algo mais que gestão fiscal. O desenvolvimento é algo mais que educação e saúde. O desenvolvimento é algo mais que soluções tecnocráticas... O desenvolvimento consiste em integrar todos os componentes, reuni-los e harmonizá-los". (WOLFENSOHN, 1998, *apud* YARZÁBAL, 2002: 30). É importante levar em conta que o que se costuma conhecer como Banco Mundial é um grupo de instituições; entre essas instituições e entre os seus diversos economistas e coordenadores há contradições, análises e propostas distintas, que nem sempre transparecem nos documentos oficiais.

pouco tem sido feito para diminuir a pobreza e ajudar as nações pobres. Em dura crítica à insensibilidade dos países ricos, denunciou que o mundo gasta U$ 900 bilhões ao ano em defesa[33], enquanto emprega apenas US$ 60 bilhões em ajuda a países necessitados. Porém, essa auto crítica feita por Wolfensohn tem recebido severas críticas de alguns dirigentes do BM, que defendem a linha do crescimento econômico.

Os déficits sociais, especialmente os educacionais,não se devem à falta de dinheiro e de tecnologia. Devem-se sobretudo à ganância e à insensibilidade dos ricos e poderosos. Segundo cálculos do Banco Mundial, bastariam US$ 5,6 bilhões para garantir escola a todas as crianças do mundo. Somente a Guerra do Iraque está consumindo algo como trezentas vezes mais do que os recursos destinados à educação em países pobres.

O Banco Mundial está envolvido em políticas de universalização da educação básica e também reafirma, agora, a crença na capacidade de a educação superior contribuir para a redução da pobreza e das desigualdades: "as normas, os valores, as atitudes, a ética, e os conhecimentos que os estabelecimentos de ensino superior podem transmitir aos estudantes constituem o capital social necessário à construção de sociedades civis sãs e de culturas socialmente solidárias". (SALMI, 2004: 57).

A política de empréstimos do Banco Mundial privilegia francamente aqueles sistemas, projetos e programas que apóiem a diversificação institucional, especialmente de estabelecimentos não-universitários, favoreçam iniciativas de privatização, tendo em vista uma também mais ampla cobertura, se preocupem mais com a pertinência e os objetivos em matéria de desenvolvimento, reforcem as competências gerenciais e o desenvolvimento tecnológico, visando o aumento da

---

[33] Na realidade, gasta quase um trilhão de dólares. Quanto ao BM: as mais recentes manifestações de suas autoridades, em maio de 2005, após a saída de Wolfensohn da presidência, têm sido críticas à orientação de apoio à educação e à saúde, e favoráveis à linha de priorização do crescimento econômico.

competitividade. Enfim, têm prioridade nos empréstimos os sistemas que operem na linha da globalização da educação superior, aí considerados seus aspectos de modernização, de bem global e também serviço disponível às iniciativas transnacionais. A grande ênfase do Banco está no aumento da competitividade de cada país no cenário mundial, o que traria um fortalecimento do mercado global.

O que salta à vista é a concepção do valor econômico do conhecimento, isto é, do papel do conhecimento como motor do desenvolvimento econômico. Por isso, o Banco insiste muito na eficiência, na competitividade, na melhoria das competências técnicas, no capital humano de alto nível. Sua palavra de ordem é "o conhecimento a serviço do desenvolvimento", agora concedendo ainda maior importância às redes virtuais, às infra-estruturas de informação, à qualificação para a utilização das novas tecnologias. Criar e desenvolver as competências para o fortalecimento das economias locais ajustadas ao desenvolvimento da economia global parece ser, então, o papel central da educação superior, do ponto de vista do Banco Mundial.

A finalidade principal da educação superior, na perspectiva do Banco Mundial, é o fortalecimento da economia global. Por meio da universalização da educação básica e do aumento da eficiência e da competitividade da educação superior, com amplas facilidades às iniciativas privadas, se daria o desenvolvimento social dos povos. Coerente com essa linha de raciocínio, o Banco Mundial propõe medidas de controle da eficiência, muitas vezes identificada pela palavra "qualidade", e de iniciativas que aumentem a cobertura e apresentem mais pertinência, no sentido de que atendam a necessidades urgentes dos setores econômicos locais.

A UNESCO é mais conhecida por defender a idéia de que a educação se sustenta sobre quatro pilares: aprender a conhecer, aprender a fazer, aprender a viver em sociedade e aprender a ser. Os dois primeiros conceitos são os pilares tradicionais da educação. O terceiro e o quarto enfatizam a necessidade de a educação formar cidadãos que, em sua vida pessoal e comunitária, melhor se conheçam, respeitem a alteridade e sejam capazes de conviver com as diferenças políticas, religiosas, étnicas etc. Esta postura humanística se contrapõe à linha dominante na economia de mercado, a ideologia do *homo economicus*, para quem as únicas coisas que valem são as que interessam a cada indivíduo em particular. A responsabilidade social da educação superior, sua função essencialmente formativa de cidadãos, deve levar em conta essa enorme dificuldade que consiste na constatação de que a sociedade atual vive uma espécie de anomia, um estado de grande incerteza e falta de referências valorativas. Como diz Beck:

> vivemos em uma era na qual a ordem social do Estado nacional, a classe, a etnicidade e a família tradicional estão em decadência. A ética da realização e do triunfo individual é a corrente mais poderosa da sociedade moderna. (BECK, 2001: 234)

Coerente com seus valores fundamentais, ou seja, os direitos humanos, a paz, a liberdade e a justiça, e considerando que a educação superior deve estar a serviço do desenvolvimento humano sustentável e durável, a UNESCO tem a tradição de se preocupar com os temas da educação ao longo da vida, da democratização do acesso, da eqüidade e da pertinência, sempre resguardando a necessária qualidade da formação e dos conhecimentos produzidos e a responsabilidade ética.

Entretanto, nos últimos cinco anos, tem sido possível perceber nas posições da UNESCO uma certa penetração de idéias mais próximas às teses bancomundialistas. Isto tem a ver não só com o fortalecimento geral da ideologia e das práticas inerentes à globalização, isto é, ao incremento do neoliberalismo, mas também com os problemas de financiamento e as relações de forças no interior dessa Organização. Os discursos da UNESCO, ainda que continuem a defender os valores humanísticos, não ocultam as novas realidades acarretadas pela globalização, tais como as inúmeras e complicadas tensões entre o público e o privado, o bem comum e o serviço comercializável, o local e o global, as organizações transnacionais e as políticas de estados nacionais, a regulação e a autonomia, a eficiência econômica e a eficácia social, a cooperação e a competição, as novas tecnologias de informação e as metodologias tradicionais, a tradição, a modernidade e a pós-modernidade, o aumento da privatização e dos vários tipos de fornecedores e a limitação dos recursos públicos, a expansão e a qualidade e tantos outros conflitos de difícil solução.

Nestes últimos anos, estão se estreitando as relações entre UNESCO e Banco Mundial, especialmente no que se refere às novas realidades da globalização da educação superior. Essas novas posições ainda um pouco ambíguas da UNESCO se devem não só à consciência do poder avassalador da globalização, que traz muitos problemas, porém, também muitas oportunidades, mas, provavelmente, à necessidade de ela voltar a receber as contribuições financeiras de países ricos, que haviam se retirado. Sem a cooperação financeira e política dos países mais poderosos, como os Estados Unidos, a UNESCO estava encontrando sérias dificuldades de manter-se como organização importante e como grande referência mundial. Da mesma forma que o Banco Mundial, a UNESCO agora também se refere à educação superior utilizando a dúbia expressão "bem público global". Este adjetivo "global" pode conter significações reveladoras do novo pensamento e das novas estratégias.

Desafios e agendas: entre o global liquefeito e as realidades concretas

De bem global a serviço global, a despeito das palavras, talvez haja um simples passo. Se a educação superior é um bem global, como proposto pelo Banco Mundial e como se insinua também nos últimos discursos da UNESCO, não no sentido de que seja um patrimônio do homem universal, mas, sim, como algo que abdica de seu sentido de compromisso com o projeto nacional e se expande livremente por sobre as fronteiras físicas e ideológicas, então, ela é suscetível de ser livremente oferecida, comercializável como qualquer outro bem ou serviço. Assim, o bem comum facilmente pode se converter em propriedade individual, o público acaba se privatizando. Neste caso, a ditadura da economia, que já prevalece amplamente sobre as decisões políticas em geral, também acaba agindo decisivamente sobre o sistema educativo.

Segundo as tendências da globalização econômica, há um forte temor de que a "produtorização" da educação engendre uma uniformização a ponto de constituir-se um "currículo mundial", a exemplo do já existente "carro mundial", fabricado parcelarmente em vários países (como função de eficiência de custos), porém apresentado de várias formas para os clientes de distintos países (BARBLAN, 2004: 82). Outra expressão que se tornou conhecida é a "macdonaldização" da educação superior (às vezes referida a toda a sociedade), certamente dizendo da banalização da oferta de pratos sempre iguais em sabor e quantidade, oferecidos da mesma forma em lugares muito parecidos.

O mercado global, com o fornecimento de serviços educativos transfronteiriços com fins de lucro, introduz novos componentes nos sistemas de educação superior. A competitividade internacional perturba as tradicionais categorias da vida social de solidariedade e de cooperação. Por outro lado, são de âmbito nacional as principais políticas regulatórias. Mas, como será possível uma política de organização e regulação de um sistema de educação superior, vinculado aos projetos nacionais, quando os fornecedores estrangeiros tenham como orientação central os seus próprios critérios e por principal objetivo o lucro?

Os estados nacionais estão deixando de ser os únicos responsáveis pelas políticas, formas de organização, controle e avaliação da educação superior. Pouco a pouco, a educação superior se transforma em um bem mundial, de interesse global, criando interlocutores públicos e privados que ultrapassam a representação oficial das nações. Mas, é importante se lembrar de que o fluxo desse mercado, como dos outros, vai quase exclusivamente do Sul ao Norte.[34] Com a crescente oferta de serviços educacionais transfronteiriços e com a cada vez mais forte pressão pela liberalização mercadológica, cresce também a necessidade de estabelecimento de marcos regulatórios comuns supranacionais, com tendências dominantes que invertem o eixo: do Norte ao Sul.

Os mecanismos de regulação supranacional se voltam com freqüência às questões de autorização e credenciamento dos provedores estrangeiros, das garantias e da certificação da qualidade, do reconhecimento e da convalidação de créditos e títulos acadêmicos, da mobilidade de profissionais, estudantes e professores etc. Surgem agências internacionais de acreditação e de avaliação, seguindo metodologias e critérios que podem ou não estar de acordo com o *ethos* acadêmico e as prioridades nacionais. Estes são alguns dos problemas que exigem entendimentos nada fáceis entre os países. A nível macro, deve-se estar atento a questões de soberania nacional. Porém, tudo isso tem repercussões nos níveis das instituições em particular e incide sobre a autonomia universitária.

Se os problemas são globais, supranacionais, não há como a educação superior não participar desses debates e não enfrentar esses desafios. É preciso observar que os interesses ditos globais são distintos, quando observados pela ótica dos países desenvolvidos ou pelos emergentes. Os estágios de desenvolvimento econômico, científico, cultural e social são muito diferentes de uma região a outra, de um país a outro, de uma sociedade a outra, portanto, distintos serão os papéis e missões das instituições educativas.

A pertinência não deve ser uma noção abstrata, aplicável universalmente com os mesmos sentidos e as mesmas ênfases. Em países de baixo desenvolvimento educativo e tecnológico e com graves

---

[34] Os Estados Unidos têm apenas 0,2% de seus estudantes freqüentando escolas no estrangeiro.

problemas econômicos, se devem identificar com precisão quais são as prioridades mais urgentes e de maior alcance social. Esses são dois critérios básicos inelidíveis na noção da pertinência. Porém, a grande questão é: como a educação superior deve participar das transformações mundiais, sem que isso represente ao mesmo tempo uma abdicação dos valores e interesses nacionais?

Se de um lado existe uma forte pressão pelas competências profissionais, pelo conhecimento e técnicas de pronta aplicação, pela criação de novos postos de trabalho, ainda que não haja nenhuma garantia de que a formação universitária assegure empregos, por outro lado a universidade não pode negligenciar seu papel no desenvolvimento de competências cívicas e não pode deixar de se constituir como espaço público de reflexão e crítica sobre a identidade nacional, de visão global sobre a evolução e os problemas de todas as sociedades, de criação e proposição das grandes referências de que toda sociedade democrática precisa.

CAPÍTULO IV

REFORMAS DA EDUCAÇÃO SUPERIOR NA EUROPA E NA AMÉRICA LATINA

Antes de examinar algumas tendências e propostas de reformas na Europa e na América Latina, parece importante fazer breves considerações sobre reformas educativas em geral. Não me ocupa aqui o propósito de desenvolver um ensaio teórico a respeito de reformas da educação. Este rápido excurso apenas traz algumas considerações mais gerais somente para tornar um pouco mais claro o entendimento de alguma coisa do muito que está acontecendo na educação superior na Europa e na América Latina. Portanto, este capítulo estará dividido em três partes. Primeiramente, reflito um pouco sobre a questão das reformas educativas. Em seguida, trato das reformas que atualmente se promovem na Europa, cujo exemplo mais abrangente e mais forte é o "Processo de Bolonha". Na terceira seção, considero aspectos das transformações da educação superior na América Latina.

Reformas educativas: motivações e riscos

Reformas educativas são construções de um quadro legal e burocrático, geralmente proposto por políticos, para responder a determinados problemas e produzir efeitos mais ou menos coerentes com projetos mais amplos de um governo ou de um sistema de poder. Não há proposta de reforma que não se justifique como um projeto de superação de determinada situação à qual já não mais se quer que perdure.

Há reformas de maior ou de menor alcance: umas pretendem apenas melhorar os aspectos de um quadro de problemas, outras ambicionam mudanças radicais. Por diferentes que sejam, têm suas motivações e seus objetivos conectados com projetos políticos que quase sempre ultrapassam as dimensões internas das instituições educativas e tocam na problemática do sistema educacional e da sociedade. Por isso, uma reforma educativa acaba mexendo com interesses e valores não só da comunidade educativa, mas da população mais ampla.

Com mais ou menos intensidade, há em toda reforma o risco de uma crença exagerada na racionalidade positiva e objetiva. A fórmula mecanicista é a seguinte: uma vez constatado o problema, formulam-se as políticas para superá-lo, implementam-se as ações e alcançam-se os objetivos idealizados. Porém, nem sempre os resultados correspondem aos objetivos visados. Um dos maiores problemas que surgem relativamente aos resultados é que nem sempre os principais agentes a praticar no cotidiano uma reforma educativa – os professores – a internalizam como um valor. Em muitos casos, a comunidade educativa não se compromete com a reforma, não a discute, não a internaliza, pois a vê pouco efetiva ou de interesse apenas dos políticos.

Mas, uma reforma acaba produzindo sempre algum efeito, maior ou menor, de acordo com o idealizado ou não, reforçando algumas ideologias e favorecendo determinadas aspirações de grupos sociais, de interesse dos educadores ou dos políticos. Reformas não são inócuas, mas não carregam uma bondade natural, como se fossem boas por si mesmas e sempre trouxessem os melhores benefícios para a sociedade. Elas emergem e se desenvolvem nas contradições da sociedade e dos sistemas nacionais e globais concorrentes e interdependentes. As reformas surgem como projetos concebidos geralmente na esfera do poder para dar respostas a problemas que se confrontam nas disputas econômicas, étnicas, sociais, culturais, religiosas, políticas.

Toda reforma no âmbito da educação corresponde a uma resposta política a situações de desequilíbrios. As reformas educacionais se tornam imperativas quando surgem ou se agudizam problemas nas estruturas econômicas, sociais e políticas que requerem soluções urgentes. Nesses casos, a educação superior precisa também se repensar, promover mudanças em suas estruturas internas e transformações nas suas relações com a sociedade e com o estado.

O sistema global de produção é fortemente dependente da inovação, bem como a competitividade precisa de mecanismos flexíveis e de grande adaptabilidade. Disso deriva a importância das redes e da cooperação para aumento da produtividade e da competitividade. Dada a rapidez das mudanças, já não basta a qualificação para o trabalho, que pode se tornar obsoleta em curto prazo. É necessária a capacidade de continuamente desenvolver as possibilidades de aprendizagem e adaptar-se perante as mudanças dos conhecimentos e as novas demandas do trabalho e da vida social.

Europa: transformações na educação superior na União Européia

Declaração de Bolonha e a construção do Espaço Europeu da Educação Superior

Se há nove séculos atrás Bolonha concebeu a instituição que se espalhou primeiramente pelo ocidente e depois pelo mundo todo, no apagar das luzes do século XX Bolonha inaugura um processo que pode vir a transformar consideravelmente a universidade na Europa e, talvez, em outras partes do mundo, como a América Latina. Entre aquela e esta Bolonha, a universidade atravessou séculos e se firmou como uma das mais importantes e necessárias instituições das sociedades em todas as partes do mundo. Sempre em transformação, pois, histórica, ela segue hoje em caminhos cheios de encruzilhadas que lhe exigem tomar decisões que têm a ver com as suas missões, as suas funções no mundo globalizado e com o seu futuro. Se há questões gerais e mundializadas, se há problemas específicos para os sistemas educativos de cada país, muitas vezes exigindo que partes importantes das respostas sejam diferenciadas, certamente a histórica tradição cultural da Europa e a recente agenda de construção da União Européia acrescentam características bem marcantes e que deverão ter grande impacto sobre a educação superior e suas relações com o conhecimento e com a economia. Que face é a sua? Quais são as suas faces e para onde elas se viram?

O fenômeno mais expressivo que hoje ocorre na Europa e talvez mesmo no mundo todo, em termos de educação superior, é, em verdade, o que consiste no processo decorrente da Declaração de Bolonha.

Com efeito, a Declaração de Bolonha, firmada em 1999, deslancha um ambicioso programa de reforma da educação superior na Europa, que deve ir se consolidando pouco a pouco e atingir seus objetivos mais amplos até 2010. Esta é a intenção declarada. Entre intenção e realização pode sempre haver distâncias importantes. Os problemas e dificuldades são enormes, alguns deles de ordem prática, muitos deles de longa trajetória na história dos distintos países europeus. Não é nada fácil compatibilizar sistemas educativos de países que viveram séculos de disputas e de afirmação de suas identidades próprias. Veja-se, por exemplo, a grande polêmica que envolve a aprovação ou não de uma Constituição européia.

Uma premissa fundamental desse programa de reforma consiste em que uma Europa unida e forte depende de uma educação superior que lhe forneça as bases da inovação, da competitividade e da produtividade. Porém, essas propriedades não se manifestam no vácuo, tampouco separadamente. Precisam fazer parte de um conjunto muito bem articulado de produção e socialização de conhecimentos, de interconexão e processamento de informações.

A criação e a construção da União Européia resultam da globalização. Um dos aspectos mais importantes a considerar é que a constituição desse bloco é uma resposta ao temor de que a Europa possa vir a ser colonizada pelos Estados Unidos e pelos países da região do Pacífico asiático. Um dos motivos principais da baixa competitividade européia relativamente a esses países e blocos mais ricos e avançados se devia, em recentes décadas passadas, especialmente ao seu déficit tecnológico. A essa constatação se acresce o diagnóstico de que as indústrias mais ligadas às bases da economia capitalista globalizada

(a indústria da informação) e às universidades européias há alguns anos atrás não estavam adequadamente preparadas para alavancar a via tecnológica. Foram as aceleradas mudanças tecnológicas ocorridas em centros mais desenvolvidos, sobretudo nos Estados Unidos e no Japão, e a necessidade de interconexão das empresas comerciais que levaram a Europa a também se integrar às redes mundiais de informação. Essa integração às redes mundiais de informação lideradas pelos Estados Unidos e pelos setores industriais mais avançados do Pacífico asiático marcou a entrada da Europa nas bases da economia globalizada, interdependente e interconectada.

Porém, para além de se integrar às redes tecnológicas, que hoje constituem as bases da economia, a Europa precisava ainda aumentar seu poder competitivo diante dos outros blocos da geografia política e econômica da nova ordem mundial. Uma das estratégias, além da cooperação política, era o desenvolvimento das indústrias ligadas às novas tecnologias da informação. Era preciso que essa estratégia contasse também com uma reforma nas esferas da formação profissional e da produção de conhecimentos e desenvolvimento tecnológico. Era estratégico criar uma universidade européia para as necessidades européias.

A globalização e os processos que visam construir a União Européia certamente levantam problemas de tipo novo. A educação superior européia é não só parte desses problemas, mas também ocupa posições centrais nas dinâmicas que visam solucioná-los. As autoridades educacionais européias perceberam que a construção de uma Europa competitiva e unida passa necessariamente pela consolidação de convergências na educação superior.

À participação na globalização econômica correspondem os esforços para o estabelecimento de uma europeização política. No plano interno, os esforços seguiram na direção de adaptar cada país e o conjunto europeu à globalização, mediante ajustes econômicos, flexibilização do trabalho, enxugamento dos estados e de suas funções de provedores do bem-estar social e também à legitimação eurocrática, a ser assegurada em organismos supranacionais.

O processo de discussão em torno da europeização da educação superior se deslanchou a partir de uma reunião na Sorbonne, ocorrida em 25 de maio de 1998, em que os Ministros de Educação da França, Alemanha, Grã-Bretanha e Itália assinaram a "Declaração conjunta sobre harmonização da arquitetura do sistema de educação europeu". Nessa reunião, ocorrida por ocasião da comemoração dos oitocentos anos da Sorbonne e com a lembrança dos trinta anos de "maio 68", o bloco dos países europeus mais poderosos manifestava os propósitos de criar uma "Europa do Conhecimento", "não só do Euro, dos bancos e da economia". Em outras palavras, o documento expressou o desejo e a necessidade de construir um espaço europeu do conhecimento a partir das enormes capacidades intelectuais, culturais, sociais e técnicas do continente, em grande parte desenvolvidas nas universidades.

Em 19/06/1999, foi assinada por 29 ministros de educação da Europa a Declaração de Bolonha, que avança na articulação de idéias, políticas e compromissos que constituem as bases desse importante processo de reforma da educação superior em andamento na Europa.

Seus objetivos declarados são: pôr em prática um sistema de titulações compatível e comparável, que também permita a expedição de um diploma suplementar ou Suplemento Europeu de Título; adotar um sistema facilmente comparável de dois níveis: Graduação e Pós-Graduação (este constituído de mestrado e doutorado); aplicação generalizada do Sistema Europeu de Crédito (ECTS), que estabelece critérios para a equivalência de créditos; promover a mobilidade; promover a cooperação entre os sistemas educativos europeus para assegurar a qualidade; promover a dimensão européia na educação superior. Os traços mais importantes são a compatibilização dos dois ciclos, a transferência de créditos permitindo maior mobilidade estudantil e a atratividade.

No fundo, a Declaração de Bolonha é o registro formal de um importante processo que visa criar uma sólida convergência na educação superior européia, a fim de que esta responda adequada e eficientemente aos problemas, oportunidades e desafios gestados pela globalização da economia. Daí a necessidade de adaptar os currículos às demandas e às características do mercado de trabalho, impulsionar a mobilidade de estudantes, professores e funcionários e, não menos importante, tornar a educação superior atraente no mercado global. Obviamente, em torno desses três eixos giram muitos outros acordos impulsionando programas e áreas de atuação. Para citar as mais evidentes: redes de cooperação interinstitucionais, especialmente na pesquisa (Área de Investigação Européia), criação de mecanismos e critérios internacionais para acreditação e avaliação (agências supranacionais), desenvolvimento de programas com vistas à aprendizagem contínua.

É importante observar que a Declaração ou Processo de Bolonha foi uma iniciativa intergovernamental, de início adotada apenas pelos ministros da área educacional. Somente em 2002, em Lisboa, foi assumida como estratégia global e entra plenamente na agenda política da União Européia. Assim, ganhou maior legitimidade e apoio formal, passando a integrar o conjunto de políticas acordadas entre os países com as finalidades de construção das convergências que tornem possível um bloco europeu cada vez mais competitivo.

Várias outras reuniões se seguiram e vêm se seguindo à da Sorbonne e à de Bolonha. A terceira foi em Praga, em maio de 2001, quando 32 Ministros reafirmaram os objetivos anteriormente acertados, incluindo as conclusões da reunião do Conselho de Reitores da União Européia (CRUE) em Salamanca, em março de 2001, a Convenção de Estudantes de Goterborg, também em março de 2001 e as atividades da Associação de Universidades Européias (EUA), que reúne cerca de seiscentas instituições de 45 países. A quarta reunião dos Ministros, ocorrida em Berlim, em 2003, aprofundou as discussões sobre os processos conjuntos de acreditação e trouxe à tona a discussão sobre o conceito e a gestão da qualidade da educação superior européia a ser construída. Uma discussão importante se desenvolveu aí: mais que competitividade, o Espaço Comum Europeu de Educação Superior deve priorizar os aspectos sociais e culturais, para produzir maior coesão e combater as desigualdades no continente. A quinta reunião se dá em Bergen, neste ano de 2005.

Esse processo tem adquirido muita força, aumentado os âmbitos, as ações e os atores nas esferas oficiais, ou seja, das estruturas de gestão da União Européia. Governos, universidades e outros tipos de instituições de educação superior, associações, agências e organismos multilaterais, redes, legitimados e assessorados pela União Européia, estão hoje intensamente envolvidos nessa empreitada de criar um Espaço Comum Europeu de Educação Superior coerente, atrativo e competitivo. Contando atualmente com a adesão de quarenta países, aí incluídos a Rússia, Países Bálticos e Turquia, é basicamente um compromisso político, uma agenda de mudança, um esforço de mobilização de conjunto para construir convergências em educação superior nesse continente que seja o eixo da consolidação de uma cidadania européia. Se a Declaração de Bolonha declara o objetivo de enriquecer e consolidar a cidadania européia, em seu duplo aspecto de dotar os cidadãos de competências e de consciência de pertencimento a uma mesma comunidade de valores, a um espaço cultural e social comum, também enfatiza a necessidade de aumentar a competitividade, sobretudo, fazer com que a educação superior européia alcance graus mais elevados de interesse mundial. Uma das maneiras de atrair mais matrículas estrangeiras é conciliar no sistema as idéias de comparabilidade e compatibilidade com as de flexibilidade e diversidade institucional.

Isso não significa, entretanto, que o processo já esteja fazendo parte da vida cotidiana das universidades e já tenha recebido a adesão da comunidade acadêmica. Entre uma proposta de reforma e a adesão a seus princípios e práticas, por parte dos atores concernidos, pode haver grandes distâncias. Embora haja apoio da maioria dos gestores institucionais e de uma parte dos acadêmicos, o processo ainda provoca muitas dúvidas e inquietações. Por exemplo, trata-se de uma reforma aplicada de cima para baixo, basicamente de caráter legal, sem que a comunidade universitária tivesse oportunidade de participar amplamente de suas discussões. Isto poderia trazer problemas sérios à autonomia das instituições. Poderia haver assim um sério prejuízo à afirmação das identidades institucionais e uma desconsideração de seus problemas e de suas vocações. E há também inquietações relativamente aos custos que tal reforma implica. Uma preocupação de fundo diz respeito às funções essenciais da educação superior. Se é o mercado de trabalho que determina a formação universitária, impondo currículos de curta duração e voltados ao atendimento das necessidades laborais e às características dos empregos do momento, muitos da comunidade acadêmica e científica temem que a universidade perca suas perspectivas de longo prazo.

A grande meta desses países é promover, até 2010, uma transformação conjunta das estruturas da educação superior européia, a partir de um marco de referência comum em termos de titulação, níveis de ensino, currículos, sistema de convalidação de créditos, mecanismos de garantia de qualidade e fé pública, facilitação da mobilidade internacional, enfim, uma reforma que seja capaz de superar as barreiras culturais, de idiomas e modelos educativos desse nível e torná-lo mais eficiente e competitivo. Em resumo, trata-se de eliminar as barreiras que impedem a livre circulação de capitais, mercadorias, conhecimentos e pessoas, mais propriamente, dos profissionais.

De um lado, essa reforma se explica pelo esforço de construção de convergências econômicas, sociais e políticas que a União Européia vem costurando entre os diversos países membros e que põem problemas comuns, que só podem ser resolvidos em conjunto. Por exemplo, a questão dos empregos transnacionais, mobilidade de cidadãos, atratividade. Nos processos de construção de integração regional se produzem relações de diversos tipos, desde interdependências econômicas a correlações culturais e de valor. Claro está que esses processos são permeados de enormes contradições. Há também o intento de diminuir as marcadas diversidades culturais e sociais e amenizar as grandes diferenças consolidadas em séculos de história dos distintos países da Europa.

Por outro lado, a reforma em construção explica-se também e de modo muito significativo pela natureza essencialmente competitiva da globalização econômica. É imperativo a todo o bloco europeu, a cada país e a cada instituição, o aumento de competitividade, não só pela questão da sobrevivência individual, mas também em razão da necessidade de consolidar um modelo convergente que permita a propagação de uma concepção de educação superior e a transnacionalização de suas respectivas estruturas organizacionais e seus programas pedagógicos a países de outros continentes menos desenvolvidos.

A competitividade é interna, ou seja, entre os sistemas e instituições do continente europeu, e externa, isto é, da União Européia com relação ao resto do mundo. Neste caso, é particularmente importante criar as condições para tornar as instituições européias mais atrativas. Até o momento, Reino Unido, França, Alemanha,

Bélgica e Espanha são os países europeus que mais recebem estudantes estrangeiros, mas estão muito longe da capacidade de atração que os Estados Unidos apresentam.

Construção de convergências curriculares

Um dos eixos mais importantes dos debates que ocorrem na Europa diz respeito ao mercado de trabalho. O mundo das profissões se tornou muito diversificado e complexo. Não só é necessário que os profissionais estejam preparados para diferentes novas demandas do mercado, mas, também, estejam em condições de permanentemente se atualizar diante das mudanças e transformações que vão ocorrendo na economia, na sociedade e na ciência. O mercado de trabalho exige atitudes e habilidades socioprofissionais múltiplas e flexíveis aliadas a competências técnicas e científicas que dêem conta dos aspectos mais gerais do conhecimento e da atuação profissional e também dos mais específicos e mutáveis. Ao conhecimento de base e ao domínio de habilidades genéricas se aliam as políticas e atitudes de *Long Life Learning*, que se incorpora às dinâmicas da "sociedade do conhecimento". Informação e comunicação adquirem enorme importância em um mundo que se faz cada vez mais complexo e que se transforma muito rapidamente.

O processo de Bolonha visa aumentar a produtividade e a atratividade, porém, associando a isso, práticas de aprendizagem contínua e a superação de entraves burocráticos. O que passa a ser visado é a construção de condições para ampliar e intensificar a mobilidade, tendo em vista as novas e diversificadas realidades do mercado de trabalho na Europa. Essa política de mobilidade requer um esforço de maior compatibilização de currículos e convergências entre as estruturas organizacionais dos sistemas. Tem sido bastante difícil construir essas compatibilizações e convergências, dadas as grandes diferenças existentes nos distintos sistemas.

A mais importante medida de mobilidade, para tornar praticável o currículo de dimensão continental, consiste no Sistema Europeu de Créditos Transferíveis, uma espécie de "moeda única" da educação superior da Comunidade Européia. Trata-se de um marco comum de titulações com validade européia, que permite que os créditos e diplomas obtidos pelos estudantes em qualquer dos países associados sejam plenamente reconhecidos pelos demais e gerem os respectivos efeitos.[35]

Importante observar que o critério principal de contabilização dos créditos não é mais o de tempo despendido em sala de aula, mas o de horas estimadas em estudos e atividades. Conseqüentemente, os títulos obtidos segundo um marco geral comum apresentam validade irrestrita para o trabalho e o emprego nos diversos países. Além da simples menção de um título, por exemplo em engenharia ou advocacia, está sendo posto em prática um outro instrumento, conhecido por "suplemento ao diploma". Na prática, consiste em especificações do currículo cursado, dos créditos, competências e conteúdos obtidos, visando darem um perfil mais completo e qualitativo da formação recebida por um profissional.

Para assegurar um mínimo de harmonia e operatividade ao sistema, o Processo de Bolonha prevê mecanismos comuns de acreditação, novos instrumentos legais de compatibilidade jurídico-acadêmica, convênios, programas, projetos e acordos comuns de intercâmbio e mobilidade, redes e distintas formas de cooperação e de competição internacional.[36] Mais eficiência administrativa, maior flexibilidade no reconhecimento de créditos e títulos, maior comparabilidade e mais exigente controle dos resultados são horizontes importantes desse modelo.

---

[35] Prática muito comum é o intercâmbio entre estudantes. Há incentivos, inclusive bolsas e facilidades burocráticas, para que os estudantes façam parte de seus cursos em outros países, obtendo sem problemas o reconhecimento dos créditos amealhados no exterior.

[36] Há fortes incentivos e investimentos da Comissão da União Européia para as pesquisas internacionais, isto é, projetos que reúnam pesquisadores de ao menos três países diferentes. O objetivo é mais do que claro: criar um espaço europeu de pesquisa, ou seja, uma comunidade de pesquisa em escala européia. Com esse propósito, vêm aumentando bastante os congressos europeus, não simplesmente nacionais.

Além disso, a reforma objetiva trazer mais homogeneidade relativamente às competências a serem adquiridas, aos conteúdos a serem ensinados, à duração e aos tipos de cursos a serem oferecidos, como critério importante para a livre circulação de profissionais no espaço europeu. A heterogeneidade até há pouco vigente nos distintos sistemas de educação superior europeus dificultava muito o reconhecimento das competências de um profissional, pois um curso poderia durar três anos em um país, quatro, cinco ou até mesmo sete anos em outro vizinho.

A Europa se propõe a adotar um modelo curricular mais próximo ao que é praticado em alguns casos nos Estados Unidos, no Reino Unido e no Canadá. O marco europeu de titulações, assim que totalmente posto em prática, estará homogeneizado – essa é a expectativa – em um bacharelado de três anos (em alguns casos, quatro), em que se dará uma formação geral, interdisciplinária e básica, a que pode seguir-se um período de dois anos de mestrado, de formação especializada, mais três anos de doutorado. Portanto, os três títulos poderiam ser obtidos em um total de oito anos.

Essa rapidez na obtenção de títulos pelo encurtamento dos cursos está intimamente relacionada com a necessidade de apressar a entrada de profissionais no mercado e aumentar a competitividade dos países europeus não só no âmbito do velho continente, mas também em âmbitos mundiais.

Em resumo, a Declaração de Bolonha propõe a criação de um Espaço Europeu de Educação Superior, incluindo os seguintes objetivos e instrumentos:

1) Adoção de um sistema comparável de titulações e graus que facilite o reconhecimento acadêmico e profissional nos distintos países membros;

2) Adoção de um sistema baseado em dois ciclos (com alguma flexibilidade, três anos para o bacharelado, equivalente a 180 créditos, e dois para o mestrado, com 120 créditos);

3) Estabelecimento de um sistema comum de créditos (ECTS – European Credit Transfer System), que permita flexibilidade, transparência, transferência, comparabilidade internacional e acumulação;[37]

4) Promoção de mobilidade de professores, pesquisadores, estudantes e pessoal administrativo;

5) Promoção de cooperação para assegurar a qualidade;

6) Promoção de desenvolvimento curricular comparável.

Não são simplesmente medidas burocráticas e regulatórias, embora o marco legal seja um eixo muito importante para assegurar um mínimo de coerência e de garantia de direitos. O processo é bastante amplo e ultrapassa em muito os acordos quanto à convalidação de créditos e títulos e a adoção compartilhada de um sistema de ciclos. Verifica-se um esforço crescente de internacionalização e convergência da educação superior européia, que até um passado recente prezava muito as especificidades nacionais e a autonomia individual das instituições. Internacionalização e europeização são conceitos que estão no centro desse processo.

Internacionalização e europeização no Processo de Bolonha

A internacionalização proposta na Declaração de Bolonha é uma resposta européia às demandas da globalização, no âmbito da educação superior. Nela têm grande peso as questões da integração econômica, dos acertos políticos e das crescentes necessidades de entendimentos interculturais no âmbito europeu.

---

[37] Sistema de conversão: A (*excellent*) para os 10% melhores; B (*very good*) para os 25% seguintes; C (*good*) para os 30% seguintes; D (*satisfactory*) para os 25% seguintes; E (*sufficient*) para os 10% restantes aprovados. Alguns dos créditos podem ser obtidos fora das instituições educativas.

Há nesse processo tendências híbridas: a concorrência entre solidariedade acadêmica, no tradicional sentido da internacionalização universitária, e a competição potencializada pela globalização neoliberal. A maior ênfase se dá no aspecto da competitividade econômica. Antes mesmo da Declaração de Bolonha, alguns programas, como o ERASMUS (European Action Scheme for the Mobility of University Students), já se dedicavam a fortalecer a pesquisa e a docência e a promover a mobilidade do pessoal universitário.

> Estes programas deram grande ímpeto à internacionalização e europeização da educação superior. Os governos nacionais, as fundações privadas e, principalmente, as instituições de educação superior responderam desenhando outros programas de internacionalização. (DE WIT, 2004: 87)

Tal como veio a ser depois a Declaração de Bolonha, o ERASMUS é um desses programas criados pela União Européia com o objetivo de promover, por meio da educação, a integração e a identidade européia e, ao mesmo tempo, aumentar sua competitividade ante os Estados Unidos e o Japão. Por sua vez, na lógica do Tratado de Maastricht, o Parlamento Europeu criou o programa SOCRATES, que incorporou e ampliou o ERASMUS, com a finalidade de desenvolver a dimensão européia em educação, ampliar as cooperações interinstitucionais, facilitar a mobilidade de estudantes e professores, melhorar a compreensão geral dos problemas, estabelecer mecanismos de reconhecimento mútuo de diplomas etc. (YARZÁBAL, 2002: 50).

A Declaração de Bolonha levou para mais longe a europeização da educação superior. Seu foco é o sistema europeu, não as instituições de educação superior em particular. Levou, portanto, a competitividade e a questão da qualidade acadêmica ao nível mais geral da União Européia, com o objetivo de tornar a Europa mais competitiva na economia global.

Depois do atentado terrorista de 11 de setembro, ou seja, da destruição das Torres Gêmeas, os Estados Unidos passaram a exercer controle mais rigoroso na entrada de estrangeiros em seu território. Desde então diminuiu o número de estudantes provenientes de outros países, o que trouxe reflexos negativos no faturamento via matrículas. Por outro lado, essa redução de faturamento norte-americano passa a ser uma oportunidade para a Europa aumentar sua competitividade na área de educação superior.

Com efeito, a educação superior, além de suas funções de democratização, está sendo um dos mercados mais atraentes e lucrativos, para instituições e países. Tem havido uma estabilização e até mesmo uma certa diminuição de matrículas em educação superior nos países desenvolvidos. Por outro lado, a demanda de alunos que buscam estudos em países estrangeiros aumentou em cerca de 30% no último decênio e continua crescendo. Daí a importância para a Europa de aumentar a competitividade e a compatibilidade por meio de arranjos no espaço da educação superior, pois isto significaria, de forma interconectada, ingresso de recursos e fortalecimento político e cultural.

Uma das características da cooperação acadêmica entre países desenvolvidos é a bilateralidade. Instituições educativas e grupos de pesquisadores desenvolvem relações mais ou menos simétricas, de modo que ambas as partes tenham benefícios comuns. Evidentemente há incentivo à execução de projetos e programas comuns, mas isso tem motivações pragmáticas. Quando os intercâmbios são feitos com motivações e finalidades acadêmicas, o que se busca em primeiro lugar é a melhora da formação e o desenvolvimento de projetos que signifiquem elevação da qualidade. Mas, na Europa, é preciso levar em conta a existência de uma grande diversidade cultural, que muitas vezes dificulta os acordos políticos e as boas intenções acadêmicas.

Não se trata simplesmente de colaboração acadêmica entre as instituições e os pesquisadores de distintos países da região. Salvo quando há convênios ou acordos de mútua colaboração, um forte interesse econômico, não meramente acadêmico, envolve as matrículas de estudantes estrangeiros. É relevante observar que os Ministérios de Relações Exteriores e alguns organismos supranacionais ou intergovernamentais dividem com os Ministérios de Educação e de Ciência e Tecnologia a direção e os poderes de decisão sobre as relações educativas internacionais. Isto leva a pensar que nem sempre são valores acadêmicos de formação e de produção de conhecimento os que prevalecem.

O fenômeno educativo que os europeus tratam de consolidar por meio do Processo de Bolonha ultrapassa os sentidos meramente educativos. A educação superior européia deve cumprir a estratégia de construção do espaço comum europeu. Porém, nem mesmo a palavra internacionalização, tão familiar à universidade, designa bem o que está acontecendo. Mais que internacional, a cooperação agora é transnacional. Dupas ajuda a entender essa distinção; dá o exemplo da União Européia e aponta os riscos:

> a idéia seria criar uma nova sinergia a partir da cooperação de Estados grandes e fortes com nações pequenas e fracas (...) Em síntese, trata-se de uma cessão de soberania nacional em favor de um novo centro de poder político supranacional organizado como uma federação de Estados ou arranjo semelhante. (DUPAS, 2005: 169)

Nessa busca de maior competitividade de todo o bloco europeu é preciso considerar que a questão do desenvolvimento econômico não mais se circunscreve aos limites de um estado-nação. Tornou-se uma questão mundial, inserida na rede de interdependências globais. Se os objetivos nacionais se submetem aos objetivos globais, a educação também tende a seguir as determinações das políticas mundiais e das corporações transnacionais. Isso produz de cara uma mudança de sentido ético: a introdução ou o fortalecimento, nos sistemas e nas instituições educacionais, das práticas e atitudes de competitividade. No caso dos países menos desenvolvidos, trata-se de fazer da educação uma plataforma para os saltos que diminuam as distâncias em relação aos países mais ricos. Isso se torna uma necessidade de todo um bloco de países e economias, que requer um crescimento estrutural: o fortalecimento de todos depende também do aumento da capacidade competitiva de cada um.

Nem sempre se trata simplesmente de colaboração acadêmica entre as instituições e os pesquisadores de distintos países da região.

Não há como não inserir essa reforma no contexto mais amplo da globalização em geral e, em particular, da economização da educação superior. Como venho insistindo, um dos mais importantes objetivos dessa reforma, junto com a facilitação da livre circulação de profissionais, é aumentar a competitividade da Europa na oferta de serviços educacionais, pois essa é uma invejável fonte de divisas econômicas e ao mesmo tempo de fortalecimento político e cultural. Daí a importância atribuída à competitividade e a instâncias e mecanismos objetivos e padronizados de controle, que regulem internacionalmente o livre comércio da educação.

Salvo quando há convênios ou acordos de mútua colaboração, as diversas modalidades de intercâmbios internacionais se revestem de interesses econômicos. De modo muito forte, competição, interesses de mercado, objetivos de maior competitividade. Quando prevalece a lógica do mercado e da mercadorização da educação, esta é tratada como produto negociável, regido pelas regras do comércio e atravessado pela concorrência. Isto é muito diferente do conceito de internacionalização da educação superior – cuja essência é a cooperação acadêmica, a solidariedade interinstitucional, a liberdade de pensamento.

Resistências, desafios e tensões na implementação do Processo de Bolonha

Apesar de já ter alcançado vários resultados, a ponto de ter-se tornado uma ampla referência internacional, não se pode dizer que esse processo já esteja fazendo parte da vida cotidiana das instituições educativas e já tenha recebido ampla adesão da comunidade acadêmica e científica. Entre uma proposta de reforma e a adesão a seus princípios e práticas, por parte dos atores concernidos, pode haver grandes distâncias. Embora haja apoio da maioria das autoridades governamentais da área, dos gestores institucionais e de uma parte dos estudantes e professores, o processo ainda provoca muitas dúvidas e inquietações.

As críticas são de diverso teor. Por exemplo, há críticas no sentido de que se trata de uma reforma aplicada de cima para baixo, basicamente de caráter legal, sem que a comunidade universitária tivesse oportunidade de participar amplamente de suas discussões. Como se sabe, é a participação que leva à adesão e ao comprometimento. Sem participação e engajamento dos responsáveis pela qualidade educativa, há o temor de que o processo se burocratize e seja superficial. A falta de participação dos agentes da comunidade acadêmica e científica nas discussões e processos de elaboração da reforma também poderia trazer problemas sérios à autonomia das universidades, um grande prejuízo à afirmação das identidades institucionais e uma desconsideração de seus problemas e de suas vocações próprios. E há também inquietações relativamente aos custos que tal reforma implica para as instituições.

Uma preocupação de fundo diz respeito às funções essenciais da educação superior. Se é o mercado de trabalho que determina a formação universitária, impondo currículos de curta duração e voltados ao atendimento das necessidades laborais e às características dos empregos do momento, muitos da comunidade acadêmica e científica temem que a universidade perca suas perspectivas de longo prazo e se afaste das referências sociais.

O processo de construção de um novo espaço universitário europeu, que leva o nome da Declaração firmada em 1999 em Bolonha e que vem se desdobrando em seguidas reuniões em diferentes países da Comunidade Européia, ao menos nos documentos oficiais explicita muito boas intenções. Nessas declarações o que prevalece não é o sentido explicitamente comercial. O propósito central anunciado no texto é consolidar amplos processos interativos de incorporação de todas as dimensões científicas, pedagógicas, culturais e globais da educação superior. Assim, a educação superior estaria efetivamente enriquecendo a cidadania européia e aprofundando a consciência de que todos os europeus compartilham valores e pertencem a espaços culturais e sociais comuns. Ao ser assim, esse processo seria um poderoso instrumento para a realização do sonho de construção de uma Europa do conhecimento, unida, solidária, moderna, competente e competitiva.

Porém, na prática nem sempre prevalecem os bons princípios de caráter democrático e participativo. Sem dúvida que há muitos programas, muitas agências e muitas ações de cooperação. Porém, não se trata só de cooperação, mas também de uma forte competição, como costuma ocorrer nos âmbitos regidos pela lógica do mercado. Muitas vezes é difícil distinguir entre cooperação e competição, até onde vai uma e onde começa a outra. O certo é que os intercâmbios muito pouco têm dos sentidos da tradicional solidariedade universitária ou de uma cooperação visando somente o desenvolvimento da ciência universal e desinteressada. Ainda que não de modo absoluto, nas relações entre sistemas, instituições, professores e estudantes dos distintos países, o que prevalece mesmo é o critério da utilidade.

Se fortes são as razões econômicas e utilitárias, então, não espanta haver resistências a seus excessos. À semelhança do que também ocorre em outros continentes, há muitos acadêmicos europeus que temem que as ações invasivas do mercado erosionem os valores acadêmicos da educação superior. Os principais temores se ligam especialmente à mercantilização da educação superior de corte transnacional, que pode passar a ser formalmente regulada pelo Acordo Geral de Comércio sobre Serviços, capítulo da Organização Mundial do Comércio.

Uma crítica à mercadorização da educação se tornou explícita na Declaração produzida na reunião de Praga, em 2001. Aí ficou realçado o sentido da educação como bem e responsabilidade públicos, direito de todos. Já a reunião de Berlim, em 19 de setembro de 2003, reiterou o caráter político da educação superior em função da democratização. Mais propriamente, enfatizou que o espaço universitário europeu deveria cooperar para a maior coesão social e redução das desigualdades. Todos os esforços que estão sendo feitos no sentido de aumentar a convergência da educação superior esbarram em tensões e contradições bastante fortes. De um lado, a crescente pressão por aumentar a competitividade e aumentar os vínculos da educação superior com o mercado e as necessidades laborais. Por outro lado, a defesa dos valores acadêmicos e da função política de democratização. A visão da educação como bem público orientado para a produção do bem-estar da população está coerente com o reforço também explícito dos valores acadêmicos, em contraposição aos interesses individualistas do mercado. Esta tensão não é particularmente restrita à Europa, pois faz parte das transformações da sociedade global e da educação superior de todas as partes, guardadas as peculiaridades e diferenças de um país a outro.

O novo modelo universitário europeu objetiva dar respostas coerentes e comuns aos desafios que a globalização impõe, basicamente relacionados à internacionalidade do livre mercado europeu, à mobilidade, à empregabilidade (que requer critérios transparentes nos intercâmbios laborais), à eficiência e à competitividade no mundo. Disso decorre a centralidade da função de capacitação para os empregos. A preparação para o trabalho passa a ser função dominante e o fortalecimento do mercado se torna uma meta essencial a ser atingida pela universidade.

> Cada vez mais triunfa o critério de conceber a educação póssecundária como um todo, sistematicamente organizado, de sorte que se contemplem inter-relações entre as distintas modalidades e vinculações muito claras com o mundo do trabalho, assim como possíveis saídas laterais, acreditadas com títulos ou diplomas intermediários. (TUNNERMANN BERNHEIM, 2004: 244)

Um propósito importante da reforma é o adensamento da demografia universitária européia, atualmente muito baixa, se comparada com a dos Estados Unidos. Atrair mais estudantes estrangeiros, mediante a criação de novos programas, do aumento da produtividade e da garantia de qualidade em termos europeus, é um dos aspectos mais relevantes da competitividade almejada. Estes objetivos reforçam as estratégias de maior controle nos sistemas de avaliação e acreditação, medidas de harmonização e compatibilização de currículos, estabelecimento de critérios internacionais objetivos e padronizados, bem como o aumento da ação dos Estados (*Intruder State*) na regulação da educação superior.

Esta nova configuração universitária não está isenta de tensões. Universitários e outros agentes importantes da União Européia se dividem entre o apoio e a crítica à globalização e suas interferências no contexto do conhecimento e da formação. As contradições fazem parte de todos os fenômenos sociais e os dissensos são uma forte característica das comunidades acadêmicas e científicas. Como em todos os fenômenos complexos, que envolvem dimensões políticas, diferenças culturais e interesses econômicos, é uma simplificação muito grande seja apoiar, seja recusar em bloco esse processo polissêmico.

Não convém esperar unanimidade nem no apoio e nem nas críticas a esse amplo processo de mudança. As dificuldades de acordo e convergências são ainda maiores se considerado que esse processo se instaura em uma região altamente politizada e que conta com um longo, diversificado e rico desenvolvimento intelectual, científico e artístico fomentado nas suas seculares instituições universitárias e com as distintas construções identitárias e culturais das diferentes populações.

Há importantes argumentos defendendo a necessidade de políticas para a superação de barreiras que travam as relações de diversas dimensões entre os países e dificultam a consolidação de uma cidadania européia. Por isso, defendem a importância de que seja cumprida a meta de que ao menos 10% dos estudantes de educação superior da Europa tenham experiências em países distintos dos seus.

Segundo esses argumentos, o incremento da mobilidade requer estruturas curriculares mais simples, compatíveis e comparáveis. Além disso, o mercado comum europeu, à medida que se consolida, exige mais competência e maior competitividade. Isto requer maior liberdade para que os profissionais disputem postos de trabalho para além das fronteiras de seus próprios países e também uma mais clara definição de regras para as diversas profissões e para os títulos.

Há também o argumento de que a educação superior dos países da Europa tem perdido competitividade em relação às universidades dos Estados Unidos. Efetivamente, a educação superior está sendo uma importante fonte de recursos e é encarada como um mercado de grande rentabilidade por aqueles que se interessam pelos negócios educacionais. Além disso, é um setor estratégico para os sistemas de poder e competitividade dos países. A questão da competitividade está aliada à atratividade. O Espaço Europeu de Educação Superior quer atrair um maior número de estudantes estrangeiros, por motivos econômicos e políticos.

Aumentar a competitividade européia é desafio que requer a eliminação dos grandes entraves da diversidade de diplomas, de currículos, duração, legislação e critérios de convalidação. Daí a necessidade de criar currículos mais semelhantes, em geral mais curtos,[38] de acordo com as necessidades do mercado. Um dos mais difíceis problemas de ordem prática consiste na elaboração de um marco normativo que permita comparabilidade, compatibilidade e flexibilidade de currículos.[39] Tornar mais atraente a educação superior européia requer,

---

[38] A duração atende a critérios de efetividade e flexibilidade: tempo efetivo gasto em uma atividade, que resulta em um certo número de créditos, calculado segundo critérios gerais previamente discutidos, podendo incluir a validação de habilidades adquiridas e atividades cumpridas fora do sistema formal. A ênfase, pois, é mais na aprendizagem do que no ensino.

[39] A União Européia está pondo em prática o "Sistema Europeu de Transferência de Créditos (ECTS), baseado na confiança mútua e em critérios flexíveis, que levam em conta estimativas de atividades, mais que outros critérios burocráticos de contabilização de créditos".

então, não apenas tornar mais semelhantes e comparáveis os sistemas, mas também aumentar sua eficiência, especialmente evitando evasões, acelerando as titulações, encurtando tempos de estudos e principalmente estreitando seus laços com o mercado.

A defesa do processo de reforma alega que o aumento de recursos não é apenas das próprias instituições, tampouco são ganhos diretos de produtividade. O processo de Bolonha também objetiva ajudar os países, especialmente aqueles menos desenvolvidos, a saltar algumas etapas. Isto pode acontecer pela aprendizagem de experiências bem-sucedidas em outros países, pela supressão de passos custosos nos processos de investigação e inovação. Afinal de contas, o fortalecimento do conjunto passa pelo fortalecimento de cada um dos países do bloco; portanto, requer o soerguimento dos participantes mais pobres.

Diz Bloom:

> O ensino superior pode também ajudar os países a atrair os investimentos estrangeiros e a participar mais eficazmente nos negócios internacionais, dadas as exigências técnicas da diplomacia, do comércio internacional e de governança global. (BLOOM, 2003: 153)

Em outras palavras, esse processo seria um eixo central do desenvolvimento econômico do conjunto de países da Europa. Por isso, os currículos devem ter estreita relação com o mercado de trabalho. Assim sendo, precisam ser o suficientemente interdisciplinares e flexíveis, com conteúdos mais pertinentes às realidades européias, não só para atender à diversidade cultural e econômica dos países, mas também para possibilitar múltiplas certificações, correspondentes a vários graus cumpridos, com variados tempos de duração. Porém, para além do desenvolvimento econômico, não menos importantes são as vantagens de caráter privado e avanços de caráter político, especialmente aqueles ligados ao aprofundamento da democracia participativa.

Portanto, não somente os fundamentos econômicos têm valor nessa nova ordem. Também são de enorme importância os fundamentos políticos, especialmente os ligados aos acordos comuns entre países e à segurança nacional, crescentemente mais complicada pela escassez de empregos, pelas diferenças culturais e religiosas e pelas ondas de migrações e mobilidade em geral. Os países europeus vivem a rica e difícil experiência de elaborar suas agendas nacionais em um contexto de intensas interdependências internacionais. Há ganhos e perdas nessas relações de interdependência.

Os membros, confrontados com a harmonização de suas agendas domésticas, estão, ao mesmo tempo, perdendo poder para tomar decisões nacionais e capacidade para implementá-las. Os intelectuais políticos falam de um sistema de governabilidade (*governance*) em todos os níveis na União Européia. Isto é, analisam a nova realidade que consiste em conseqüências compartilhadas de responsabilidade, muitas das quais não parecem muito claras; por outro lado, as realidades interdependentes da vida política dos Estados nacionais e, por outro, a politização da vida da União Européia. (KÜNHARDT, 2003: 45)

Um dos aspectos centrais da globalização é a interdependência mundial, não apenas econômica, mas também política. Entretanto, por mais importante que seja a convergência política, não se pode esquecer que ela está conectada com a competitividade e o fortalecimento econômico do bloco. No caso do Velho Continente, a interdependência política e econômica dá-se não somente com as esferas globais, mas também entre as nações que fazem parte da União Européia. No plano social, especialmente na Europa, intensifica-se a mobilidade física dos indivíduos, acompanhando os movimentos de integração econômica e de intercâmbio de informações. Na esfera econômica global, aceleraram-se os intercâmbios de mercadorias e matérias-primas e ocorre um aumento enorme e em tempo integral das relações financeiras.

A mobilidade humana e as migrações carregam um componente político bastante complexo. Variam de país a outro e mesmo de uma a outra região o interesse e a capacidade de receber ondas de imigrantes de distintas culturas, religiões, condições intelectuais e laborais.

> A direção está tomada para um papel global da Europa. A transparência de seu perfil é ainda muito débil; as contradições são evidentes e os conflitos serão inevitáveis. Porém, a Europa se está movendo para uma nova projeção de si mesma e para uma nova presença em assuntos globais. (KÜNHARDT, 2003: 53)

Para isso se faz necessária uma reforma de educação superior que dê coesão a essa busca de equilíbrio interno e participação mais ativa no resto do mundo. Porém, as dúvidas, os temores e as resistências na área de educação superior são muito grandes. Com objetivos de tamanha magnitude, as reformas não poderiam ser superficiais, nem deixar de receber a adesão dos distintos países e das universidades em geral.

Um dos mais sérios questionamentos que se fazem a esse processo de convergência[40] da educação superior européia e da internacionalização em geral se refere ao reconhecimento de diplomas. Títulos e diplomas, como se sabe, se baseiam em regras e geram direitos, o que nem sempre é fácil de concertar em um plano internacional. Muitas são as questões que dificultam os acordos. Por exemplo, mudar a duração de um curso pode convir a um país e não a outro, dadas as questões de financiamento, de cultura e características da economia e especialmente dos empregos. Persistem dúvidas: por exemplo, até que ponto um curso de três anos garantirá algum emprego? Quais os impactos na carreira docente? Quais as possibilidades de emprego em outros países? Estão os diversos países em condições de pagar

---

[40] Entre harmonização, homogeneização e busca de convergências, fico com esta última expressão. São muito grandes as diferenças culturais, políticas e econômicas de um país a outro e enormes os problemas burocráticos, legais e práticos a serem superados.

salários compatíveis com a formação recebida por um profissional em outros países da União Européia?

É certo que alguns avanços já se percebem nesse esforço de construção de convergências na educação superior, ao menos no plano da legitimação dos organismos políticos da União Européia. Entretanto, apesar disso, não se pode esquecer que a Europa reúne países muito distintos do ponto de vista econômico, social, cultural, religioso, político, em virtude das diferentes histórias que cada um vem construindo ao longo dos tempos. Apesar dos avanços já conseguidos, é muito grande o receio de que a educação superior – no mundo todo, não apenas na Europa – e seus processos de reconhecimento de diplomas, sejam regidos por critérios e motivações comerciais.

Marco Antônio Dias levanta algumas importantes questões que manifestam graves receios:

> Quem vai acreditar? Com que critérios? De que qualidade se fala? Qualidade sem pertinência? Podem as autoridades nacionais e as comunidades acadêmicas aceitarem que se entregue a grupos estrangeiros a atribuição de dizer o que é qualidade e pertinência dentro dos territórios de cada país? (DIAS, 2003: 67)

Especificamente a respeito do Processo de Bolonha, Dias alerta para o risco do que ele chama de "portorriquização" dos países europeus.

> É uma repetição, no velho mundo, da adaptação dos sistemas ao modelo norte-americano, processo vivido na América Latina no final dos anos 60 e princípio dos anos 70. Facilitará o reconhecimento de estudos, estimulará a mobilidade de estudantes, pesquisadores e professores. Mas, poderá favorecer também a consolidação de um processo já mais que visível na Inglaterra, ou seja, o de "portorriquização" dos países europeus, com a transformação da Europa numa grande Inglaterra, ou numa federação de países livres associados. (DIAS, 2003: 74)

Quanto à acreditação, a tendência é a de criar não uma meta-agência européia, mas uma rede de agências mais ou menos livremente organizadas segundo distintas iniciativas. Porém, quem acreditará essas agências? Quem assegurará a qualidade dessas agências, segundo critérios e padrões internos e externos? É a competitividade a medida da qualidade?

Em termos de União Européia, a competitividade está relacionada com a atratividade, ou seja, a capacidade de todo o bloco europeu se tornar mais atraente e eficiente no comércio educativo mundial, recebendo mais estudantes estrangeiros e, portanto, mais pagamentos por matrículas e taxas, e ao mesmo tempo robustecendo-se nas relações de força na geopolítica global. De modo específico, a competitividade também se dá entre as instituições de educação superior do velho continente.

As principais motivações são de ordem instrumental e econômica, mas, isso vem ocultado por recursos ideológicos de uma retórica que valoriza os profissionais globalizantes, os ganhos de produtividade, a ampliação de oportunidades e até mesmo uma duvidosa responsabilidade social dos empresários transnacionais. Por exemplo, eis o que diz a esse respeito Sklair, sugerindo que os empresários não visam somente o lucro, mas também o bem-estar do país em que implantam seus negócios:

> Com a globalização e a mudança das situações locais, os dirigentes do mundo dos negócios são chamados a afrontar problemas complexos que atingem não somente seus acionistas, seus empregados e seus clientes, mas também a qualidade da vida nas comunidades locais, nosso meio ambiente e as populações e as nações através do mundo. (SKLAIR, 2001: 159)

Ora, ressalvadas eventuais honrosas exceções, a mercantilização global tem trazido grandes problemas, às vezes verdadeiros desastres, à preservação da natureza. Poucas empresas transnacionais se preocupam com a ecologia e a qualidade de vida das populações dos países em que se instalam. Os países mais industrializados são via de regra os que mais poluem e mais exploram a mão-de-obra barata, para além de suas fronteiras.

Com a consolidação de um bloco universitário europeu, inegavelmente aumentam as oportunidades de relações estratégicas, porém de acordo com as tendências de desenvolvimento impulsionadas pela globalização. O problema que resta é saber qual é, para além da retórica, a real contribuição que essa universidade que emerge da Declaração de Bolonha dará à construção de uma sólida cidadania européia. A questão é saber até que ponto essa reforma universitária fortalecerá a racionalidade instrumental e os mandamentos mercantis, ou, se, ao impulsionar o desenvolvimento material, ao mesmo tempo estará dando maior densidade aos processos de democratização, de aprofundamento do sentido do bem comum, de convivência e tolerância em um espaço de grande diversidade e de marcadas contradições.

Os europeus têm a esperança de aumentar a internacionalização de suas instituições de ensino e pesquisa. De um modo particular, pretendem estender e aprofundar as relações entre suas universidades e as instituições e sistemas latino-americanos. Isto já está bastante facilitado pelas históricas relações culturais, lingüísticas e econômicas existentes entre os países latino-americanos e os europeus de fala latina, especialmente os ibero-americanos.

Com um sistema superior europeu mais competitivo e mais organizado, é mesmo provável que os intercâmbios entre suas universidades e as latino-americanas apresentem mais amplas oportunidades. Tradicionalmente, estas relações têm se limitado quase somente a poucos países, principalmente França, Inglaterra, Espanha e Portugal. Aliás, a mobilidade tem se efetivado praticamente em mão única. Intercâmbios em sentido pleno são poucos, mesmo por que quase não há mobilidade de estudantes dos países ricos para os pobres

América Latina: mudanças e reformas em movimento

Alguns problemas estruturais da América Latina e dificuldades de inserção no mundo globalizado

Os países da América Latina enfrentam sérios problemas, uns comuns aos dos demais continentes, outros que lhes são específicos. Dentre os principais problemas, a miséria e a baixa escolaridade. Não tendo conseguido antes construir o bem-estar social, não conseguem agora oferecer educação, saúde, emprego e paz para a enorme maioria de sua população. Enquanto isso, suas minorias se favorecem das benesses da economia globalizada.

Se a escolaridade e o domínio das novas tecnologias são condições fundamentais para o desenvolvimento, as dificuldades dos países excluídos das esferas centrais de riqueza e conhecimento são cada vez maiores. As desvantagens comparativas se ampliam cada vez mais, seja nos planos individuais, seja em termos de países e de continentes ou regiões. Com base em dados do BID (1999), Kliksberg informa que, "enquanto a escolaridade média dos chefes de família dos 10% mais ricos é de 12 anos, a dos 10% mais pobres é de 5 anos" (KLIKSBERG, 2003-2004: 122). Mesmo que a escolaridade em países em desenvolvimento possa estar aumentando, como ocorre, por exemplo, no Brasil, isso parece não estar acontecendo com a qualidade necessária para anular as distâncias.

Em grande parte, a miséria se deve também à indigência de uma ética global. A pobreza e a miséria da maior parte da população brasileira e mesmo dos demais povos latino-americanos não se devem à escassez de matérias-primas, nem a guerras devastadoras, como as que ocorrem nos países ricos da Europa ou da América do Norte, ou na miserável África. A América Latina, em geral, é uma região com muitos recursos naturais, terras férteis para a agricultura e adequadas para a pecuária, unidade lingüística,[41] enorme potencial energético, grandes volumes de águas e, talvez, a mais importante biodiversidade do mundo. Se o seu desenvolvimento se deu abaixo do que essas potencialidades permitiam esperar muito disso é devido às políticas concentracionistas dos países ricos.[42] Essas políticas têm produzido um contumaz endividamento dos países pobres. A sangria das economias, imposta pelos países ricos, tem uma dura expressão na perda ou ao menos no enfraquecimento da soberania ante as imposições do Banco Mundial, do FMI (não esquecer as desastrosas receitas do Consenso de Washington) e outras organizações multilaterais. Essas determinações externas se aliam às perversas assimetrias sociais geradas pela cultura de autopreservação das elites locais, e – como o mais importante motor e efeito disso – ao baixo índice educacional da população de pouca ou nenhuma renda.

Para superar seus atrasos históricos, a América Latina precisa aumentar bastante seus investimentos em pesquisa. Os dados indicam uma dura realidade: 83% dos gastos totais em pesquisa e desenvolvimento foram feitos, em 1992, pelos países da rica tríade Estados Unidos, Europa e Japão, enquanto a América Latina respondeu por apenas 1%, contribuindo com 1,4% da produção científica (QÜINTANILLA, 2000: 297-8).

Daí se depreende com clareza que os desafios que se colocam aos sistemas de educação superior da América Latina são muito mais

---

[41] Refiro-me à facilidade de comunicação em português e espanhol, as duas línguas oficiais da maioria dos países; essas duas línguas, que são muito próximas, servem a todo o Continente. Inglês, francês e holandês são línguas oficiais de países com populações pequenas. Mas, além dessas, há também uma grande riqueza e pluralidade de línguas, em sua maioria faladas por centenas de populações indígenas esparramadas por toda a América Latina.

[42] Em outros tempos, na primeira metade do século XX, Argentina e Uruguai alcançaram extraordinários estágios de desenvolvimento. Em 1900, a Argentina era um dos países mais ricos do mundo e continuou muito bem até 1960. Ocorre que até então a agricultura e a pecuária representavam um terço da economia; os outros dois terços se completavam com indústria e serviços (conhecimentos). "Porém, desde 1960 a agricultura se reduziu a 4% da economia mundial; não porque a economia tenha diminuído, mas porque a economia mundial cresceu em outra direção, e a agricultura perdeu entidade: a indústria manteve o mesmo nível (a terça parte da economia mundial); porém os serviços ocupam hoje dois terços do crescimento mundial" (ENRÍQUEZ, *apud* DONINI & DONINI, 2004: 306).

graves que os de países centrais. Aqui, a educação superior enfrenta os desafios enormes deste novo milênio sem ter resolvido as questões antigas de sua definição institucional. Chega ao final do segundo milênio carregando crises nos níveis institucionais e dos sistemas. Não consegue superar uma certa imobilidade e as indefinições internas e tampouco definir no plano mais geral um modelo de estrutura, gestão e financiamento que a leve ao exercício pleno da autonomia e da criatividade diante das novas realidades.

Não se trata somente de adequar-se aos novos requerimentos da globalização, da sociedade do conhecimento e da informação, mas, ainda, de construir entendimentos sobre a concepção de uma educação que seja mais apropriada às realidades de cada um dos nossos países e ao conjunto latino-americano. As novas realidades que emergem no mundo globalizado exigem criatividade e reflexão, como condição de desenvolvimento da economia em particular e da sociedade em geral. A educação superior precisa estar preparada para produzir os bens e promover os valores públicos que exige o mundo de conhecimentos crescentemente potencializados e cada vez mais determinantes para os destinos da civilização. Isso diz respeito, entre outras coisas, à qualidade, à eqüidade, à pertinência.

Um item importante dessa grande agenda é construir as bases para uma maior cooperação regional e, a partir daí, participar mais consistentemente nos debates mundiais. Os sistemas de educação superior devem estar vinculados a projetos de desenvolvimento nacional como condição essencial para não se isolar no mundo. Porém, somente a educação comprometida com os valores públicos poderá promover a formação e produzir conhecimentos altamente qualificados e coerentes com os interesses gerais da população de cada país. A integração construtiva no global precisa passar pelo fortalecimento do local.

Mais do que isso ainda é preciso. Os critérios de decisão sobre os conteúdos e as formas da educação superior devem se definir na relação entre universidade e sociedade. Em um texto publicado já há quase três décadas, mas, ainda muito atual, em muitos aspectos, Varsavsky coloca como um princípio pedagógico básico: "Não é possível ter uma política educacional coerente – universitária ou não – a não ser no quadro de referência de um projeto nacional a longo prazo, com características ideológicas e objetivos concretos bem definidos." (VARSAVSKY, 1976: 75). Como é óbvio, autonomia e crítica são imprescindíveis.

Os comprometimentos com os valores públicos não são obrigação e privilégio somente das instituições mantidas pelo erário. Também as instituições privadas têm obrigação de exercer com sentido público as suas funções educativas. Desde que exerçam suas atividades com sentido público e qualidade socialmente reconhecida, asseguram plena legitimidade aos lucros que eventualmente auferem. Se atendem com pertinência e qualidade as demandas da sociedade, prestam enorme colaboração ao poder público. Entretanto, nem sempre é esse o sentido predominante da privatização que se expande em muitos países latino-americanos, ressalvadas as boas exceções.

A importância conferida à educação e à pesquisa para o desenvolvimento da economia e das estruturas culturais é muito maior em outros países mais desenvolvidos que nos nossos. Arocena e Sutz defendem a idéia de que a valorização da universidade nos Estados Unidos, por exemplo, se vincula ao novo papel que se confere hoje ao conhecimento, em boa parte privatizável e com grande potencial para impulsionar a economia, a capacidade de gestão das instituições e organizações e de competitividade no mercado. Daí se justifica todo o interesse de o estado promover políticas industriais por meio das universidades (AROCENA & SUTZ, 2001: 194-195). De um modo geral, as universidades latino-americanas sofrem com a combinação de alguns fatores inibidores, como a sua baixa capacidade de produção de conhecimentos úteis para a indústria, o escasso interesse do setor produtivo em demandar-lhe apoio tecnológico e o descaso ou a incapacidade dos governos relativamente à implantação de estratégias consistentes de Ciência e Tecnologia.

Houve um tempo em que as universidades alimentavam a utopia social que lhes atribuía um lugar central na democratização das sociedades. Os movimentos e utopias dos anos sessenta ficaram para trás, mas uma boa parcela da comunidade acadêmica ainda resiste à entrega da educação às pressões externas. Entretanto, ainda que não mais se alimente a crença de que a educação produzirá necessariamente mais empregos, mais desenvolvimento e mais progresso, é inegável que sua falta significará inevitavelmente mais pobreza, mais dependência política e mais submissão econômica. Projetos de educação superior, conectados com estratégias e políticas de C&T, são fundamentais para dar consistência e impulso aos projetos de nação. Como é óbvio, esses projetos e estratégias exigem competência e investimentos. À falta deles, as saídas têm sido a adoção daquelas medidas que definem a "modernização" da universidade: privatização; aumento de matrículas estudantis; cortes nos financiamentos,[43] diferenciação institucional; diversificação de fontes de recursos; afastamento do Estado quanto aos processos; maior controle do estado quanto aos resultados.[44]

---

[43] O Chile apresenta um dos mais expressivos exemplos dos drásticos cortes de orçamento: "O montante global destinado hoje à educação superior chilena, constituída por cerca de 250 instituições das quais 67 são universidades, é quase 10% menor que o que se destinava em 1980 a oito universidades (em moeda de igual valor). Assim, também o número de estudantes é hoje 3 vezes superior ao de 1980. Isto obriga as universidades estatais a autofinanciar-se em quase 80%." (QÜINTANILLA, 2000: 303).

[44] Sobre esse tema, há uma bibliografia extensa. Cito alguns trabalhos: *Situación y principales dinámicas de transformación de la educación superior en América Latina* (IESALC) e *Conocimiento, Educación Superior y Sociedad en América Latina*, ambos de Carmen García-Guadilla (Nueva Sociedad); *Universidade em ruínas na República dos professores* (Vozes), vários autores, organização de Hélgio Trindade; *Les défis de l'Éducation en Amérique Latine*, obra coletiva organizada por Jean Michel Blanquer e Hélgio Trindade (IHEAL, Paris); *Avaliação da Educação Superior* (Vozes) e *Avaliação. Políticas educacionais e reformas da educação superior* (Cortez), de José Dias Sobrinho; *Universidade em Foco*, de Dilvo Ristoff (Insular); *Novas Faces da Educação Superior no Brasil*, de João dos Reis Silva Jr. e Valdemar Sguissardi (Cortez); *Novas perspectivas de Educação Superior na América Latina no Limiar do Século XXI*, obra coletiva, organizada por Afrânio Mendes Catani (Autores Associados); *Ensino Superior no Brasil – o setor privado*, de Helena Sampaio (Hucitec); *La universidad de la innovación*, de Axel Didriksson (IESALC); *El ingreso a la Universidad. Las experiencias de Argentina y Brasil*, de Adriana Chiroleu (UNR); *Entre Escombros e Alternativas: Ensino Superior na América Latina*, obra coletiva organizada por Benício Schimidt, Renato de Oliveira e Virgilio Aragon; *La universidad latino-americana del futuro. Tendencias, escenarios, alternativas*, de Rodrigo Arocena y Judith Sutz. A revista *Avaliação* (RAIES), atualmente em seu décimo ano, já publicou 36 números sobre o tema da avaliação e da educação superior.

Os destinos da educação superior, tanto nas esferas de cada país, como na geografia mais ampla do continente latino-americano, enfrentam enormes dificuldades que vão desde as precariedades físicas e institucionais, problemas de regulação dos sistemas educacionais com rigor e qualidade, graves deficiências na profissionalização do corpo docente, especialmente no tocante aos salários e à capacitação, baixa qualidade de formação dos estudantes nos níveis anteriores, até os estruturais déficits econômicos e sociais e os gravames políticos derivados dos anos de chumbo das ditaduras as crises econômicas, as dificuldades acarretadas pela implacável competitividade internacional.

A expansão de matrículas e de cursos superiores está sendo feita, muitas vezes, de forma acelerada e sem projetos muito bem definidos. Ela vem exigindo o recrutamento de professores que, muito freqüentemente, também não tiveram a formação pedagógica e científica adequada. Além disso, esses professores muitas vezes se submetem a condições contratuais e de trabalho bastante precárias. A flexibilização dos contratos, as carências de formação dos professores e dos estudantes, as precárias condições estruturais que as instituições oferecem e uma tendência de desvalorização do magistério dificultam a construção de ambientes de aprendizagem, de pesquisa, de crítica e mesmo de compromissos institucionais mais consistentes. Por outro lado, esses novos cursos, em sua maioria, isolados, muito voltados ao lucro e à rápida capacitação profissional, vão firmando um modelo institucional de absorção de matrículas, conforme as características dos nichos de mercado, pouco a pouco se afastando do sentido social e público da educação.

Não faltam exemplos disso, ainda que assumam aspectos distintos nos diferentes países. Brasil, Colômbia e Costa Rica optaram claramente pela saída da privatização. No México, os conceitos e as práticas de público e privado se misturam. O Chile é um caso que ilustra bem a "modernização" da educação superior. Em poucos anos, saiu de uma participação estatal quase exclusiva para uma crescente submissão ao mercado e para uma particular indiferenciação entre público e privado.

> Hoje em dia, (...) a sociedade chilena já não reconhece nem entende que possa existir alguma diferença a respeito da função e missão que as universidades cumprem, sejam estas públicas ou privadas, com financiamento parcial do estado ou sem financiamento, de ensino ou complexas. Todas sem exceção dependem do auto-financiamento; todas sem exceção devem competir no mercado da educação superior; todas podem cobrar como taxas ou matrículas o que o mercado permita. (QÜINTANILLA, 2000: 303)

As fronteiras entre público e privado na educação superior, em vários países latino-americanos, se tornaram confusas. Cunha fala em "fronteira em movimento" (CUNHA, 1997: 13 e 2000: 25). Krotsch aplica ao sistema universitário argentino a expressão "privatização restringida" (KROTSCH, 1997: 31). Para ele,

> Todo o modelo parte da suposição de que a ação transformadora e inovadora deve ser conduzida a partir do interior pois as instituições são incapazes de auto-reformar-se; deste modo, sem que se faça referência explícita a uma teoria da mudança e da inovação, deve ser consolidado um modelo heterônomo de direção da vida universitária (KROTSCH, 1998: 215). Esse modelo é orientado e formatado pelo mercado.

> A importância e o compromisso arraigado nas universidades públicas com o desenvolvimento das artes, com a paz e a cultura, com o pluralismo e a tolerância, com o laicismo e a democracia, com o espírito crítico e a criação, com a inovação e o desenvolvimento científico, com a igualdade de oportunidades e os direitos das pessoas, enfim, com o desenvolvimento de uma sociedade mais humana e mais justa, parece que deve sucumbir frente a uma valorização do mercado, do auto-financiamento, ou a gravitação de grupos de poder,

diz o reitor da Universidade de Santiago de Chile. (QÜINTANILLA, 2000: 303 – 304)

Marquis, pesquisador argentino, assim define o modelo a ser seguido na América Latina:

> ao Estado cabe resguardar a fé pública que a sociedade deposita nos estabelecimentos de educação superior, garantir níveis de qualidade e excelência de seus egressos e maximizar a eficiência e a eficácia no uso dos recursos destinados pela sociedade ao sistema. E as instituições devem desenhar e implementar as estratégias de mudança para melhorar a vinculação com o setor produtivo, diversificar suas fontes de recursos, governar-se e administrar-se de forma autônoma e responsável; também devem demonstrar maior eficiência e transparência no uso dos fundos públicos. (MARQUIS, 2000: 282)

Assim é que mesmo nos âmbitos públicos se vão instalando com certa naturalidade uma mentalidade geral e práticas que antes eram conhecidas somente nos setores privados.

Os enfoques atuais do financiamento da educação superior põem o acento na necessidade de que os 'usuários' paguem o custo da instrução, posto que cada vez mais os gestores vêem a educação superior como algo que beneficia o indivíduo, mais que como um "bem público" cujos benefícios chegam à sociedade. (ALTBACH e DAVIS, 2000: 23)

Não só no interior de cada sistema se dá essa mercantilização. Quanto mais se deteriora a infra-estrutura física pública, especialmente nos setores mais vitais para a população, como a saúde, a educação, os sistemas de transportes e a habitação, e quanto mais se expande a globalização econômica, mais avança a privatização da educação superior ligada aos mercados internos e externos. O mercado de trabalho tem atualmente demandas de tipo novo. Novas qualificações, perfis que se alteram com grande rapidez, demandas que se renovam e o aumento constante da competitividade exigem organizações bem flexíveis.

Na América Latina vem se expandindo consideravelmente a privatização da educação superior, na medida em que os estados nacionais têm restringido os investimentos públicos. Ser mantida pelo estado ou pela iniciativa privada não é isso, em si e por si, que fundamentalmente define o caráter público e a qualidade das instituições educativas. A educação superior privada pode muito bem estar comprometida com os valores e as mais importantes prioridades da sociedade em que se insere. Muitas efetivamente respeitam os valores acadêmicos e têm consciência de seu papel social. Mas, também, há aquelas instituições que internalizam como cultura e como único horizonte a competitividade, a produtividade e o lucro e assim acabam perdendo a referência do bem social.

Modernização e ensaios de reformas da educação superior latino-americana

O quadro da educação superior latino-americana pintado por Brunner, em um texto que já leva quinze anos, tem pinceladas bastante dramáticas. Com a complexidade crescente da globalização econômica, a exponencial produção e renovação de conhecimentos e a conhecida incapacidade de os países latino-americanos superarem seus históricos problemas, hoje seriam outras as tintas desse quadro de Brunner? Diz ele:

> Universidades superpovoadas e subdotadas (...) com escasso prestígio ante a opinião pública. Que recebem limitado apoio de seus governos e da sociedade. Com professores mal pagos e muitas vezes desmoralizados. Com estudantes descontentes e expostos a um futuro laboral incerto (...) Os acadêmicos produzem pouco ou o fazem de

maneiras pouco relevantes para a sociedade; os cursos que se oferecem são obsoletos e aborrecidos; a vida departamental é muitas vezes só um arremedo do trabalho que se supõe deve realizar uma equipe intelectual. (Brunner, 1990, *apud* DONINI & DONINI, 2004: 328)

Os sistemas latino-americanos de educação superior são bastante díspares. Alguns procuram responder, no que lhes seja possível, a algumas das exigências da globalização e de seus organismos econômicos e ideológicos. Outros sequer empreenderam medidas de adaptação aos novos tempos. Algumas rápidas pinceladas esboçam os traços mais comuns, porém alertando para a existência de grandes disparidades.

Em primeiro lugar, chama a atenção que apenas cerca de 10% das instituições de educação superior na América Latina sejam classificadas como universitárias, termo que se reserva para as instituições complexas e completas Se fosse seguido rigorosamente o princípio da exigência de pesquisa sistemática, este índice seria ainda menor. A grande predominância é a de pequenas instituições, não-universitárias, cada vez mais tendencialmente de natureza privada, freqüentemente do tipo "absorção de demandas", dedicadas quase exclusivamente à formação profissional em nível de graduação.

Em graus variáveis de um país a outro, os sistemas de educação superior latino-americanos encontram-se em um processo marcante de transição do setor público para formas mistas ou privadas de financiamento. Para dar um exemplo: o Brasil é um dos países que mais privatizou sua educação superior. Cerca de 90% de suas instituições de educação superior têm provedores privados – um dos maiores índices de privatização do mundo.

Outro aspecto relevante é que apenas cerca de 4% das instituições de educação superior latino-americanas desenvolvem pesquisa de modo sistemático. Rigorosamente, portanto, só 4% das instituições poderiam ser consideradas propriamente universidades. A quase totalidade da pesquisa neste continente é feita em universidades públicas. A pesquisa, em pequena quantidade quando considerado o tamanho do continente latino-americano e limitada ao setor público, não é um valor importante na América Latina, o que certamente põe em risco toda tentativa de desenvolvimento futuro. Somente Brasil e México têm importantes sistemas consolidados de pós-graduação, portanto, de pesquisa e de formação de pesquisadores.

Os sistemas de informações educacionais na América Latina são ainda precários, com honrosas exceções, como é o caso do sistema de informações e de análises do INEP, no Brasil. São igualmente pouco desenvolvidos, em geral, os estudos e análises sobre os dados coletados e, em havendo, produzem baixa aplicação prática, ressalvadas as exceções.

Tem ocorrido, nos últimos anos, uma importante expansão quantitativa de instituições e de matrículas, sem que isso tenha sido acompanhado de elevação ou até mesmo de manutenção da qualidade, respeitadas as honrosas exceções. A essa expansão, predominantemente do setor privado, corresponde uma grande depressão de financiamentos públicos. Em resposta ao aumento da demanda por educação superior, cresce o número de novas instituições. O grande problema passa a ser o da qualidade. São precárias as condições acadêmicas da maioria das instituições recentemente criadas: laboratórios, bibliotecas e equipamentos inadequados, professores improvisados, estudantes mal formados em níveis anteriores.

Obviamente, os problemas e dificuldades não estão restritos ao sistema educativo. A exemplo do que também ocorria em outros países de diferentes partes do mundo, os anos 1990 na América Latina se caracterizaram por medíocres taxas de crescimento, importante aumento do desemprego e crescente marginalização de grandes contingentes de pessoas. Esse quadro crítico se agravou em diversos momentos devido à instabilidade do mercado em várias regiões e à baixa competitividade dos países latino-americanos.

De um modo geral, nas últimas décadas ocorre um aprofundamento das crises crônicas que fazem parte da história desta região.

Depois da adoção das malogradas receitas neoliberais, a pobreza vem aumentando assustadoramente. De 1997 para cá, mais de 20 milhões de latino-americanos caíram abaixo da linha de pobreza. A dívida externa e o desemprego atingem cifras alarmantes. Na América Latina, onde a disparidade entre ricos e pobres é a maior do mundo, a diferença entre o 1% mais pobre e o 1% mais rico, em 1970, era de 363 vezes, enquanto que, em 1995, já havia atingido a cifra de 417 vezes. No Brasil, entre 1970 e 1994, o 1% mais rico praticamente duplicou sua riqueza, enquanto o 1% mais pobre perdeu cerca de 25% (TEDESCO, 2000: 21).

A América Latina começou a adotar, em alguns países, as políticas de liberalização e desregulação das finanças e do trabalho no final da década de 1980.[45] Mudanças no sistema educativo superior fazem parte dessas políticas. Nestes últimos tempos, diversos países latino-americanos vêm empreendendo reformas visando aumentar a eficiência de seus sistemas educativos. Essas medidas têm o claro propósito de tornar a educação um instrumento do desenvolvimento econômico, principalmente pela formação de profissionais bem preparados para as exigências da competitividade que se instalaram no mundo.

Mas, é importante se lembrar de que nem todos os países empreenderam reformas. Além disso, as reformas e medidas que se instauraram em alguns países foram empreendidas em um cenário complicado de crises fiscais e de vacas magras. Por isso, elas não foram capazes de resolver problemas recorrentes na história dos sistemas educativos latino-americanos, tais como a questão da democratização do acesso, da qualidade, da pertinência e, sobretudo, do financiamento. Por isso, em geral não passaram de ajustes às exigências da economia e adaptação ao mercado.

A escassez de recursos e um aumento considerável nos mecanismos de controle dos estados contrastavam, e ainda contrastam, com

---

[45] O Chile já havia feito, antes, sua reforma neoliberal. Desde 1973 servia de laboratório experimental da liberalização e da desregulação, que ganharam corpo nas políticas de Thatcher e Reagan e posteriormente inspiraram o Consenso de Washington.

o reconhecimento explícito nos discursos oficiais da centralidade da educação e da pesquisa. Entretanto, os investimentos públicos, que sempre estiveram aquém de qualquer padrão desejável, continuaram cada vez mais baixos,[46] especialmente em razão das restrições fiscais, do baixo desempenho no quadro de competitividade internacional, das obrigações de pagamento das dívidas externas em situações adversas, dos contingenciamentos de orçamentos públicos, da evasão de divisas e de outros fatores, inclusive a corrupção.

Às grandes desigualdades sociais e aos baixos desempenhos na economia dos países latino-americanos correspondem, também, desigualdades no campo educacional. Particularmente o Brasil apresenta um déficit muito grande em matrículas na educação superior. Cerca de 10% dos jovens da faixa de 18-24 anos estão hoje matriculados em algum curso superior.[47] Essa é uma taxa bastante baixa, até mesmo quando comparada com as de países muito mais pobres, aqui mesmo na América Latina. Em grande parte, isso pode ser explicado pela criação tardia de universidades no Brasil e por uma certa tendência de exclusão social que historicamente se tem verificado neste país. Agora, quando é maior o reconhecimento da importância da educação superior para o desenvolvimento do país, faltam recursos e vontade política. As opções dos governos têm sido pela expansão do sistema pela via da privatização, o que, além de excludente, é muito arriscado do ponto de vista da qualidade.

---

[46] "As evidências de doze países da América Latina mostram que, em nove deles, os gastos governamentais com educação variam entre 2,5% e 3,5% do PIB. Para um dos dois países com menores gastos, ou seja, o Brasil, parece haver uma subestimação. Este gasto médio para os países da OCDE é de 4,5%." (SOUZA, 2002: 25). Segundo García-Guadilla (2004: 112), não há cifras que compreendam os gastos totalizados do setor privado latino-americano. Por sua vez, os investimentos públicos em educação superior apresentam uma baixa proporção do PIB. Dados de 1995 indicam que os investimentos públicos superaram em muito pouco os 9 bilhões de dólares, isto é, 0,88 do PIB da América Latina (na OCDE essa proporção foi de 1,2%). Esse total é bastante inferior ao que os Estados Unidos faturam somente com matrículas de estudantes estrangeiros em suas instituições de educação superior.
[47] O Brasil conta com muitos estudantes de curso superior com idade acima da coorte 18-24 anos.

Uma das marcas essenciais do processo de modernização empreendido nos países latino-americanos consiste em numa mudança importante nas formas de financiamento. Isso se traduz concretamente pela redução drástica de recursos públicos, abrindo-se amplas facilidades aos investimentos privados na educação superior. A transferência de recursos da educação superior à educação básica era uma das condições que o Banco Mundial impunha para efetuar empréstimos aos países tomadores.

As políticas e medidas empreendidas para aumentar a eficiência, especialmente a partir de 1990, com empenho de menos recursos, se acompanharam de uma grande expansão da cobertura escolar e do emprego de mecanismos de mercado. A busca de maior eficiência, se de um lado representou expansão quantitativa dos sistemas educativos, por outro lado teve conviver com a dificuldade crescente de produzir qualidade.

O discurso da eficiência, da gestão racional, da produtividade, da qualidade, da excelência, amplamente divulgado pelo Banco Mundial e outros organismos multilaterais, convive, contraditoriamente, com plataformas democráticas das comunidades universitárias que pleiteiam mais autonomia, maior democratização nas questões de acesso e de gestão, maior presença do estado no financiamento. A educação superior pouco a pouco foi perdendo na região latino-americana o seu significado histórico de patrimônio social e sustentáculo da cidadania e do desenvolvimento nacional e adquirindo funções que coincidem com os interesses de inserção das corporações econômicas à globalização neoliberal.

As reformas, em geral, priorizam as determinações dos organismos multilaterais, imprimindo um caráter burocrático e controlador na gestão e nos mecanismos de avaliação e regulação e flexibilizando ao máximo as possibilidades de aparecimento de novos provedores e de novas modalidades de organização institucional. A crença no poder de garantir a qualidade através do cumprimento de padrões mínimos e universais deu forte proeminência à gestão racional e aos mecanismos burocráticos, tanto nos níveis internos das instituições, quanto nas instâncias centrais. Muitas agências de qualidade, controle e acreditação – muitas vezes sob denominação de "avaliação" – foram criadas, acompanhando um fenômeno que se consolidava nos países ricos, e replicando, nos âmbitos nacionais, os papéis de organismos e agências multilaterais. Alguns exemplos: CONEAU (Argentina), CONAEVA e CENEVAL (México), SICEVAES (América Central), SINAES (Equador), CSE, CONAP, SINAC e MECESUP (Chile), CONAMED[48] (Bolívia). No Brasil, a CAPES se encarrega há muitos anos da avaliação da Pós-Graduação e recomendação dos Cursos. A avaliação da Graduação, desde o governo de Fernando Henrique Cardoso é de competência do INEP, enquanto a regulação é atribuição da SESU e do CNE.

As transformações havidas ainda não estão consolidadas. Ao contrário, ainda estão em fase de experimentação e sujeitas a muitas alterações ou mesmo a processos de substituição. É importante observar que as propostas e projetos para a educação na América Latina não são gestados autonomamente nos países que os elaboram. Em grande parte, representam respostas a demandas do contexto internacional, muitas delas impulsionadas pelos organismos que exercem em nome do capital global as funções de financiamento e de propagação ideológica, como o FMI, o Banco Mundial, a OCDE, de quem Chesnais disse que "combinam funções de banqueiro-gendarme e de sumo sacerdote da ortodoxia neoliberal" (CHESNAIS, 1999: 97). São respostas que procuram levar em conta dois fenômenos interligados, porém, distintos: a globalização econômica, que exacerba a exigência da competitividade e do utilitarismo, e a internacionalização, que tem a ver com a maximização dos intercâmbios mundiais no fenômeno novo da sociedade do conhecimento.

---

[48] Chama a atenção o nome desta agência boliviana que explicita claramente sua função de "mensuração da qualidade educativa": Consejo Nacional de Acreditación y Medición de la Calidad Educativa. Muito na perspectiva eficientista do Banco Mundial etc., a qualidade educativa é algo que, então, se mede e se quantifica, e isso dá lugar a comparações, certificações, aprovações, reprovações e selos de qualidade.

A integração regional é uma questão que ainda não está bem resolvida na América Latina. NAFTA, MERCOSUL, ALCA constituem tentativas de integração comercial que ainda não se consolidaram. De qualquer forma, elas traçam um horizonte que não pode ser negligenciado quando se trata da educação superior, que está diretamente afeta às pesquisas e, de modo universal, à formação profissional. Não pode ser negligenciada a idéia seguinte: a exemplo dos organizados em outros cantos do mundo, esses blocos são tentativas de integração política e econômica de países, que dividem um determinado espaço geográfico, com a finalidade de aumentar a cooperação para fortalecer a competitividade.

Internacionalização, cooperação e transnacionalização da educação superior na América Latina

A característica predominante da internacionalização da educação superior latino-americana tem consistido na ida de estudantes e professores sobretudo para os Estados Unidos e alguns países europeus, principalmente Inglaterra, França, Espanha e Portugal. O contrário verifica-se em muito menor escala. É muito baixa a competitividade da América Latina comparativamente com sistemas de educação superior do mundo com maior desenvolvimento industrial e econômico. Entretanto, não se podem omitir dois fenômenos. Um deles diz respeito às "fugas de cérebro", que enfraquecem bastante o potencial intelectual e a capacidade de pesquisa dos nossos países. O outro, de enorme importância, se refere aos programas de ajuste, que os países da América Latina e Caribe fazem, em obediência a direções ditadas por organismos multilaterais, que muitas vezes são desenvolvidos mediante a forte colaboração de quadros formados em cursos de pós-graduação dos países hegemônicos, sobretudo do primeiro dentre eles, que são os Estados Unidos. Isto traz à tona questões de ética e de pertinência, recorrentes neste texto.

Os Estados Unidos têm tido grande poder de atração em virtude das fortalezas que apresentam suas instituições de ensino e pesquisa e a universalidade da língua inglesa. O inglês se firmou como a língua oficial e universal das pesquisas, o que ajudou a criar as grandes revistas, que ditam ao mundo as prioridades de investigação e os critérios de qualidade científica. Um diploma universitário obtido em uma grande universidade norte-americana goza de enorme prestígio social e valor de mercado.

A atratividade da Europa esteve bastante ligada ao grande fascínio que a história cultural de alguns de seus países exerceu sobre o mundo ocidental. Para os latino-americanos, contam como bastante fortes os elos históricos, culturais e econômicos com Espanha, Portugal, França e Itália. Enquanto os laços sangüíneos e as facilidades lingüísticas nos aproximaram especialmente de Espanha e Portugal, a riqueza e o "charme" da cultura francesa sempre se nos constituíram um apelo muito forte.

Para aprofundar as relações de cooperação entre esses países e os latino-americanos, mas, também, para aumentar a competitividade européia, especialmente diante do poderio dos Estados Unidos, foram criados alguns programas. Exemplos são o Programa Alfa da Comissão Européia[49] e o Programa Columbus, dedicados à cooperação e ao estreitamento de relações universitárias entre o Velho e o Novo Continente. Um dos efeitos positivos desses programas, além do oferecimento de algumas bolsas de estudos e alguns financiamentos para a pesquisa e a realização de eventos acadêmicos, tem sido um maior conhecimento mútuo dos sistemas, das instituições e dos profissionais de educação superior das duas regiões.

Por importantes que sejam para alguns setores e indivíduos, os efeitos produzidos por esses Programas são bastante restritos e não evitaram, talvez tenham mesmo aprofundado, dois problemas. O

---

[49] ALFA=América Latina Formação Acadêmica.

primeiro deles é relativo ao sentido de mão única: latino-americanos vão à Europa, e mais recebem do que produzem conhecimentos. O segundo diz respeito à evasão de bons pesquisadores latino-americanos para países centrais, onde encontram melhores condições para o exercício profissional ou para as atividades de pesquisa. Nestes últimos anos vem se acrescentando de modo preocupante uma outra coisa bastante importante. Contrariamente ao discurso que correu o mundo, produzido e amplificado especialmente pelas agências e instituições multilaterais ligadas à globalização neoliberal, a abertura econômica não só não produziu mais riquezas e desenvolvimento, como até mesmo aprofundou a pobreza e aumentou as dívidas dos países latino-americanos. Fragilizada na política e economicamente na competição global, a educação superior da América Latina sofre agora uma nova ameaça, aliás, já concretizada em alguns casos: a infiltração de provedores estrangeiros na educação superior, como já acontece especialmente no México e no Panamá.

São muito grandes as oportunidades de lucro para organizações estrangeiras que investem nos sistemas latino-americanos de educação superior. Essas oportunidades de sucesso econômico podem ser maiores quanto mais sistemas educativos se encontram fragilizados pelos recorrentes decréscimos orçamentários dos últimos anos, pelo crescente endividamento dos países e os conseqüentes compromissos de pagamento da dívida externa, tudo isso combinado com o acirramento da competitividade em todos os níveis, o aumento da escolarização básica e a maior demanda por estudos superiores.[50]

---

[50] Provavelmente, dentre os cursos que melhor atendem os interesses da globalização, especialmente no que se refere à disseminação da cultura empresarial, são os mundialmente oferecidos MBAs. A esse propósito vale citar o que AZEVEDO e CATANI recolheram de uma reportagem feita por VALAT & ZENNOU para o jornal *Le Figaro*, de 13 de setembro de 1999: "No caminho da mundialização, os MBAs tornaram-se incontornáveis. Para existir em escala internacional, é necessário ter um reconhecimento e uma visibilidade internacional. Assim, os diplomas que não tenham um perfil estrangeiro têm pouca chance de sobrevivência. Os MBAs apresentam a vantagem única de se constituírem em uma formação de nível altamente reconhecido no mundo todo. A escola ou a universidade que os oferta – seja ela americana, francesa, espanhola, japonesa ou argentina –, o conteúdo dos cursos, o formato e o objetivo são sensivelmente idênticos" (*apud* AZEVEDO & CATANI, 2004: 192).

O problema principal consiste na perda de poder decisório em matéria educativa. Os países econômica e politicamente mais poderosos tendem a ter um poder de decisão maior que os próprios países pobres e emergentes a respeito de como estes devem agir, nos seus âmbitos internos, em matéria de educação superior. Isto tem séria implicação política, pois atinge a soberania nacional. Os conteúdos e formas dos cursos, programas e serviços elaborados e oferecidos por instituições forâneas podem não coincidir com os interesses e as prioridades nacionais. Podem não ser pertinentes. Além disso, é muito difícil garantir a qualidade desses serviços.

Uma prática de homogeneização, que muito bem poderia ser exemplificada pelos MBAs, vem se tornando comum: pacotes homogêneos são oferecidos a países os mais diversos, sem levar em conta as especificidades institucionais e as realidades nacionais. Como conseqüência, ampliam-se as assimetrias entre os países produtores e os consumidores de conhecimento.

Cabe observar que alguns fenômenos novos da educação superior interessam, por razões diferentes, tanto aos governos como à iniciativa privada. É o caso da flexibilização das condições de oferta de novos cursos. Pode também ser um bom exemplo a educação virtual. Nos dois casos, a lógica é a mesma: à iniciativa privada se abre um lucrativo mercado, enquanto que os governos vêem aliviada uma parte das pressões sociais por oportunidades de estudos superiores e se sentem no direito de restringir os financiamentos públicos.

Se a América Latina entender que é muito importante reforçar os seus sistemas de educação superior como bloco internacionalmente mais competitivo, precisa estabelecer alianças estratégicas entre seus governos e instituições. Porém, não pode deixar de levar em conta algumas dificuldades específicas. A América Latina, embora apresente uma boa unidade lingüística e religiosa, tem uma vastidão territorial bastante importante e pesam-lhe os graves problemas ligados às enormes desigualdades sociais, em geral, atrasos educacionais e disparidades no que concerne especificamente aos sistemas e instituições de educação superior.

Particularmente preocupante é a baixa capacidade de pesquisa, em grande parte decorrente da falta de política e de investimentos estatais. Com exceção de Brasil e México, os países latino-americanos quase não investiram na construção de sistemas de pós-graduação[51], o que empobrece consideravelmente as condições de intercâmbio, cooperação internacional e competitividade deste continente.

Dos mais visíveis aspectos dessa falta de cultura e de estruturas de pesquisas voltadas ao desenvolvimento dos países são a ausência de políticas para manter os pesquisadores e o baixo domínio geral das tecnologias. Mais da metade dos pesquisadores dos países latino-americanos migra para centros mais avançados, onde encontram melhores condições e mais recompensas para seu trabalho. Poucos são os que conseguem manter os seus pesquisadores, como é hoje o caso do Brasil.

Se o desenvolvimento mais do que nunca está ligado ao domínio da tecnologia, especialmente da informação, é altamente preocupante o atraso tecnológico da América Latina.

> Com efeito, a capacidade ou a falta de capacidade das sociedades para dominar a tecnologia, e em particular as que são estrategicamente decisivas em cada período histórico, define em boa medida seu destino, até o ponto de podermos dizer que ainda que por si mesma não determina a evolução histórica e a mudança social, a tecnologia (ou sua carência) plasma a capacidade das sociedades para transformar-se, assim como os usos aos quais essas sociedades, sempre em um processo conflituoso, decidem dedicar seu potencial tecnológico. (CASTELLS, 1997, vol. II: 33)

Os fenômenos da internacionalização e da transnacionalização da educação superior estão trazendo exigências novas às legislações,

---

[51] Houve casos em que os sistemas de pesquisa então existentes foram desmontados pelos golpes militares, como na Argentina e no Uruguai.

especialmente no que se refere ao reconhecimento de cursos, títulos e diplomas, com efeitos acadêmicos e profissionais. Vários organismos supranacionais se somam agora aos sistemas nacionais de acreditação e avaliação, também com reflexos nas culturas institucionais.

Os sistemas de educação superior, além das normativas nacionais, passaram a se preocupar também com as legislações de outros países e com os padrões e procedimentos internacionalmente reconhecidos. Trata-se de uma necessidade de adaptação às tendências internacionais, mas também se trata de responder às exigências de aumentar o reconhecimento externo da qualidade das instituições nacionais, tornando-as mais fortalecidas no panorama de educação transnacional.

Obviamente, há enormes dificuldades nesses processos de certificação da qualidade das instituições e cursos não só no nível nacional, mas, sobretudo, quando se tratam de reconhecimentos transfronteiriços. Se o conceito de qualidade é muito complicado já nos sistemas locais, o é muito mais ainda quando aplicado a padrões transnacionais. A saída mais fácil tem sido a da simples aceitação das decisões tomadas pelos organismos nacionais, com base na confiança mútua. Entretanto, isso não resolve a questão das desigualdades. As dificuldades continuam quando se passa a discutir padrões e critérios comuns em comissões conjuntas ou quando se instituem agências supranacionais de acreditação e avaliação. Algumas tentativas estão sendo feitas na América Latina, muito timidamente e enfrentando enormes problemas.

Cabe destacar que a globalização centrada nos valores e regras da economia produz efeitos importantes também nos processos institucionais internos; por exemplo, na concepção e no exercício da autonomia, nas relações com os conhecimentos, nos modos de produção da ciência e na formação profissional. Isso tem a ver, ao menos em grande parte, com as relações econômicas transnacionais, com os blocos e as alianças comerciais e, certamente, com a ampliação e modernização das novas tecnologias de informação e comunicação. De um lado, opera-se uma grande diferenciação institucional, conforme convém ao mercado, promovendo-se a criação e a expansão de novos tipos e áreas de serviços educacionais, mais ajustados à diversidade da demanda; por outro lado, surge a exigência da comparabilidade de cursos ou carreiras profissionais, a equivalência de títulos e diplomas acadêmicos e, por isso, a compatibilidade de currículos e programas.

A ocupação do mercado educativo transfronteiriço na América Latina é pouco estudada. México é o país latino-americano que mais declaradamente se abriu para a educação transnacional, liberalizando os serviços educativos transfronteiriços. Essa adesão à transnacionalização de sua educação superior está vinculada à inserção do México no NAFTA e na OCDE. García-Guadilla fornece alguns exemplos, relativamente ao México e a outros países do continente:

> No caso do México, foram identificadas algumas universidades a distância como a Open University, do Reino Unido; a Universidad Nacional de Educación a Distancia (UNED), de Espanha; Phoenix University, dos Estados Unidos; Atlantic International University; Newport University. (...) No caso da Argentina: a Universidad Autónoma de Barcelona, a UNED de Espanha, a Universidad Politécnica de Madrid, a Pacific Western University, a Universidad Abierta Iberoamericana e a New York University; e, com focos de desenvolvimento de pesquisa, Harvard University e Universidad de Salamanca (MARQUIS, 2002). Há universidades a distância que têm sedes em outros países. Por exemplo, a Atlantic International University (de Honolulu, Hawai) tem endereços no México, Colômbia, Bolívia, Equador, Guatemala. A Bircham International University funciona com um escritório de representação no México. Também funcionam instituições como a Oracle University, que intervêm na provisão de serviços de formação contínua, em forma autônoma, com sedes em muitos países da América Latina: México, Argentina, Paraguai, Uruguai e Venezuela. Oferecem capacitação e mestrados. (GARCÍA-GUADILLA, 2004: 113-114)

No caso brasileiro, o exemplo mais expressivo é a oferta de serviços da Phoenix University a um grande número de instituições e cursos superiores do Grupo Pitágoras.

Diversas instituições espanholas, cubanas, norte-americanas e de outros países têm oferecido cursos genericamente chamados de "pós-graduação", na América Latina, muitos deles com qualidade bastante discutível. Via de regra, esses cursos não correspondem às exigências mínimas do mestrado e doutorado brasileiros. Em muitos casos, tratam-se de cursos conhecidos como "MBA", de atualização ou aperfeiçoamento profissional.

De um modo geral, ao estabelecer-se fisicamente no exterior, isoladamente ou associada a instituições locais, uma universidade busca aumentar seu prestígio e, sobretudo, auferir lucros, diretamente com a oferta de cursos e atividades de extensão, procurando tornar-se mais atrativa para receber alunos em sua sede e conseguir ampliar seu leque de consórcios e convênios com outras organizações educacionais.

A tendência de comercialização da educação superior se fortalece dia-a-dia na América Latina impulsionada por esses dois fenômenos combinados: a privatização e a liberalização do comércio transnacional. Dificilmente os países latino-americanos conseguirão barrar essa tendência, especialmente se a educação vier a ser regulada segundo o modelo do Acordo Geral sobre Comércio de Serviços, da Organização Mundial do Comércio. Certamente isso tem pesadas conseqüências para as sociedades democráticas que ainda nem mesmo consolidaram suas bases republicanas.

No "capitalismo acadêmico" globalizado, que faz das universidades e instituições educativas em geral empresas de negócios sem fronteiras, o indivíduo social se transforma em cliente, a sociedade se degenera em mercado. Essa mentalidade geral e essas práticas produzem uma certa desestabilização da noção de bem público na educação superior. Como observa García-Guadilla, "pela primeira vez na história, a educação superior se sente acossada por forças comerciais, de tal natureza, que estão conseguindo desestabilizar o caráter de bem público que até agora era inerente à educação" (GARCÍA-GUADILLA, 2004: 9).

Tratado de Livre Comércio da América do Norte – Projeto 6 x 4: um ensaio mexicano

O que apresento, muito rapidamente, a seguir, são apenas exemplos do que poderá vir a se expandir na América Latina, no que diz respeito à internacionalização, à comercialização e à regulação transnacionais de serviços educacionais. São iniciativas ainda muito precárias e frágeis. Porém, podem indicar tendências. O primeiro é o "Projeto 6 X 4", que está sendo ensaiado no México, com apoio da União Européia. No mínimo, é interessante observar que se trata de um exemplo de alianças entre América Latina e Europa e entre organismos multilaterais das universidades européias e uma agência privada legitimada pelo governo mexicano.

Gestado na CENEVAL[52] (México) em colaboração com o Programa Columbus[53], o Projeto 6 x 4 é um ensaio piloto voltado à construção do espaço comum de educação superior da América Latina e Caribe, a exemplo do que ocorre na Europa com a Declaração de Bolonha. Busca estabelecer as condições operativas para a obtenção de comparabilidade e convergência dos sistemas de educação superior no continente latino-americano, ao mesmo tempo permitindo os intercâmbios com a União Européia. Trata-se de um projeto-piloto. Um ensaio, ainda bastante limitado e incipiente, mas que tem o propósito de expandir-se.

---
[52] Centro Nacional de Evaluación para la Educación Superior, México. Organismo privado credenciado pelo estado mexicano.
[53] Columbus é um programa de cooperação entre a Conferência de Universidades Européias (CRUE) e a Associação de Universidades Latino-americanas (UDUAL); tem por objetivo a melhora da gestão e a cooperação universitária na Europa e na América Latina.

Inicialmente, este Projeto de convergência está centrado em seis profissões: Administração, Engenharia Eletrônica ou semelhante, Medicina, Química, História e Matemáticas. Para efeitos de comparação internacional, intercâmbio e cooperação, são propostos quatro eixos: Competências Profissionais, Créditos Acadêmicos, Acreditação e Avaliação, Formação para a Inovação e a Pesquisa.

Importante observar que esse projeto, ainda em fase precária de ensaio, é conduzido por um organismo privado, que se encarrega normalmente de fazer avaliações e acreditações, de acordo com a aliança estratégica que se estabeleceu entre o governo mexicano e o grande empresariado nacional e estrangeiro. Recorde-se de que o México é um dos dois países latino-americanos[54] que já firmaram compromissos, isto é, já estabeleceram formalmente acordos para liberalizar o comércio educativo transnacional de nível superior.

Esses compromissos não estabelecem quase nenhuma limitação ao oferecimento de serviços educativos por parte de estrangeiros, seja por via presencial e comercial, seja por meios virtuais. Também é muito importante se lembrar de que o México faz parte do "Tratado de Livre Comércio da América do Norte" (NAFTA). Essas duas situações têm enorme impacto sobre as novas configurações da educação superior mexicana. Segundo Aboites, a educação superior mexicana está fundada em um acordo entre estado e empresariado. Este acordo apresenta os seguintes traços:

1. O Estado acorda com os grandes dirigentes do setor educativo privado e empresários nacionais e estrangeiros, em primeiro lugar, a redução da participação do setor público na educação e na redefinição de seu papel para dedicar-se primordialmente a funções e áreas estratégicas. Concretamente, o Estado reduz o financiamento das instituições públicas, propicia o crescimento da educação privada e se converte em impulsor de uma estrutura de certificação da qualidade que regule esse crescimento...

---

[54] O outro é o Panamá. Costa Rica também estabeleceu compromissos, porém relativamente à educação básica. O México, membro da OCDE, já estabeleceu compromissos em todos os níveis educacionais e apresenta diversas alianças com instituições estrangeiras.

2. Uma segunda parte do acordo consiste em que o Estado admite a participação direta do setor educativo privado e dos empresários nacionais e estrangeiros na condução da educação superior pública...

3. Uma terceira rubrica do acordo implica proceder a uma completa reorientação 'empresarial' do processo educativo nas universidades públicas. (ABOITES, 2003: 60-61)

Setor Educativo do Mercosul: tentativas de acordos a respeito de acreditação de cursos

A acreditação é tema central nas preocupações e em muitas ações sobre educação superior na América Latina, como também em outras partes. Isso se deve ao fenômeno da expansão (em muitos lugares, da massificação) das matrículas e das instituições de educação superior, especialmente no setor privado e com lógica comercial. Nos últimos 35 anos, as matrículas em educação superior na América Latina saltaram de cerca de 1 milhão para aproximadamente 11 milhões, sendo que o Brasil conta com mais de 4 milhões desses estudantes. A expansão e a diversificação, aliadas à mobilidade, aos intercâmbios internacionais e ao comércio transnacional tornaram aguda a preocupação com a qualidade.

Para os governos, é sobretudo por meio de processos de acreditação que é possível controlar ou assegurar a qualidade e se certificar de que uma instituição ou seus cursos apresentam padrões aceitáveis. Com a globalização, veio a necessidade de criação de sistemas supranacionais de acreditação.

Também no Mercosul se estabelecem, desde 1991, ações que objetivam produzir procedimentos e instrumentos que permitam a acreditação de determinados cursos de educação superior, a certificação de qualidade e o reconhecimento de títulos e diplomas universitários entre os distintos países membros. O Setor Educativo do Mercosul, subordinado aos Ministros de Educação, se centra em três áreas prioritárias: formação de uma consciência social favorável ao processo de integração; capacitação de recursos humanos que contribuam para o desenvolvimento econômico; integração dos Sistemas Educacionais. A integração compreende definição de perfis mínimos de formação profissional e técnica, que permitam a convalidação de títulos e a mobilidade de estudantes, professores e profissionais.

Inicialmente, foram priorizadas três áreas para efeito de acreditação, segundo critérios comuns e com validade nos diversos países: agronomia, medicina e engenharia. Entretanto, é provável que outras áreas venham a se incorporar a esses processos a médio prazo. Também não seria de se estranhar a instalação de redes regionais e agências de acreditação públicas e privadas, acompanhando os fenômenos da internacionalização e da transnacionalização da educação superior em plena vigência em outros continentes, especialmente na Europa.

Era expectativa das autoridades ligadas ao tema que o Setor Educativo do Mercosul já tivesse constituído, até 2005, o espaço acadêmico regional, com melhor qualidade no que se refere à formação de recursos humanos e dotado dos instrumentos operativos e legais necessários à integração dos sistemas. Para isso, destaca três blocos de atuação: Acreditação, Mobilidade e Cooperação Interinstitucional. Entretanto, isso ainda não se realizou.

As principais iniciativas do Mercosul Educativo se referem à acreditação, tendo em vista o objetivo de ampliar a mobilidade estudantil. Trata-se de definir os perfis mínimos de formação profissional e técnica, para viabilizar a equivalência de títulos e o exercício profissional nos diversos países do Mercosul. Além disso, trata-se de compatibilizar os perfis profissionais e curriculares, para facilitar a mobilidade de alunos, professores e profissionais. Nessa direção, já se encontram vigentes alguns protocolos: o Protocolo de

Integração Educativa sobre Reconhecimento de Títulos Universitários para Prosseguimento de Estudos de Pós-Graduação; o Protocolo de Integração Educativa para Formação de Recursos Humanos em nível de Pós-Graduação; e o Protocolo de Aceitação de Títulos e Graus Universitários para o Exercício de Atividades Acadêmicas nos Países do Mercosul.

O Memorando de Entendimento sobre a Implementação de um Mecanismo Experimental de Acreditação de Cursos para o Reconhecimento de Títulos de Grau Universitário nos Países do Mercosul, aprovado em 1998 e com uma nova versão de 2002, define que são os cursos que devem ser reconhecidos, não a instituição. Até o momento, ainda não foi acreditado nenhum curso.[55]

São muito grandes os desafios que se colocam à educação superior latino-americana. Além daqueles que fazem parte dos cenários mundiais, há por aqui problemas bastante complicados que exigem um enfrentamento que não pode esperar. Competição, mercado, privatização novas tecnologias, novos modos de produção de conhecimento e de aprendizagem, transnacionalização, integração regional, acreditação, globalização e tantos outros conceitos se insinuam com bastante familiaridade nos temas da educação superior em todas as partes do mundo. A esses, se acrescenta em nossos países latino-americanos a urgência e a necessidade não descartável de trazer aos debates e às reformas da educação superior as questões da democracia, do republicanismo, da justiça social, do desenvolvimento, da ampliação do acesso e da qualidade, mas qualidade segundo as exigências da ciência e dos conceitos que melhor correspondem à realidade social de nossos países.

---

[55] As informações sobre os processos de acreditação no Mercosul foram retiradas do artigo de MARTIN, Julio (2004), página 84 e seguintes.

CAPÍTULO V

PARA CONTINUAR OS DEBATES

Os cenários das contradições: a dupla face de Janus

Normalmente, este seria um capítulo de conclusões. Mas, nestes tempos de incertezas que nos toca viver, como fechar as discussões em um qualquer veredicto a respeito do que deverá ser a educação superior? Se estes são tempos de encruzilhadas e dilemas, como traçar cenários feitos de certezas quanto ao futuro? Melhor então é manter vivas as chamas dos debates, enfrentar a questão das múltiplas demandas que se põem à educação superior e fincar pé em princípios que não podem ser negociados.

Para a educação superior, um dos dilemas mais importantes relativos à questão do conhecimento é a alternativa de se especializar no ensino institucional do conhecimento prático, aprofundando sua função escolar profissionalizante específica, ou assumir a necessidade de assegurar os velhos valores universitários de sua tradição humanística, relativos à ética do uso do conhecimento. (PEÓN, *in*: BARSKY, SIGAL, DÁVILA, orgs., 2004: 167)

Nada fácil a agenda da educação neste início de milênio, diante da sociedade do conhecimento e de tudo que este representa. Para além de seus contextos tecnológicos ligados às funções econômicas, o conhecimento tem também um profundo sentido simbólico e espiritual para os indivíduos, as sociedades, a humanidade.

Ao longo do texto, tentei trazer um universo de preocupações e temas que configuram os cenários em que a educação superior vive suas dúvidas hamletianas. Ou, em outra metáfora, a dupla direção para onde Janus se volta. Entre ser um bem público e ser uma mercadoria vai muito mais que uma declaração de princípios. Da educação superior tantas coisas dependem, a ponto de ela ter se transformado em um campo de disputa de interesses e valores os mais diversos. Em alguns sentidos, o futuro da humanidade será o que da educação superior vier a ser feito. E reciprocamente. Mais do que nunca os destinos do homem sobre a terra se vinculam aos conhecimentos e às técnicas.

A marca principal da globalização econômica é a acirrada competitividade dos mercados e dos países. Aumentar a competitividade: esta tem sido a principal exigência feita à educação superior. Se esta demanda atribui grande importância às instituições educativas, também as coloca no centro das contradições que a crescente competitividade impõe. De um lado, deve a educação ser um eficiente motor da economia. Mas, por outra parte, não se pode diminuir o papel histórico, das universidades e do conjunto das instituições educativas, relativamente à formação e ao desenvolvimento da consciência crítica e da compreensão ampla do universo das transformações sociais.

Cumprir com qualidade essas duas exigências – contraditórias em muitos sentidos, mas que não precisaria necessariamente ser – é uma tarefa nada fácil. Em outras palavras, essa temática que envolve o eixo universidade-sociedade, em um momento histórico marcado pelas contradições da globalização, envolve questões que precisam ser amplamente discutidas, mas, certamente, não poderão ser explicadas ou resolvidas completa e satisfatoriamente.

A educação superior ganhou novas dimensões neste mundo de comunicações e interdependências globais, pois é o principal espaço público de produção de conhecimento e de formação. Isto é defendido tanto por aqueles que entendem o conhecimento e a formação como elementos fundamentais de inclusão social e da emancipação humana, em geral, criando melhores condições de vida para todos, como por quem os entende como valores centrais de competitividade e sucesso individual no mundo dos negócios e do trabalho.

A educação superior tem, portanto, uma enorme centralidade nas transformações globais. Isto vale tanto para os que a concebem como bem público, como para aqueles que a tratam como serviço comercializável e disponível às iniciativas mercadológicas de novos provedores privados, locais ou transnacionais. Seja entendida como bem público e de interesse da sociedade ou serviço comercializável e de interesse privado, a enorme relevância da educação superior é ampla e incontestavelmente reconhecida.

Para os primeiros, a importância da educação superior reside no fato de que ela forma uma parte da juventude nacional, constrói e preserva conhecimentos e culturas e realiza a grande maioria de pesquisas, que por sua vez levam ao desenvolvimento das técnicas e à produção dos instrumentos de desenvolvimento e de modernização do mundo. Além disso, a educação superior de caráter público, com diferentes graus de realização, busca a compreensão radical da história, propicia ricas experiências interpessoais, engendra intercâmbios e comunicações humanas nos ambientes compartilhados dos *campi*, elabora as críticas, as análises e os fundamentos éticos da vida social. Ou seja, a educação superior, nesta perspectiva e com estes valores, tem compromisso com a verdade e com o desenvolvimento humano, tem como fim o aperfeiçoamento do cidadão e da sociedade.

Entretanto, a globalização, quando exacerba e leva às últimas conseqüências sua dimensão de mercado global interdependente, acaba estendendo uma mentalidade mercadológica a todo o tecido social e submetendo todas as coisas e fenômenos a uma racionalidade economicista. Apagam-se as fronteiras físicas, reduzem-se as tarifas alfandegárias, flexibilizam-se os meios de exportação de produtos, organizações empresariais, técnicas e estratégias comerciais. Tudo, então, se reduz à noção de mercadoria, tudo é privatizável e comercializável, inclusive o saber, a educação, a formação. Os meios adquirem significação de fins. O fim prioritário acaba sendo o lucro. A formação se empobrece, limitando-se à capacitação para algum emprego.

Segundo a lógica empresarial, a educação superior precisa formar profissionais dotados de capacidades diferenciadas. O saber especializado, propriedade privada de quem o adquiriu em cursos e programas diferenciados, se apresenta como um capital importante para as demandas específicas que possam ter alguns setores empresariais ou organizacionais. O detentor desse diferencial pode vender caro os seus serviços e os empresários se sentem recompensados com a maior produtividade e a competitividade aumentada em alguns nichos específicos do mercado.

Conceitos éticos – como justiça, cidadania, solidariedade, cooperação, pluralismo, respeito à alteridade, comunidade – são substituídos por individualismo, eficiência, eficácia, racionalidade administrativa, consumismo, competitividade, produtividade, rentabilidade, lucro, empreendedorismo, excelência. Em lugar do cidadão, assumem centralidade na cena o cliente, o consumidor, o produtor. Os interesses individuais e empresariais se sobrepõem, então, aos valores e compromissos sociais. Como diz Ozga, "estamos perante uma situação em que a economia e a eficiência são justificáveis, *como se fossem valores*, e outros valores são postos de lado por serem considerados ideológicos" (OZGA, 2000: 28).

As encruzilhadas da educação superior passam por escolhas entre esses pólos extremos. São eles que constituem os sentidos principais das crises identitárias que a educação superior vive atualmente. O pólo economicista vem predominando. Os padrões empresariais se transferem naturalmente para a avaliação da educação. A esse propósito, diz Marilena Chauí:

> a universidade, em lugar de criar os seus padrões e critérios próprios de avaliação, imita, e mal, os padrões da empresa privada e da lógica do mercado. (...) a universidade, que é responsável pela criação e invenção de métodos de pesquisa e de avaliação da realidade, até agora mostrou-se incapaz de criar os métodos e critérios da sua auto-avaliação (...) e passou a usar um indicador que tem sentido nas empresas, mas não se sabe bem qual seria o seu sentido na docência e na pesquisa: a chamada *produtividade*. (CHAUI, 2001: 124-125)

Também é emprestado ao mundo econômico um outro conceito para definir a qualidade da educação: *rentabilidade*. A educação é entendida como capital, o cidadão se reduz a "capital humano", no sentido que a economia dá a esses termos. Educação de qualidade é, então, aquela que é capaz de produzir rendas e maximizar os lucros. "A educação é então apreendida através de seus efeitos econômicos sobre o indivíduo e a sociedade em seu conjunto (...) sobre o crescimento econômico e os salários" (AYAICHIA, 2001: 249-250).

O mercado globalizado e a centralidade da economia reforçam a idéia de que educação é bem privado, que beneficia individualmente aquele que paga seus estudos independentemente da nacionalidade do provedor. Não é de hoje que se fortalece essa ideologia. Um dos seus principais ideólogos em décadas passadas foi Milton Friedman. Já em 1962, ele sustentava ser natural que o indivíduo bem-sucedido obtenha sua recompensa na economia de mercado, isto é, um retorno sobre seu investimento inicial" (FRIEDMAN, 1962: 100).

Assim, para Friedman, o referente de qualidade é o mercado e o valor econômico é o critério do valor da educação, e esta é um serviço a ser oferecido livremente: "Os serviços educativos podem ser prestados por empresas privadas que funcionam para produzir lucro ou por instituições não lucrativas. (FRIEDMAN, 1962: 89)

O papel do estado se limitaria a garantir a proteção dos mercados e dos contratos entre indivíduos. Aí estavam algumas das bases da privatização que ganhou corpo e mundo, maximizando-se com a globalização neoliberal nas décadas seguintes.

Atualmente, a principal fonte das riquezas e de desenvolvimento durável não é mais o capital físico, e sim a posse de competências e habilidades que, potencializados pela conectividade global, estão na base da competitividade. Por isso, hoje, o conhecimento é objeto de muito mais estrito controle e regulação. Segundo a lógica gerencialista, é preciso criar mecanismos de controle do conhecimento, para que ele seja mais útil, e mais eficiente seja o seu uso. Segundo a retórica amplamente disseminada, o saber – especialmente a tecnologia – é o principal determinante do poder econômico e político dos países. Diferentemente da riqueza material, o saber tende a expandir-se indefinidamente. A transmissão de conhecimentos de uma pessoa a outra enriquece a ambos e ao próprio conhecimento, como a chama de uma vela acendendo uma outra.

A globalização trouxe muitos novos impactos à relação do homem com o conhecimento. O domínio de um campo de conhecimento obriga a uma permanente atenção às mudanças e às inovações. Os impactos das rápidas transformações das demandas e do desenvolvimento científico e tecnológico exigem uma atitude de permanente busca de atualização: a tão valorizada capacidade do aprender a aprender em renovadas situações. Isto de um lado aprofunda o sentimento da relatividade dos conhecimentos e, por outro lado, obriga a implementação de novos programas e outras organizações do saber. Já não basta conhecer aspectos da realidade. É preciso saber como esse conhecimento é realizado, como pode ser mais bem produzido, que significados têm os conhecimentos, como aprender continuamente etc. A sociedade do conhecimento traz inclusão e exclusão. Os que hoje estão incluídos amanhã poderão estar excluídos, se não se equiparem com as condições e as atitudes para uma aprendizagem continuamente alimentada. Poderão ser excluídos todos aqueles que não atualizarem e desenvolverem competências informacionais. Sem estas, quanto muito poderão desempenhar funções genéricas e repetitivas. Com efeito, o domínio das competências informacionais tende a ser um grande divisor de águas na sociedade. É o que pensa Castells:

> As divisões sociais verdadeiramente fundamentais da era da informação são: primeiro, a fragmentação interna da mão-de-obra entre produtores informacionais e trabalhadores genéricos substituíveis. Segundo, a exclusão social de um segmento significativo da sociedade composto por indivíduos abandonados cujo valor como trabalhadores/consumidores se esgotou e de cuja importância como pessoas se prescinde. E, terceiro, a separação entre a lógica de mercado das redes globais dos fluxos de capital e a experiência humana das vidas dos trabalhadores. (CASTELLS, 1998, vol. III: 380)

Novos grupos de expressões caracterizam a educação superior e especificamente a universidade da sociedade do conhecimento, segundo o modelo que se expande dos centros para as periferias: internacionalização, educação transnacional, comércio transfronteiriço, mercado global, OMC, competitividade, empreendedorismo, capacitação profissional, competências, flexibilidade, avaliação de resultados, qualidade. Cabe observar que antigos conceitos de muitas dessas expressões já não valem mais. É o caso, especialmente, de qualidade, agora mais próxima de eficiência, e das competências profissionais, hoje marcadas principalmente pelas noções de interdisciplinaridade, capacidades competitivas, desempenho verbal, disposições de iniciativa, prontidão para mudanças, flexibilidade, empreendedorismo, adaptabilidade ante as novas demandas de mercado e as rápidas transformações dos conhecimentos, técnicas e características dos empregos.

As dificuldades estruturais da empregabilidade, as novas características dos empregos, a grande facilidade de viagens e intercâmbios, o prestígio social de um título obtido no exterior, o fenômeno das fugas de cérebros, tudo isso misturado e potencializado pelo desenvolvimento tecnológico dos meios de informação e comunicação, pela ampliação do acesso a esses recursos, em combinação com o enorme decréscimo na capacidade de financiamentos públicos, cria as condições favoráveis para aumentar cada vez mais a quantidade e os tipos de fornecedores de serviços educativos com fins de lucro. A nova economia baseada no conhecimento útil favorece o crescimento da demanda por mais educação e pelo fornecimento transfronteiriço, ao mesmo tempo que se retrai o papel do Estado na prestação direta dos serviços educacionais.

Ainda a ética e a responsabilidade social

A educação é uma prática humana. Portanto, não pode ser pensada fora da totalidade que constitui a vida social. Assim sendo, tem uma forte significação ética e política. A educação superior guarda especificidades, principalmente no que se refere à formação em níveis de alta exigência, às funções de produção de conhecimentos e ao desenvolvimento da sociedade. Há um *ethos* acadêmico, que se constituiu ao longo dos tempos, a partir das universidades medievais européias, e que ainda hoje pode ser universalmente reconhecido, apesar de todas as transformações havidas em escalas mundiais e das respostas nacionais.

A educação superior não pode fazer de conta que não estejam ocorrendo razões suficientes para que também ela se transforme. Se as sociedades mudaram e continuam crescentemente se alterando em ritmo, alcance e intensidade muito grandes, se as oportunidades positivas, mas, também, as carências de todo tipo e a miséria se multiplicam e se aprofundam, perde importância um modelo de educação superior que eventualmente não consiga compreender os novos tempos e evoluir crítica e criativamente junto com eles.

Não se trata de aderir simplesmente às ondas mudancistas, porém de tornar as transformações do mundo mais justas e eficazes para os processos de melhoria da vida humana em geral. Isto requer adensamento dos processos de construção do conhecimento e maior aprofundamento da capacidade crítica e reflexiva dos cidadãos a respeito das dimensões objetivas e subjetivas das sociedades humanas. Isto significa aprofundar o *ethos universitário*.

A sociedade democrática precisa dizer qual a educação que ela quer, precisamente para que essa educação seja a base e o motor da construção dessa sociedade democrática. Assim sendo, é necessário um amplo debate sobre os sentidos e finalidades da educação superior atual, a identificação das principais necessidades sociais que ela deve satisfazer, as concepções de formação, as formas de financiamento, os currículos, a carreira e os compromissos docentes, as prioridades e funções da pesquisa e da vinculação com a sociedade, a gestão, a autonomia, as formas de acesso, a democratização de seus processos decisórios, a qualidade de vida de seus ambientes sociais.

A educação superior precisa se conscientizar de seu papel relativamente à diminuição das desigualdades. Isto ganha grande dimensão em um país, como o Brasil, que se situa dentre os mais desiguais do mundo, no que se refere à distribuição de riquezas materiais e de conhecimentos. A desigualdade significa injustiça, empobrecimento social, limitação de humanidade.

A saída para aumentar a igualdade não é diminuir o uso intensivo da informação e das tecnologias em geral. Ao contrário: é aumentar a disponibilidade de informação e de conhecimentos, isto é, socializar a técnica, aprofundar a democratização da sociedade. A privação do conhecimento e das condições de aprendizagem é um forte impedimento para uma existência plena, em um mundo cada vez mais concorrencial, em que a competitividade é medida e assegurada pelas relações com o conhecimento e as técnicas.

Para os países pobres, as dificuldades para minimizar as assimetrias sociais são muito grandes. Devem investir na formação para a produção de conhecimentos, em situações adversas e condições precárias, para não ficar alijados das relações mundiais. Por difíceis que sejam, não há saídas possíveis fora da via do conhecimento. Devem investir pesadamente na formação para o uso dos conhecimentos e tecnologias, na perspectiva de que os benefícios alcancem também pequenas e médias empresas e um contingente bastante amplo de pessoas.

Mas, é também necessário rever os velhos esquemas de ensino e de aprendizagem, de rígidas marcações espaciais e temporais. A educação quase não leva em conta que, com as tecnologias da informação, hoje, muitos dos espaços de aprendizagem e de trabalho se diluíram. Múltiplos são os lugares, as fontes e as formas de aprendizagem.

A globalização exige uma organização mais flexível do ensino, a superação das rígidas estruturas disciplinares e departamentais e uma atitude mais interativa e reflexiva. Se ainda é muito importante o domínio de conhecimentos especializados para a solução de problemas que a vida vai impondo, por outro lado, em uma visão mais ampliada e de maior duração, adquirem grande relevância as epistemologias da complexidade, as atitudes reflexivas, as práticas interdisciplinares.

A questão é saber quais os usos políticos que disso se fará e em nome de quais princípios e de quais projetos. A educação precisa formar bons profissionais e desenvolver as qualificações técnicas. Entretanto, é fundamental que a atividade de educação tenha um significado que ultrapassa a mera funcionalidade técnica e profissional.

O caráter profissional do ensino leva a reduzir o docente a um mero especialista. O ensino tem de deixar de ser apenas função, uma especialização, uma profissão e voltar a se tornar uma tarefa política por excelência, uma missão de transmissão de estratégias para a vida. (MORAN, CIURANA, MOTTA, 2003: 98)

O magistério superior não pode abdicar da função de formação da cidadania e construção da sociedade, que lhe é essencial.

Educação superior para uma globalização da justiça e da dignidade

Produtividade, ciência, tecnologia, fundamentais para mover a economia, não devem afastar-se da democracia. A formação não se reduz aos objetivos de adaptação das pessoas aos postos de trabalho. "Os objetivos são mais amplos. Nós os conhecemos: autonomia, espírito crítico, função de pertinência ao contexto social, etc." (VIAL, 2001: 21). A cultura de um povo não pode ser medida pela quantidade de produtos e de saberes estocados. A construção do conhecimento implica ao mesmo tempo a construção do sujeito. Ao lidar com os conhecimentos, a educação está realizando uma prática social que tem relação com a produção da subjetividade.

A educação superior tem uma grande responsabilidade na construção de uma sociedade. Isso não se deve apenas às suas funções relativas ao preparo de mão-de-obra, mas, sobretudo, pela formação que leva em conta a complexidade humana e social, desde aspectos científicos e técnicos, aos estéticos, éticos e políticos. A formação para a competitividade e produtividade precisa estar integrada a um princípio ético-político. Assim, o conhecimento, que tem valor humano, deve ser construído e vivido como uma ético-epistemologia. A formação do cidadão é, ao mesmo tempo, formação do ser subjetivo. Assim sendo, a educação produz as bases para o educando atribuir significados ao mundo e à sua vida e, em função disso, agir na sociedade, com consciência de seus atos.

A educação tem como função essencial a formação de sujeitos autônomos entendida como núcleo da vida social. "A aprendizagem não é só a aquisição de uma técnica, mas também a experiência da relação entre dois indivíduos concretos" (BARCELLONA, 1992: 135-136). A construção de conhecimentos cientificamente fundamentados e socialmente pertinentes se integra à formação crítica e reflexiva essenciais à cidadania pública. Dessa forma, os conhecimentos e a formação se colocam na perspectiva da elevação e da ampliação do caudal cognitivo e da consolidação da democratização da sociedade.

A economia não é a razão da sociedade. O desenvolvimento econômico deve ser instrumento de mais humanidade. O conhecimento e a técnica não são o horizonte último da educação, e sim, em última instância, importantes meios de realização da humanidade. Portanto, não a competitividade desagregadora das subjetividades, mas, sim, a solidariedade e a justiça social é que devem ser instituições efetivas da vida pública. Em outras palavras, não há verdadeiramente vida pública à falta de justiça social e solidariedade. Mas, também, uma sociedade democrática precisa do desenvolvimento cultural e econômico que só uma sólida formação pode propiciar. "Formação humana e qualidade educativa em seus sentidos fortes se encontram e se realizam como fenômenos técnicos e, de modo inseparável, profundamente éticos. Portanto, como bens públicos e sociais" (DIAS SOBRINHO, 2002: 187).

A educação superior não pode se omitir diante da questão fundamental de construir uma sociedade do conhecimento mais inclusiva e justa. É claro que não se pode culpar a educação superior, ao menos não exclusivamente, pelo fato de que quase a metade da população mundial esteja excluída dos benefícios do conhecimento científico e tecnológico e das benesses das riquezas materiais. Mas, a educação superior, de modo especial em países de frágeis exercícios de democracia e de baixo desenvolvimento tecnológico, tem sua parte a cumprir. Para tanto, precisa superar algumas antinomias paralisantes.

As dicotomias, as ambigüidades, até mesmo as aporias se colocam à educação superior como encruzilhadas diante das quais é preciso escolher os caminhos. Não só pelos caminhos já existentes se fazem os destinos da educação superior. Outros podem ser construídos, caminhos se fazendo ao caminhar – como sugere o verso de Antonio Machado. Em um tempo de economia globalizada, fortemente dependente do domínio das tecnologias, não se pode ficar preso em dicotomias imobilizantes, que consistem, por exemplo, em uma rejeição simplista à globalização e aos fluxos transnacionais ou, por outro lado, em uma adesão a um burocratismo estatal arcaico e nacionalista, em um apego aos diversos fundamentalismos, sejam os do mercado ou os religiosos e culturais, ou ainda, em uma oposição simples entre valores do global e os das identidades locais.

A educação superior, em suas várias formas, continuará tendo uma posição central na sociedade contemporânea. O modelo hegemônico de universidade, praticamente adotado em todos os continentes, é aquele que se desenvolveu a partir de dois pontos essenciais: a institucionalização dos estudos científicos e as relações de vinculação/ confronto com as forças dominantes na sociedade de cada época, sejam de caráter religioso, político ou econômico. Embora a universidade sempre tenha como altos valores a autonomia institucional e a liberdade de pensamento, muitas vezes tendo em distintos momentos que se contrapor às interferências externas da Igreja, do Estado e da sociedade, também é notório que sempre recebeu a demanda de formar as elites e fortalecer as ideologias dominantes em cada época. Hoje, a vinculação mais forte que lhe é impingida é com o mercado altamente competitivo. Seu dilema diz respeito a quem referenciar sua existência: ao mercado, como expressão reduzida da economia, ou à sociedade, como expressão vital da humanidade.

Os papéis da universidade nas transformações da sociedade precisam ser colocados em questão, se queremos seguir adotando, como é preciso, uma postura crítica e uma atitude de busca de compreensão de conjunto relativamente às mudanças aceleradas e, algumas delas, celeradas mudanças. A reflexão sobre essas novas tarefas postas à educação superior deve levar em conta que os problemas principais são, antes de tudo, problemas da própria sociedade. As instituições educativas vivem suas próprias encruzilhadas de sentidos e as contradições e problemas que assolam a sociedade toda. Mas, a sociedade precisa de instâncias de reflexão e de síntese, para melhor se compreender. Daí o necessário afastamento crítico a ser tomado pelas instituições educativas. Para o exercício da reflexão e da crítica, são fundamentais a autonomia e a liberdade acadêmica.

Altos índices de escolaridade têm sido determinantes de elevação do Produto Interno Bruto dos países avançados. Há vários estudos que o demonstram. Por exemplo, Denison (1962) comprovou que um quarto do crescimento anual do PIB dos Estados Unidos se devia ao aumento de educação. Segundo Becker (1966), também se deve à maior capacitação profissional o progresso do Japão nas últimas décadas. Conclusões semelhantes a essas também foram encontradas em um estudo que Barro (1991) realizou em quase uma centena de países. Também se constata em vários estudos (Tinbergen, 1975; Park, 1966) que o aumento de escolaridade tem um importante impacto redistributivo.[56] Para Delfino, a educação impulsiona o crescimento econômico porque

> inculca nas pessoas uma atitude mais favorável ao progresso, aumenta sua capacidade de adaptação às exigências dos mercados de trabalho modernos, e geralmente desenvolve os talentos necessários para alcançar um desempenho eficiente em atividades produtivas, tecnológicas e científicas. (DELFINO, 2004: 189)

Este é o lado desenvolvimentista da educação, sua função econômica, seu papel estreitamente relacionado com o progresso material. Mas, seria somente esse o papel da educação?

---

[56] Ver essas referências em DELFINO, 2004: 189.

Os países que mais se desenvolveram no mundo globalizado são aqueles que mais promoveram a educação e a pesquisa, não como gasto, mas, sim, como investimento que traz um retorno muitas vezes maior. É claro que a educação deve motorizar o desenvolvimento econômico e ampliar as bases materiais da humanidade, por meio da promoção do conhecimento e da formação. Porém, ela não pode abdicar de sua responsabilidade, conferida pela sociedade mesma, de formar sujeitos autônomos, construir as bases de uma cidadania crítica e criativa, elaborar as sínteses compreensivas e históricas a respeito da humanidade. É ótimo que mais educação produza menos desigualdade. Entretanto, não se pode simplesmente falar da diminuição de desigualdade quando se coloca a educação a reboque do mercado de trabalho, onde escasseiam os empregos e imperam as práticas de insensível competitividade. Não se pode também omitir o fato de que a sociedade do conhecimento e da informação é ao mesmo tempo includente, para uns, e excludente para a maioria que não tem os meios de acessá-la.[57]

Os povos e os indivíduos desprovidos dos conhecimentos tecnológicos e dos meios de alcançá-los estão irremediavelmente condenados. Um sistema de educação que realmente queira a melhoria da vida de todos os cidadãos precisa ser, por princípio, democrático em seu funcionamento e público em sua função. Deve-se também levar em conta que a eqüidade dificilmente se efetivará na educação superior se não foi antes assegurada nos níveis educacionais anteriores.

Isto significa que a educação não deve estar a reboque dos mercados, não deve ser um simples instrumento de funcionalização

---

[57] Um autor mexicano, Juán Henríquez, assim se pronuncia: "Na atualidade a civilização dominante do planeta fala um idioma muito simples, baseado em duas letras: o alfabeto digital. Os países que falam o alfabeto digital são os países ricos; os que não o falam, os que não codificam, os que não investem em computadores, telefones digitais, programas de entretenimento digital, fotografia digital, são os países que a cada dia se tornam mais pobres, porque são analfabetos no idioma que domina a economia do planeta..." (*apud* DONINI & DONINI, 2004: 305-306, *in*: BARSKY, SIGAL, DÁVILA, 2004).

econômica da sociedade, não deve ter por papel apenas a maximização da eficiência, nem deve ser movida prioritariamente pela ideologia da competitividade e pela compulsão pelos conhecimentos de pronta aplicação. Embora seja muito útil a competência técnica para o avanço econômico, esta não pode ser a tarefa única e talvez nem mesmo a mais importante da educação. Adquirir o saber é importante, ainda mais valioso é alcançar a sabedoria.

A função crítica da educação não pode sucumbir ante as pressões meramente econômicas. Sem negligenciar seu papel mobilizador do desenvolvimento material, a educação superior precisa levar adiante sua função essencial de formação e autonomização dos sujeitos. Se abdica da dimensão crítica e reflexiva, se abandona seu papel na construção das subjetividades, ou seja, na formação de sujeitos autônomos, a educação superior se desfigura. Quem perde com isso não é apenas a educação superior, mas a própria sociedade, que se desprovê de uma de suas mais centrais instâncias de produção da crítica e do enriquecimento civilizacional.

Nada disso pode ser confundido com um inconcebível apego ao passado. Grave equívoco é pensar que o passado é o verdadeiro portador de todas as virtudes, muitas delas já perdidas. Igualmente equivocada seria a glorificação automática e acrítica dessa globalização neoliberal, que invade e transforma todos os recantos da vida humana. Nem o passado pode ser edificado em modelo ideal, nem todo progresso é necessário e automaticamente benéfico.

Hoje, ao menos um terço da economia mundial, talvez mais até, se constitui de serviços, portanto tudo o que tem a ver com os conhecimentos. Estes, por sua vez, se renovam e crescem exponencialmente, dizem que se duplicam a cada cinco anos, antes mesmo em algumas áreas. Se no passado foi decisiva a revolução trazida pela invenção da imprensa, marcando até agora os modos de produzir, conservar e de divulgar os conhecimentos, hoje vivemos uma outra revolução, cujos efeitos se sentem muito mais global e instantaneamente: a revolução digital. No seio dessa revolução, que possibilitou a realidade virtual, emergem as novas grandes contradições, que são decisivos divisores de águas entre a inclusão e a exclusão: alfabetizados ou analfabetos digitais.

Não há por que rejeitar os progressos materiais e os avanços tecnológicos, se eles vêm baseados na produção de sentidos, na ética da justiça social, das políticas de maior inclusão e mais ampla participação dos cidadãos na vida pública. A formação da cidadania se faz significativamente por meio da participação democrática, visando o bem geral em todas as dimensões da vida. Seria um grave equívoco se a educação, conforme tendências observáveis, reduzisse a sociedade ao mercado, como se sociedade e mercado se equivalessem. Seria igualmente um erro de pesadas conseqüências para a vida democrática se a educação superior não assumisse seu papel de enorme importância na formação da cidadania e desenvolvimento da sociedade civil.

A vida social é dinâmica e seria um grande equívoco a educação superior aferrar-se a um passado erigido em modelo ideal ou reunir as evoluções que invadem o mundo na esteira do conhecimento e das novas tecnologias. Porém, erro maior seria apegar-se às evoluções e inovações, por entrega automática à ideologia de um progresso pretensamente sempre benévolo. A realidade das transformações globais impõe a produção de sentidos novos sobre as próprias transformações, bem como sobre a pertinência, as visões dos novos papéis da educação superior, suas relações com a sociedade civil e com o estado, as prioridades que alentem as reformas necessárias para o desenvolvimento econômico e que, sobretudo, sejam fundamentais para uma verdadeira vida democrática.

Por isso, a educação superior não pode afastar-se de seu papel, socialmente atribuído, de pôr em questão os sentidos das transformações que essa globalização está impondo em larga escala e em ritmos acelerados. A exigência de reflexão e questionamento não deve estar voltada somente para fora, mas também para dentro. Em outras palavras, a educação superior deve produzir sentidos sobre si mesma, pôr em questão os significados da formação e dos conhecimentos que produz, a pertinência e relevância social de suas atividades e realizações, suas vinculações com a sociedade civil e suas relações com o estado, as visões e missões que definem suas prioridades e seus papéis – alguns deles, novos – no desenvolvimento material e espiritual da sociedade democrática.

Toda mudança ou esforço de reforma precisa partir de uma compreensão razoável das cenas atuais e dos cenários futuros da educação superior e dos contextos mais amplos, nesse incessante movimento de mútuas interferências. Ainda não basta essa compreensão. É importante levar em conta que não terá sustentabilidade nenhuma mudança gestada apenas de fora para dentro, sem a participação efetiva dos agentes dos processos educativos, que são os principais responsáveis pelo cotidiano das ações pedagógicas, científicas e administrativas da educação. Como é óbvio, as tensões e contradições, internas e externas, são costumeiras nesses processos. Nem há consensos na comunidade dos educadores, tampouco nas agências e nos gabinetes dos responsáveis pela administração central, nem na linha horizontal, tampouco na vertical. Se há dissensos e dificuldades de toda ordem, não se pode esperar que as transformações sejam unidirecionais e sempre progressivas. As linhas de mudança freqüentemente se cruzam constituindo teias nem sempre muito lógicas e coerentes. E nem tudo seguirá conforme as previsões.

Muito há de imprevizível nos âmbitos sociais de modo que muita coisa vai mudando e se reformulando ao longo do processo de transformações. Porém, em educação, dado seu sentido público e social, essas revisões e construções devem contar com a intensa participação dos concernidos, que em última análise são todos, a começar pela comunidade de professores, pesquisadores, estudantes e gestores da educação. Participação coletiva, segundo as regras da colegialidade institucional, respeito à diversidade e compreensão dos contextos sociopolíticos gerais e dos sentidos das mudanças e de suas relações de dentro para fora e reciprocamente são algumas das condições imprescindíveis às transformações, mudanças e reformas da educação superior.

Os dinamismos internos e externos, todos eles carregados sempre de alguma dose de tensões e conflitos, vão transformando a educação superior. Em uma sociedade que se transforma rápida, profunda e amplamente, a educação não pode ficar estática. Precisa mudar, se atualizar, se adaptar, porém, não pode perder sua razão de ser: formar profissionais e cidadãos, construir conhecimentos que se transformem em riqueza espiritual e material da humanidade, ajudar a sociedade a desenvolver todas as suas dimensões. Certamente, mudam as formas de ensinar e os modos de aprender e construir conhecimentos e as maneiras de relacionamento com o âmbito social. Entretanto, essas funções vão permanecer como essência de uma educação pouco ou muito transformada. A profundidade e a extensão dessas mudanças, em grande parte, vão depender da capacidade reflexiva da comunidade educativa.

Porém, na comunidade concernida, como também ocorre nos âmbitos sociais em geral, parece estar bastante fragilizada essa capacidade reflexiva, ou seja, a competência de ela mesma se pensar, de estabelecer grandes sínteses compreensivas do papel e do lugar das instituições educativas e da própria educação na vida mais ampla, nos contextos nacionais e transnacionais. Enfraquecida essa função, ao menos em termos gerais, a educação superior corre o risco de se dedicar mais às tarefas e demandas de curto prazo, mais específicas, imediatas e de inserção mais transitórias, do que a problemas e questões de largo alcance e mais duradouras, aqueles mais significativos do ponto de vista primordial da existência social.

Hoje, é dominante o pólo utilitário e aplicável do conhecimento e da formação, o que arrasta a universidade para fora de si mesma e busca determiná-la desde o exterior. Essas tensões nos devem provocar alguns "protocolos de vigilância". Como sugere Derrida, cuidado com o que abre a Universidade para o exterior e para o semfundo, mas cuidado também com o que, fechando-a em si mesma, não criaria senão um fantasma de cercado, a colocaria à mercê de qualquer interesse ou a tornaria perfeitamente inútil. Cuidado com as finalidades, mas o que seria uma universidade sem finalidade? (DERRIDA, 1999: 155)

Enquanto funcional ao sistema hegemônico, a educação superior acaba se apequenando e perdendo sua dimensão universal e transcendental de elevação do ser humano em toda a riqueza do que isso possa significar. Adesão automática ao sistema hegemônico da economia global ou respeito aos princípios e ao *ethos* universitários – eis dois cenários possíveis. Mas essas "duas universidades" vão ainda co-existir, não se pode dizer até quando e com que graus de tensões e contradições, nem mesmo quem levará a melhor. Se são formas novas de demandas externas, se seu peso hoje pode ser considerado muito grande, não se trata de uma situação totalmente nova. Os contextos externos sempre exerceram pressões sobre a universidade, sejam advindas do poder estatal e eclesial ou do mercado e de setores mais organizados da sociedade, em diferentes tempos. Portanto, todas as transformações da educação superior se fazem nessa dialética do interno e do externo, das contradições endógenas e exógenas, das interatuações que se estabelecem conflituosamente nos âmbitos micro e macro, das instituições e da vida social nacional e planetária.

A educação, a informação, o conhecimento são bússolas que orientam a trajetória humana nesse oceano global de encrespadas ondas, mas precisam ser também as âncoras que não nos deixam desgarrar de nossas identidades. O grande desafio ético que se apresenta à educação superior é a construção de uma globalização que seja sobretudo a globalização da justiça e da dignidade. Para a educação superior, isso consiste em produzir conhecimentos e promover a formação com muita atenção à pertinência e ao horizonte ético que dá a direção e os sentidos do futuro a construir, como indivíduos autônomos e nação soberana. Fortalecer a cidadania no plano interno continua sendo um dos grandes desafios da educação superior. Mas isso não pode bloquear um outro necessário enfrentamento: a educação superior não pode deixar de prover também as condições cognitivas e éticas para o fortalecimento nacional ante as imposições da economia globalizada.

A educação, a informação e o conhecimento oferecem as melhores possibilidades para os cidadãos e as nações enfrentarem as violentas ondas globais que inundam todos os vãos e desvãos do planeta. Porém, é essencial também contar com as âncoras da pertinência e da responsabilidade social que vinculam as pessoas às suas identidades e suas realidades concretas, para que assim possam ver com mais clareza e propriedade o horizonte ético, a direção e sentidos do futuro a construir, como indivíduos autônomos e nação soberana. Pertinência é compromisso com o conhecimento e a formação a serviço de um projeto ético-político da sociedade. Se é preciso transformar, também é urgente recuperar a capacidade de compreender.

Os conhecimentos que uma instituição educativa produz e socializa devem ter não só mérito científico, mas também valor social. Portanto, precisam ser importantes para o desenvolvimento econômico que tenha valor de cidadania pública. A formação que a educação superior promove não deve subjugar a ética à técnica e, sim, precisa constituir-se em elevação e ampliação do caudal cognitivo da sociedade, aprofundamento da democratização política e econômica, enfim, consolidação da democracia. Conhecimento e formação que cumpram os requisitos universais, porém, que também sejam relevantes para o contexto regional e nacional. Educação superior que realmente seja um bem público e efetivamente desenvolva o conhecimento e a formação como bens comuns e direitos de todos. Global e internacional, mas, também, radicalmente local e nacional, que sirva ao desenvolvimento econômico, porém este como um instrumento da humanização e não como horizonte último e razão central da sociedade. Entretanto, é fundamental a justiça social para que o necessário aumento de produtividade e o fortalecimento da dimensão material das sociedades não se afastem da produção de maior eqüidade, inclusão e participação social. Formação e produção de conhecimentos com qualidade e pertinência se entrelaçam no cumprimento dos compromissos e das responsabilidades sociais. Democracia, cultura, construção do público, valores universais, talvez tudo isso sejam palavras para dizer humanismo. A educação superior não deve dar razão ao mercado, se e quando o mercado se impõe como razão da sociedade. Não deve ser um motor da globalização da economia de mercado, mas, sim, da globalização da dignidade humana, de recuperação da dimensão histórica dos indivíduos, da reintegração da sociedade.

Na Bolonha medieval se inaugurou um modelo de universidade. Na Bolonha do terceiro milênio se tenta reinventar uma outra universidade. Em países do terceiro mundo, qual universidade construir? Qual modelo, ou quais modelos? Deve a educação superior voltar-se mais para dentro, para aquilo que a atrai para a produção de conhecimentos que elevam o espírito ou mais para aquilo que a lança para fora e a empurra ao atendimento das demandas da vida prática? Sobre as ruínas da nação, avança a sombra invasiva da transnacionalização. De um lado, autonomia, cidadania, sentido público, construção de identidade nacional; de outro, serviço para o benefício privado do capital local e para o mercado global, sem fronteira física e sem pátria. Qual será a verdadeira face da educação superior? Pode a educação superior olhar ao mesmo tempo para dois lados opostos, tal como sugere a mitológica dupla face de Janus?

Estes são tempos de encruzilhadas, como o Quixote já dissera do seu. Mas estes não são tempos de encruzilhadas simples, que poderiam exigir só decisões unipessoais e unidirecionais. A complexidade envolve uma ampla participação e uma responsabilidade ética que religa as relações particulares com a conjuntura total. E a universalidade é o território (físico e virtual) da universidade. Daí sua importância e sua responsabilidade hoje aumentadas. Em um mundo que conquistou tantos avanços, especialmente no campo do conhecimento, mas que também abre sua caixa de Pandora e deixa escapar tantas maldades, co-existem enormes promessas e oportunidades construtivas com ingentes e complexos desafios e ameaças. Mas, ao fim e a cabo, é bom se lembrar de que no fundo da terrível caixa de Pandora estava gravada a palavra "esperança".

REFERÊNCIAS BIBLIOGRÁFICAS

ABOITES, Hugo (2003). "Actores y políticas en la educación superior mexicana: las contradicciones del pacto de modernización empresarial", in: MOLLIS, Marcela (org.). ¿Las universidades en América Latina: reformadas o alteradas. La cosmética del poder financiero, Clacso, Buenos Aires.

AFONSO, Almerindo Janela (2000). Avaliação educacional: Regulação e emancipação. Para uma sociologia das políticas avaliativas contemporâneas, Cortez Editora, São Paulo.

ALTBACH, Philip G. (2001). Educación Superior Comparada. El Conocimiento, la Universidad y el Desarrollo, Universidad de Palermo, Buenos Aires.

ALTBACH, Philip G. e DAVIS, Todd M. (2000). Desafío Global y respuesta nacional. Notas para o diálogo entrenacional sobre educación seperior, in Desafío global y respuesta cacinal, ALTBACH, Philip G. r PETERSON, Patti MacGill (eds.), Editorial Biblos, Buenos Aires,

AROCENA, Rodrigo e SUTZ, Judith (2004). *La universidad latinoamericana del futuro. Tendencias-Escenarios-Alternativas*, UDUAL, México.

AZEVEDO, Mário Luiz de & CATANI, Afrânio Mendes (2004). *Universidade e Neoliberalismo. O Banco Mundial e a Reforma Universitária na Argentina (1989-1999)*, Editora Praxis.

AYAICHIA, A. (2001}. "Le contexte socioprofessionnel comme référent de l'évaluation. La notion de rentabilité en Education", *in*: FIGARI, G. e ACHOUCHE, M. *L'Activité évaluative réinterrogée. Regards scolaires et socioprofessionnels*, De Boeck Université, Bruxelas.

BANCO MUNDIAL. *La enseñanza superior. Las lecciones derivadas de la experiencia*, Washington D.C., 1995.

BARBLAN, Andris (2004). "Prestación de servicios de educación superior a nivel internacional: ¿Necesitan las universidades el AGCS?", *in*: GARCÍA-GADILLA, Carmen (org.). *El difícil equilibrio: La educación superior como bien público y comercio de servicios*, Universidad de Castilla-La Mancha, Cuenca.

BARCELLONA, Pietro (1992). *Postmodernidad y comunidad*. Trotta, Madri.

BARSKY, Osvaldo; SIGAL, Víctor; DÁVILA, Mabel (orgs.), (2004). *Los Desafíos de la Universidad Argentina*, Universidad de Belgrano/ Siglo XXI, Buenos Aires.

BARROSO, João (org.). "A 'escolha da escola' como processo de regulação: integração ou selecção social?", *in: A Escola Pública. Regulação, Desregulação, Privatização*, Edições Asa, Porto.

BAYMA, Fátima (2005), (org.). *Educação Corporativa. Desenvolvendo e gerenciando competências*, Pearson Prentice Hall/Fundação Getúlio Vargas, São Paulo.

BECK, U. (2001). "Vivir nuestra propia vida en un mundo desbocado: individuación, globalización y política", *in: El límite. La vida en el capitalismo global*. GIDDENS, A. e HUTTON, W. (orgs.), Tusquets, Barcelona.

BIRDSALL, N. e NELLIS, J. (2002). "Winners and losers: assessing the distributional impact of privatization". Documento de trabalho n° 6, maio. Washington, D.C. Center for Global Development, *apud* CURRIE, Jan (2003). "Universités entrepreneuriales: de nouveaux acteurs sur la scène mondiale (le cas australien)", *in*: BRETON, Gilles e LAMBERT, Michel (orgs.). *Globalisation et Universités. Nouvel espace, nouveaux acteurs*, Editions UNESCO/Université Laval/ Economica, Paris.

BLOOM, David E. (2003). "Des idées à l'action pour une réforme de l'enseignement supérieur", *in*: BRETON, Gilles e LAMBERT, Michel (orgs.). *Globalisation et Universités. Nouvel espace, nouveaux acteurs*, Editions UNESCO/Université Laval/Economica, Paris.

BORJA, Rodrigo (2003). "Educación, Globalización y sociedad del conocimiento", *in*: BROVETTO, J.; ROJAS MIX, M. e PANIZZI, W. M. (orgs.). *A educação superior frente a Davos/La educación superior*, UFRGS Editora, Porto Alegre.

BRETON, Gilles (2003). "Introduction", *in*: BRETON, Gilles e LAMBERT, Michel (orgs.). *Globalisation et Universités. Nouvel espace, nouveaux acteurs*, Editions UNESCO/Université Laval/Economica, Paris.

BRICALL, Josep M. (2000). *Universidad 2 Mil*, CRUE, Madri.

BROVETTO, Jorge; ROJAS MIX, Miguel e PANIZZI, Wrana Maria (2003). "La educación superior frente a Davos", *in*: BROVETTO, J.; ROJAS MIX, M. e PANIZZI, W. M. (orgs.). *A educação superior frente a Davos/La educación superior frente a Davos*, UFRGS Editora, Porto Alegre.

BRUNNER, José Joaquín (2003). "Aseguramiento de la calidad y nuevas demandas sobre la educación superior em América Latina", *in*: *Educación superior, calidad y acreditación*, CNA/Colombia, tomo I, Consejo Nacional de Colombia, Bogotá.

CANCLINI, Néstor García (1999). *La globalización imaginada*, Buenos Aires.

CARDOSO, Clementina Marques (2003). "Do Público ao Privado: gestão racional e critérios de mercado, em Portugal e em Inglaterra", *in*: *A Escola Pública. Regulação, Desregulação, Privatização*. BARROSO, João (org.), Edições Asa, Porto.

CASTELLS, Manuel (1997). *La Era de la Información. Economía, Sociedad y Cultura*. Vol. I: "La Sociedad Red", Alianza Editorial, Madri.

_____. (1998). *La Era de la Información. Economía, Sociedad y Cultura*. Vol. II: "El Poder de la Identidad", Alianza Editorial, Madri.

_____. (1998). *La Era de la Información. Economía, Sociedad y Cultura*. Vol. III: "Fín de Milenio", Alianza Editorial, Madri.

CHAUI, Marilena (2001). *Escritos sobre a universidade*, São Paulo, Editora Unesp.

CHESNAIS, François (1999). "Um programa de ruptura com o neoliberalismo", *in*: *A Crise dos Paradigmas em Ciências Sociais e os Desafios para o Século XXI*, Contraponto Editora Ltda., Rio de Janeiro.

CHOMSKY, Noam (1999). *O que o Tio Sam realmente quer.* Trad. Sístilo Testa e Mariuchka Santarrita, 2ª edição, Editora da UnB, Brasília.

CLARK, Burton (1991). *El sistema de educación superior. Una visión comparada de la organización académica*, Editorial Nueva Imagen/ UAM (Azcapotzalco), México.

CLARK, Burton (1996). "El problema de la complejidad en la educación superior moderna", *in*: ROTHBLATT, Sheldon e WITTROCK, Björn (orgs.). *La universidad europea y americana desde 1800. Las tres transformaciones de la Universidad*, Ediciones Pomares-Corredor, Barcelona.

CLARK, Burton (1998). *Creating Entrepreneurial Universities – organizational pathways of transformation*, Pergamon Press, Londres.

CORAGGIO, José Luis (2002). "Construir Universidad en la Adversidad", *Revista del Conesup*, n° 2, Quito.

DAGNINO, Renato (2003). Conferência inaugural, *in*: KROTSCH, Pedro (org.). *Las miradas de la Universidad*, III Encuentro Nacional, Ediciones Al Margen, La Plata.

DAVIS, Stan e MEYER, Christopher (2000). *A Riqueza do Futuro. Riscos e Oportunidades na Economia*, Editora Campus, Rio de Janeiro.

DELFINO, José A. (2004). "Educación superior gratuita y equidad", *in*: BARSKY, Osvaldo; SIGAL, Víctor e DÁVILA, Mabel (orgs.), (2004). *Los Desafíos de la Universidad Argentina*, Universidad de Belgrano/ Siglo XXI, Buenos Aires.

DERRIDA, Jacques (1999). *O Olho da Universidade*, Estação Liberdade, São Paulo.

DE WIT, Hans (2004). "Internacionalización de la educación superior en Europa y América Latina", *in*: GARCÍA-GUADILLA, Carmen (org.). *El difícil equilibrio: La educación superior como bien público y comercio de servicios*, Universidad de Castilla-La Mancha, Cuenca.

DIAS SOBRINHO, José (2000). *Avaliação da Educação Superior*, Editora Vozes, Rio de Janeiro.

_____. (2002). *Universidade e Avaliação. Entre a ética e o mercado*, Editora Insular, Florianópolis.

_____. (2003). *Avaliação. Políticas educacionais e reformas da educação superior*, Editora Cortez, São Paulo.

DIAS, Marco Antonio Rodrigues (2003). "Espaços solidários em tempos de obscurantismo", *in*: MORHY, Lauro (org.). *Universidade em questão*, vol. I, Editora Universidade de Brasília.

DIDRIKSSON, Axel (2000). *La Universidad del Futuro. Relaciones entre la educación superior, la ciencia y la tecnología*, 1ª edição 1992, 2ª edição 2000, UNAM/CESU/Plaza y Valdés, México.

DONINI, Ana María C. de e DONINI, Antonio O. (2004). "La gestión universitaria en el siglo XXI", *in*: BARSKY, Osvaldo; SIGAL, Víctor e DÁVILA, Mabel (orgs.), (2004). *Los Desafíos de la Universidad Argentina*, Universidad de Belgrano/Siglo XXI, Buenos Aires.

DOWBOR, Ladislau (2001). *Tecnologias do Conhecimento. Os desafios da educação*, Editora Vozes, Petrópolis.

DUPAS, Gilberto (2005). *Atores e poderes na nova ordem global. Assimetrias, instabilidades e imperativos de legitimação*, Editora UNESP, São Paulo.

ESCOTET, Miguel Angel (2004). "La Universidad occidental ante el siglo de la incertidumbre", *in*: MARQUIS, Carlos (org.). *La Agenda Universitaria. Propuestas de políticas públicas para la Argentina*, Universidad de Palermo, Buenos Aires.

FREITAG, Michel (1995). *Le naufrage de l'Université et autres essais d'épistémologie politique*, Nuit blanche éditeur, Québec/La Découverte, Paris.

FRIEDMAN, M. (1962). *Capitalism and Freedom*, The University of Chicago Press.

GALBRAITH, John Kenneth (2004). *A Economia das Fraudes Inocentes. Verdades para o nosso tempo*, Companhia das Letras, São Paulo.

GARCÍA-GUADILLA, Carmen (2004). "¿Introducción- Se desestabiliza la noción de "bien público" en la educación superior?", *in*: GARCÍA-GUADILLA, Carmen (org.). *El difícil equilibrio: La educación superior como bien público y comercio de servicios*, Universidad de Castilla-La Mancha, Cuenca.

GARCÍA-GUADILLA, Carmen (2004). "Educación superior y AGCS. Interrogantes para el caso de América Latina", *in*: GARCÍA-

GUADILLA, Carmen (org.). *El difícil equilibrio: La educación superior como bien público y comercio de servicios*, Universidad de Castilla-La Mancha, Cuenca.

HABERMAS, Jürgen (2003). "Au-delà du libéralisme et du républicanisme, la démocratie délibérante", *in*: *Raison Publique – Délibération et gouvernance: l'illusion démocratique?*, n° 1, Bayard, Paris, pp. 40 a 57.

HELLER, Agnes (1999). "Uma crise global da civilização", *in*: HELLER, Agnes *et al*. *A Crise dos Paradigmas em Ciências Sociais e os Desafios para o Século XXI*, Contraponto Editora Ltda., Rio de Janeiro.

JACOVELLA, Guillermo (2003-2004). "Nuevas ópticas y perspectivas", *in*: *Archivos del presente*, Revista Latinoamericana de Temas Internacionales, ano 8, n° 32, Buenos Aires.

KESTERMAN, J. P. (1996). "Des pédagogues ou des maîtres? – L'eseignement universitaire en quête d'un sens", *in*: DONNAY, Jean e ROMAINVILLE, Marc (eds.). *Enseigner à l'Uiversité*, De Boeck & Larcier, Bruxelas.

KLIKSBERG, Bernardo (2003-2004). "La criminalización en América Latina", *in*: *Archivos del presente*, Revista Latinoamericana de Temas Internacionales, ano 8, n° 32, Buenos Aires.

KNIGHT, Jane (2004). "Comercialización de servicios de educación superior: Implicaciones del AGCS", *in*: GARCÍA-GUADILLA, Carmen (org.). *El difícil equilibrio: La educación superior como bien público y comercio de servicios,* Universidad de Castilla-La Mancha, Cuenca.

KROTSCH, Pedro (1997). "El peso de la tradición y las recientes tendencias de privatización en la Universidad argentina: hacia una relación público-privado", *in*: *Avaliação*, vol. 2, n° 4, RAIES, Campinas.

KROTSCH, Pedro (1998). "Gobierno y Educación Superior en la Argentina; la Política Pública en la Conyuntura (1993-1996)", *in*: CATANI, Afrânio Mendes (org.). *Novas perspectivas da Educação Superior no limiar do século XXI*, Autores Associados, Campinas.

KROTSCH, Pedro (2003). "Presentación", *in*: KROTSCH, Pedro (org.). *Las Miradas de la Universidad, Tercer Encuentro Nacional, La Universidad como Objeto de Investigación*, Ediciones Al Margen, La Plata.

KÜHNHARDT, Ludger (2003). "La Integración Europea Hoy", *in*: *Archivos del presente*, Revista Latinoamericana de Temas Internacionales, ano 8, n° 31, Buenos Aires.

LADRIÈRE, J. (1978). *El reto de la racionalidad*, Unesco-Sigueme, Salamanca.

LEMA, Fernando (2003). "La educación superior para una realidad compleja y múltiples futuros", *in*: BROVETTO, Jorge; ROJAS MIX, Miguel e PANIZZI, Wrana Maria (orgs.). *A educação superior frente a Davos/La educación superior frente a Davos*, UFRGS Editora, Porto Alegre.

LITTO, Frederic Michael (2005). "Tendências Internacionais em Educação a Distância", *in*: BAYMA, Fátima (org.). *Educação Corporativa. Desenvolvendo e gerenciando competências*, Pearson Prentice Hall/Fundação Getúlio Vargas, São Paulo.

MARQUIS, Carlos Alberto (2000). "La Universidad Latinoamericana: promesas cumplidas y desafíos pendientes – el caso argentino", *in*: SCHIMIDT, Benício; OLIVEIRA, Renato e ARAGÓN, Virgilio Alvarez (orgs.). *Entre Escombros e Alternativas: Ensino Superior na América Latina*, Editora UnB, Brasília.

MARTIN, Julio M. (2004). "El mecanismo experimental de acreditación de carreras universitarias del Mercosur", *in*: A*valiação*, Revista da Rede de Avaliação Institucional da Educação Superior (RAIES), vol. 9, n° 3, 2004, Campinas.

MOJA, Teboho (2004). "Globalisación-Apartheid, le rôle de l'enseignement supérieur dans le développement", *in*: BRETON, Gilles e LAMBERT, Michel (orgs.). *Globalization et universités. Nouvel espace, nouveaux acteurs*, Éditions UNESCO/Université Laval/Economica, Paris.

MONTES, Pedro (1996). *El desorden neoliberal*, Trotta, Madri.

MORAN, Edgar; CIURANA, Emílio-Roger e MOTTA, Raúl Domingo (2003). *Educar na era planetária. O pensamento complexo como método de aprendizagem pelo erro e incerteza humana*, Cortez Editora/ UNESCO, São Paulo.

MUSHAKOJI, Kinhide (1999). "Em busca de uma nova aliança hegemônica", *in*: HELLER, Agnes *et al. A Crise dos Paradigmas em Ciências Sociais e os Deafios para o Século XXI*, Contraponto Editora Ltda., Rio de Janeiro.

OZGA, Jenny (2000). *Investigação sobre Políticas Educacionais. Terreno de contestação*, Porto Editora, Porto.

PEDRÓ, Francesc (2002). "Des campus virtuels au campus planétaire: une expérience espagnole", *in*: *L'Éducation tout au long de la vie. Défis du vingt et unième siècle*, UNESCO (org.), UNESCO, Paris.

PEDRÒ, Francesc e PUIG, Irene (1998). *Las reformas educativas. Una perspectiva política y comparada*, Paidós, Barcelona.

PEÓN, Cesar (2004). "Universidad y Sociedad del Conocimiento", *in*: BARSKY, Osvaldo; SIGAL, Víctor e DÁVILA, Mabel (orgs.), (2004). *Los Desafíos de la Universidad Argentina*, Universidad de Belgrano/ Siglo XXI, Buenos Aires.

PEREZ LINDO, Augusto (2003). *Universidad, conocimiento y reconstrucción nacional*, Editorial Biblos, Buenos Aires.

PETRELLA, Riccardo (2003). "Le mur mondial de la connaissance", *in*: BRETON, Gilles e LAMBERT, Michel (orgs.). *Globalisación et Universités: nouvel espace, nouveaux acteurs*, Éditions UNESCO/ Université de Laval/Economica, Paris.

POLANYI, Karl (2000). *A Grande Transformação. As origens da nossa época*, 6ª edição, Editora Campus, Rio de Janeiro.

PUGLIESE, Juan Carlos (2003). "El rol de la Secretaría de Políticas Universitarias en los Procesos de Evaluación y Acreditación Universitaria", *in*: KROTSCH, Pedro (org.). *Las Miradas de la Universidad, Tercer Encuentro Nacional, La Universidad como Objeto de Investigación*, Ediciones Al Margen, La Plata.

QÜINTANILLA, Ubaldo Zúñiga (2000). "Las Nuevas Políticas de Reestructuración de la Enseñanza Superior y el Futuro de las Universidades", *in*: SCHMIDT, Benício Viero; OLIVEIRA, Renato de e ARAGÓN e ALVAREZ, Virgilio (orgs.). *Entre Escombros e Alternativas: Ensino Superior na América Latina*, Editora UnB, Brasília.

RENAUT, Alain (2002). *Que faire des universités?*, Bayard, Paris.

RIACES (2004). *Glosario Internacional RIACES de Evaluación de la Calidad y Acreditación*. Documento MADRID 2004, Red Iberoamericana para la Acreditación de la Calidad de la Educación Superior, Madri.

RODRÍGUEZ IBARRA, Juan Carlos (2003). "Globalización, Periferia y Educación", *in*: BROVETTO, Jorge; ROJAS MIX, Miguel e PANIZZI, Wrana Maria (orgs.). *A educação superior frente a Davos/La educación superior frente a Davos*, UFRGS Editora, Porto Alegre.

ROJAS MIX, Miguel (2003). "Los nuevos desafíos para la democracia: una perspectiva latinoamericana", *in*: BROVETTO, Jorge; ROJAS MIX, Miguel e PANIZZI, Wrana Maria (orgs.). *A educação superior frente a Davos/La educación superior frente a Davos*, UFRGS Editora, Porto Alegre.

ROTHBLATT, Sheldon e WITTROCK, Björn (orgs.), (1996). "Introducción: las universidades y la 'educación superior'", *in*: ROTHBLATT, S. e WITTROCK, B. *La Universidad europea y americana desde 1800. Las tres transformaciones de la Universidad*, Ediciones Pomares-Corredor, Barcelona.

SALMI, Jamil (2004). "Construction des sociétés du savoir: nouveaux défis pour l'enseignement supérieur", *in*: BRETON, Gilles e LAMBERT, Michel (orgs.). *Globalisation et Universités: Nouvel espace, nouveaux acteurs*, Éditions UNESCO/Université de Laval/Economica, Paris.

SÁNCHEZ, Júlio J. Chan (2004). "El Acuerdo General sobre el Comercio de Servicios (AGSC) y la educación superior", *in*: GARCÍA-GUADILLA, Carmen (org.). *El difícil equilibrio: La educación superior como bien público y comercio de servicios*, Universidad de Castilla-La Mancha, Cuenca.

SCOTT, Peter (2003). "Acteurs en mutation dans une société du savoir", *in*: BRETON, Gilles e LAMBERT, Michel (orgs.). *Globalisation et Universités: Nouvel espace, nouveaux acteurs*, Éditions UNESCO/ Université de Laval/Economica, Paris.

SEBASTIÁN, Jesús (2003). "Evaluación y acreditación en contextos regionales", *in*: *Educación Superior, Calidad y Acreditación*, CNA/ Colombia (org.), tomo II, Consejo Nacional de Acreditación, Bogotá.

SEGRERA, Francisco López (1999). "Alternativas para a América Latina às vésperas do século XXI", *in*: HELLER, Agnes *et. al. A Crise dos Paradigmas em Ciências Sociais e os Deafios para o Século XXI*, Contraponto Editora Ltda., Rio de Janeiro.

SIMONE, Raffaele (2003). *Ideas para el gobierno. La universidad*, traduzido do italiano para o espanhol por Antonio Bonnano, Ed. Losada, Buenos Aires.

SKLAIR, L. (2001). *The transnational capitalist class*, Blackwell Publishers, Oxford.

SOUZA, Alberto Mello e (2002). "Financiamento da Educação na América Latina: Lições da Experiência", *in*: SOUZA, Alberto Mello *et. al. Eqüidade e Financiamento da Educação na América Latina*, UNESCO, Brasília.

STUBRIN, Adolfo Luis (2003). "Una Agenda Política Pública en la Educación Superior de la Argentina", *in*: KROTSCH, Pedro (org.). *Las Miradas de la Universidad, Tercer Encuentro Nacional, la Universidad como Objeto de Investigación*, Ediciones Al Margen, La Plata.

TAVENAS, François, (2003). "Universités et globalisatión: à la recherche de nouveaux equilibres", *in*: BRETON, Gilles e LAMBERT, Michel (orgs.). *Globalisation et universités. Nouvel espace, nouveaux acteurs*, Éditions UNESCO/Université Laval/Economica, Paris.

TEDESCO, Juan Carlos (2000). *Educar en la sociedad del conocimiento*, Fondo de Cultura Económica, Buenos Aires.

TROW, Martin (1974). "Problems in the Transition from Elite to Mass Higher Education", *in*: *Policies for Higher Education, General Report*, Conference of Future Structures of Post-secondary Education, 26-29 de junho de 1973, OCDE, Paris.

TUNNERMANN BERNHEIM, Carlos (2004). "El Impacto de la Globalización en la Educación Superior", *in*: MARQUIS, Carlos (org.). *La Agenda Universitaria. Propuestas de políticas públicas para la Argentina*, Universidad de Palermo, Buenos Aires.

UNESCO (1999). *Política de Mudança e Desenvolvimento no Ensino Superior*, Garamond/UNESCO/SESU, Rio de Janeiro (texto original *Changement et développement dans l'enseignement supérieur: document à orientation*, 1995).

VAN GINKEL, Hans (2004). "Que signifie la globalisation pour les universités?", *in*: BRETON, Gilles e LAMBERT, Michel (orgs.). *Globalisation et universités. Nouvel espace, nouveaux acteurs*, Éditions UNESCO/Université Laval/Economica, Paris.

VARSAVSKY, Oscar (1976). *Por uma Política Científica Nacional*, Paz e Terra, Rio de Janeiro.

VÁSQUEZ, Guillermo Hoyos (2003). "Participación del Estado, de la comunidad académica y de la sociedad en el mejoramiento de la calidad de la Educación Superior", *in*: *Educación Superior, Calidad y Acreditación*, CNA/Colombia (org.), tomo I, Consejo Nacional de Acreditación, Bogotá.

VIAL, Michel (2001). *Se former pour évaluer. Se Donner une problématique et élaborer des concepts*, De Boeck Université, Bruxelas.

VOGT, Carlos (2003). "O conhecimento, as universidades e seus desafios", *in*: MORHY, Lauro (org.). *Universidade em questão*, vol. I, Editora Universidade de Brasília.

WOLFENSOHN, James D. (1998). *La otra crisis*. Discurso ante la Junta de Gobernadores. Banco Mundial, Washington D.C.

YARZÁBAL, Luis (2002). *Consenso para a mudança na educação superior* (trad. de José Dias Sobrinho), Editora Champagnat, Curitiba.

Impresso por :

gráfica e editora

Tel.:11 2769-9056